结构与变迁

转型过程中的生活机遇与认同意识

高 勇 ◎ 著

中国社会科学出版社

图书在版编目（CIP）数据

结构与变迁：转型过程中的生活机遇与认同意识／高勇著．—北京：中国社会科学出版社，2016.4
ISBN 978-7-5161-7980-2

Ⅰ.①结…　Ⅱ.①高…　Ⅲ.①社会结构—研究—中国　Ⅳ.①D66

中国版本图书馆 CIP 数据核字（2016）第 074844 号

出 版 人	赵剑英
责任编辑	王　茵
特约编辑	孙　萍
责任校对	石春梅
责任印制	王　超

出　　版	中国社会科学出版社
社　　址	北京鼓楼西大街甲 158 号
邮　　编	100720
网　　址	http://www.csspw.cn
发 行 部	010-84083685
门 市 部	010-84029450
经　　销	新华书店及其他书店

印　　刷	北京明恒达印务有限公司
装　　订	廊坊市广阳区广增装订厂
版　　次	2016 年 4 月第 1 版
印　　次	2016 年 4 月第 1 次印刷

开　　本	710×1000　1/16
印　　张	15.75
插　　页	2
字　　数	211 千字
定　　价	59.00 元

凡购买中国社会科学出版社图书，如有质量问题请与本社营销中心联系调换
电话：010-84083683
版权所有　侵权必究

目　　录

第一章　引论 ·· (1)
　　第一节　社会变迁的张力与谜题 ······················· (1)
　　第二节　追溯变迁的结构动因 ·························· (4)
　　第三节　本书的基本内容 ································ (8)

第二章　研究策略与视角偏好 ······························ (12)
　　第一节　结构论视角的进一步延伸 ·················· (12)
　　第二节　数据描述和推衍的策略方法 ··············· (20)
　　第三节　数据集与分析策略的具体说明 ············ (24)

第三章　社会樊篱的格局变动 ······························ (27)
　　第一节　问题：个体历程流动与社会格局变动的
　　　　　　动态关系 ··· (27)
　　第二节　社会流动理论的发展脉络 ·················· (30)
　　第三节　樊篱流动假设的提出 ························· (41)
　　第四节　对樊篱流动假设的模型检验 ··············· (50)
　　第五节　代际收入关联与社会樊篱 ·················· (61)
　　第六节　结语：精英群体与非精英群体的关系演变 ····· (71)

第四章　地位认同的参照系转换 ··························· (75)
　　第一节　问题：主观认同与客观要素之间的
　　　　　　联结机制 ··· (75)

第二节　地位层级认同的向下偏移 …………………（78）
　　第三节　地位层级认同的群际比较 …………………（82）
　　第四节　地位层级认同的影响因素 …………………（86）
　　第五节　参照系的转换 ………………………………（93）
　　第六节　结语：中层认同的前提 ……………………（101）

第五章　教育获得差异的机制变迁 ………………………（106）
　　第一节　问题：不同阶段的升学决策与制度
　　　　　　安排的关系 …………………………………（106）
　　第二节　不同阶段教育的扩展过程 …………………（116）
　　第三节　教育获得差异的不同测度 …………………（124）
　　第四节　不同教育阶段户籍差异的变化趋势 ………（130）
　　第五节　不同教育阶段中户籍的不同意蕴 …………（144）
　　第六节　结语：教育获得差异的机制与
　　　　　　教育不平等感 ………………………………（148）

第六章　参与行为的驱动机制转变 ………………………（151）
　　第一节　问题：参与行为与政府信任的关系 ………（151）
　　第二节　吸纳式参与和关切式参与 …………………（161）
　　第三节　参与行为和政府信任的基本情况 …………（168）
　　第四节　参与行为与政府信任的关系模式辨析 ……（178）
　　第五节　利益受损感的影响 …………………………（187）
　　第六节　结语：参与行为与公民性建构 ……………（194）

第七章　社会可持续性的指标建构 ………………………（200）
　　第一节　社会可持续性与社会的结构性张力 ………（200）
　　第二节　社会可持续性的四个维度 …………………（202）
　　第三节　指标框架及操作化 …………………………（205）
　　第四节　各维度内部的几个特点 ……………………（209）
　　第五节　社会可持续性的年度比较 …………………（212）
　　第六节　社会可持续性的地区比较 …………………（213）

第八章　结语 …………………………………………（218）
　　第一节　反思:结构与行动 ……………………………（218）
　　第二节　讨论:结构与民情 ……………………………（221）
　　第三节　不足:能动与机制 ……………………………（224）

参考文献 …………………………………………………（227）

后　记 ……………………………………………………（243）

第一章

引 论

第一节 社会变迁的张力与谜题

改革开放以来，中国经济持续高速增长。宏观来看，国内生产总值平均年增长率接近10%；微观来看，人民生活水平得到巨大改善，人均收入大幅度提高。许多研究致力于寻找这种高速增长背后的支撑因素，即所谓中国经济增长奇迹之谜。与经济增长相伴随的是社会结构的巨大变迁。

近年来，许多研究者开始关注经济增长与社会发展之间的协调关系，开始关注发展进程中的社会可持续性（social sustainability）。发展的可持续性，不仅有着生态维度上的考虑，同时也应当包括社会维度上的考虑。在关于可持续性的讨论中，社会可持续性已经和经济可持续性、生态可持续性共同构成了可持续发展的三大支柱①。关于社会可持续性，有两种研究思路。一种是研究持续增长的经济发展需要什么样的社会前提。在这种思路看来，经济发展仍然是发展的主要目标，持续的对象仍然是经济发展本身，社会因素是确保达到这种持续增

---

① Colantonio, Andrea, 2007, "Social Sustainability: An Exploratory Analysis of Its Definition, Assessment Methods" Working Paper. Oxford: Oxford Institute for Sustainable Development. Liao, T. F., 2010, "The Core Concept of Social Sustainability: Can We Cut the Gordian Knot?" *The International Journal of Environmental, Cultural, Economic and Social Sustainability* 6 (2).

长的手段或条件。另一种思路是研究经济增长过程中的社会结构张力，社会生活本身的持续运行就有赖于对这些结构因素的妥善维系。在这种思路看来，要确保持续的对象，是经济发展进程中的这些社会支撑条件。这是旨趣有异的两种思路，虽然它们在具体研究对象上有所交叉。许多研究者关注到，伴随着经济增长，社会公共产品的供给却相对滞后和不足，导致了一系列的社会问题，如医疗保障体系落后、收入分配不平等、环境持续恶化等。这些社会公共产品的供给不足会威胁到中国的长期可持续发展。但是除此之外，发展过程中还存在一些基本的社会支撑条件，如社会流动的平台、机会公平的保障、地位认同的稳定、参与活力的调动等。这些条件可以类比为发展进程中社会层面上的基础设施，既是发展的前提和保障，也是发展本身所应包含的内容。这些社会支撑条件的走向与经济增长的趋势并不是并行的。社会成员在社会发展中的激励不仅来自物质激励，如收入和福利的提升，而且也来自社会身份的尊重和认同。只有物质激励没有身份的认同，发展能力也是不可持续的；只有身份认同没有物质福利的提升，也谈不到持久的发展。主观地位认同的相对平衡和稳定，应是发展可持续的一个重要前提。再如，虽然西方现代化理论认为，伴随经济发展，社会的流动性也将会增强，但是经验调查数据却对此提出了质疑。社会流动性水平和社会经济发展水平并不是线性的关系，而是受到社会结构格局和具体制度安排的影响而呈现出复杂的走向。如果伴随着经济增长，社会流动格局日益走向封闭，社会樊篱强化，那么发展进程也将是不可持续的。上述现象提示我们需要去认真分析经济增长与社会发展之间的协调互动关系。

另一方面，中国的社会发展进程也出现了某些从既有解释来看很难理解的特点与"悖论"，尤其是在人们的生活机遇格局与身份认同意识上。例如，我们很难对于中国社会流动格局的整体变动方向进行判断，认为其变得更为开放还是更为封闭，在某些流动樊篱变得松弛的同时，可能其他某些流动樊篱在变得致密。再如,从社会层级认同来看,尽管中国经济高速持续增长,教育水平与预期寿命也在上升,如果按照人类发展指数来测量,社会发展水平是稳步提升的,但是人们的主观地位认同却不仅与西方社会相比呈现出相对偏低的特点,而且甚至在某些时间段中呈现出向下偏移的态势。[1] 从教育获得来看,总体而言义务教育阶段的城乡差异与阶层差异都有所缩小,人们获取教育资源的机会得到普遍提升,但与此同时,对于优质教育机会的竞争却更为激烈,人们的教育不公平感更为强烈。[2] 从社会参与来看,虽然"公众参与"已经被纳入社会管理新格局的表述中,人们也预期中产阶级将会成为公民性生长的重要基础,然而很多社会调查数据表明,目前公众参与公共事务的意愿仍然不足。[3] 对于中国社会发展进程中展现出来的种种特殊矛盾与悖论保持敏感,是我们加深对中国社会发展进程理解的前提条件。

如何解释上述现象,使矛盾获得统一,使悖论成为可理解的事实呢?上述列举的几个现象,按其领域分别属于社会流动、主观分层、教育获得、社会参与。要想对其进行解释与分

---

[1] 卢汉龙:《城市居民社会地位认同研究》,载中国社会科学院社会学研究所编《中国社会学年鉴:1992.7—1995.6》,中国大百科全书出版社1996年版。边燕杰、卢汉龙:《改革与社会经济不平等:上海市民地位观》,载边燕杰主编《市场转型与社会分层:美国社会学者分析中国》,生活·读书·新知三联书店2002年版。赵延东:《"中间阶层认同"缺乏的成因及后果》,《浙江社会科学》2005年第2期。李培林:《社会冲突与阶级意识:当代中国社会矛盾研究》,《社会》2005年第1期。冯仕政:《中国社会转型期的阶级认同与社会稳定》,《黑龙江社会科学》2011年第3期。

[2] 梁晨、张浩、李兰、阮丹青、康文林、李中清:《无声的革命:北京大学、苏州大学学生社会来源研究(1949—2002)》,生活·读书·新知三联书店2013年版。杨东平:《"寒门贵子"研究被媒体断章取义了吗?》,《教育研究与评论》2012年第4期。

[3] 陈映芳:《行动力与制度限制:都市运动中的中产阶层》,《社会学研究》2006年第4期。熊易寒:《社区选举:在政治冷漠与高投票率之间》,《社会》2008年第3期。李友梅:《中国社会管理新格局下遭遇的问题》,《学术月刊》2012年第7期。

析，当然需要根据各自分支学科的中层理论梳理其具体机制。然而，上述现象毕竟是在中国社会转型的统一背景下发生的，那么这些矛盾与悖论的因果机制背后是否可能存在着一些共通性的因素，其解释进路中是否会有某些共通的路径？

第二节 追溯变迁的结构动因

本研究的基本预设就是，要想理解人们的生活机遇格局与身份认同意识中的上述悖论与谜题，就不仅要从个体层面的因素上寻找原因，还必须要从结构系统层面寻找原因。

前面列举的种种特殊矛盾与悖论，都是在社会变迁的大背景中展现出来的。但是，有必要区分两种改变，一种改变发生在某一系统之内，而系统本身维持不变；另一种改变则是在发生时改变了系统本身。有研究者将前者称为"第一序改变"，将后者称为"第二序改变"。① 只是从第一序改变的观点提出的解释，是无法用来解释第二序改变的，在这种视角下，第二序改变就是不可预测的、突然的、不合逻辑的，因为两者处于不同的逻辑层次上。更为重要的是，只从第一序改变的角度提出的问题解决方案，也往往因为不得要领而本身又衍生出新的问题（例如对酗酒进行简单的限制，可能不仅无助于解决这一社会问题，反而会衍生出新问题）。② 与此类似，在研究社会变迁时，我们同样可以区分出两类变迁：一类是社会结构本身是稳定的，但是在既定的稳定结构下，社会结构的构成部分在发生着变化（change）；另一类是不仅社会结构的构成部分在变化，而且构成部分之间的关系与联系也发生变动，即整体社会结构本身也面临着转型（transformation）。社会转型发生的层次

---

① 瓦茨拉维克、威克兰德、菲什：《改变：问题形成和解决的原则》，夏林清、郑村棋译，教育科学出版社2007年版。

② 同上书，第30—35页。

是高于其构成部分变化的层次的。社会发展过程既包括前者，也包括后者。借助于"变化"与"转型"这一概念区分，我们能够更好地理解社会发展进程中结构性张力的来源，洞察问题发生的真正症结所在，而不至于形成逻辑层次的误置。

区分"变动"与"转型"，还有助于我们对西方的研究框架进行反思，对于其背后的预设保持自觉。本研究的一个出发点，就是认为西方的社会学研究路数是有许多隐而不现的假设的，只有在这些假设前提下，他们的理论分析和方法路径才有其正当性。在他们的社会背景下，这些假设前提可以起到简化问题、增强分析效力的作用。但是当时空背景转移时，这些隐而不现的假设却往往被研究者所忽视和忘却，研究的突破口和创新点也往往因此而失去。正如叶启政所言："尝试挖掘存在于西方社会学论述（特别是理论论述）背后的基本存在预设与认识论，应当是我们学习和理解西方社会学知识的必要功夫。否则的话，我们会很容易被西方社会学家长期经营下来之厚重且组织严密、传承悠久的知识体系所慑服，以至于我们总是毫无警觉地以他们所提供的概念和设立下的命题作为依据，而依样画葫芦地做起学问来。"[①] 即使同样是社会变迁，西方的社会变迁研究与中国的社会变迁研究可能针对的是不同层面，变迁的基本框架可能完全不同，这是中国研究者必须要留心的。

结合本书的基本分析，尤其需要强调的是，西方社会学的诸多中层理论都是在结构基本稳定的社会系统中生长出来的，即使在研究变迁时，他们研究的也是基本结构稳定前提下，构成部分或局部关系的变迁。在研究主观地位认同、社会流动结构、教育机会获取、社会参与行为等的变迁时，我们往往会将欧美各国视为默认的参照系，进行横向比较。此外，社会学研究中援引的多数理论资源和研究范式，也多数来自欧美对自身社会的经验研究。然而值得注意的是，不同的时空背景可能使

---

① 叶启政：《社会理论的本土化建构》，北京大学出版社2006年版，第2页。

得同一现象的主导动因有所不同。相对于第二次世界大战后的欧美社会，中国在过去30余年间经历了更为深刻的社会转型，社会关系经历了深刻调整。在社会结构相对稳定的背景下，对于上述领域的研究更可能关注个体差异，更可能关注到稳定的结构化要素；但是中国社会过去30余年经历的深刻社会转型，还使得我们更可能观察到这些领域中的主导动因是结构化的变迁力量，更可能关注到结构性的流变趋势。不同的解释路数与不同的社会实践之间，有着密切的关联。

但这并不是说在解释具体的社会事实时，整体结构因素一定优先于局部或个体性因素。整体结构因素与个体性因素，两者中哪一种在解释中更为重要，这个问题是没有唯一答案的。两者的相对重要性，皆取决于具体问题发生的具体环境。① 心理学方面的一个实例有助于对此进行阐释。"假如我们想评估遗传因素和环境因素在人的成长过程中的相对影响，我们可以从一个特定的基因库和一个固定的历史环境中得到有意义的答案。如果一些儿童成长于中产阶级的家庭中，另一些则成长于贫困的家庭，那么他们之间在人格上存在的差异，大部分都可以用环境来解释，遗传的作用则相对较小。反之，如果大多数儿童都是在大致相同的条件下长大的，那么遗传因素几乎就可以解释他们之间存在的全部差异。这些答案所陈述的重要性并非原则上的。……所有有关遗传因素与环境因素的有意义讨论，都离不开问题发生的具体环境。"② 在稳定结构的社会系统下生长出来的解释，自然会将注意力放在个体性因素上，因为个体性因素构成这种社会背景中的最大变异；而在变动结构的社会系统上生长出来的解释，自然应该将注意力放在结构转型

---

① 社会科学中长久以来存在着关于知识的"情境性"（situated knowledge）与"普适性"（transcendent knowledge）的争论。Abbott, Andrew, 2004, *Methods of Discovery: Heuristics for the Social Sciences*. New York: Norton.
② 阿肯：《回归的解释与应用》，沈崇麟、高勇译，《国外社会学》2003年第6期。

上来，因为这种社会背景中的最大变异正来自结构本身。由此，我们也看到了一个重要的知识社会学命题：社会解释本身是用来理解和应对其解释对象与社会问题的，由此也同时被其解释对象所塑造。社会解释与其解释对象之间是一种双向的互相形塑关系，而不仅仅是一种单向的影响。

如果不能将这些结构性的流变趋势考虑起来，就无法理解转型过程中出现的一系列"悖论"。例如，为什么在人们的客观地位要素（收入、教育、职业地位）的分布结构没有出现大幅变动的同时，人们的主观地位认同却可能会出现相当尺度的调整。传统的社会分层和流动研究的基本问题，可以总结为"谁得到什么"和"为什么会得到"，① 但是除此之外，还有一个"在何种背景和情境下得到"的问题。人们所获得的客观地位要素相同，但是处于不同的背景和情境之中，就完全可能有截然不同的主观地位认知。因此，我们在近处迷惑于个体身上的行动悖论时，不妨退远一些，看到更大范围的背景和情境变动，就会更能够理解，或许改变的并不是行动者，而是他身处其中的结构背景。这种结构背景的影响是整体性的。也就是说，虽然程度有轻重之别，但是几乎所有社会成员都会感到这种背景转换带来的影响。人们不仅仅受到直接作用于自身的因素的影响，而且也会受到与之密切相关的他人的影响，还会受到作为行动的整体参照系的社会结构的影响。关注结构动因，绝对不是用简单线性的趋势来代替细致复杂的思考。政治、经济、社会等诸种因素间存在着彼此关联性，它们的变动又受到历史路径的限制约束，因此必须去关注社会的具体制度安排与情境约束，才能真正把握变迁背后的结构动因。例如，研究者往往会猜想市场经济的引入必然会使得代际流动更为开放，或者使得代际流动更为僵化更为困难。但是，市场经济的引入既

---

① 伦斯基：《权力与特权：社会分层的理论》，关信平等译，浙江人民出版社1988年版。

可能使得代际流动更为开放，也可能使得它更为困难；可能在某些方面的流动变得开放，另一些方面的流动变得困难。结果如何，取决于这一社会过程中的诸多情境因素。只有深入这一过程内部，才能深化我们对于背后结构动因的理解。

因此，本书的总体旨趣就是，根据所获取的调查数据资料，在结构论的理论偏好指引下，对于主观地位认同、社会流动结构、教育机会获取、社会参与行为几个具体领域进行较为详尽的描述与推衍，努力寻找这些变迁背后的结构性动因。在中国社会转型的大背景下，研究中必须对于某些中层理论背后的预设进行反思，否则往往就会忽略真正的结构推动力而只是聚焦于某种局部或个体性的因素。这一总体旨趣是所有具体分析中共有的主题和关怀，它贯穿于各个分析过程与研究问题之中，使之成为一个整体中彼此呼应、韵律暗合的组成部分。

第三节　本书的基本内容

与前述思路相对应，本书的内容主要涵盖社会流动结构、主观地位认同、教育机会获取、社会参与行为几个领域，它们都是社会发展过程中的基本支撑条件。

第二章介绍了用以指导研究的理论路径和方法讨论。结构论与个体论，源自社会科学研究中在本体论层面上进行的不同假设，大可不必把结构论与个体论视为水火不容的对立范式，而可以将两者之间的张力作为社会科学研究的重要推动力。但是，本书的探索方向是在已经被视为具有结构化倾向的研究路径上进一步向结构化的方向推进。同时，本书的基本研究手段是基于分析目标对数据中的变量关系进行尽可能详尽的描述和推衍，通过数据中显现的内在模式揭示行动者背后的可能结构性动因。本研究中力图保持对于数据中各种矛盾与悖论的敏感，从中不断地挖掘各种"不一致"与"矛盾"之处，借此加深对社会结构的理解。

第三章通过数据分析揭示了社会流动格局中的一种变化：社会樊篱的流动。以往对于社会流动的研究关心的问题是社会流动格局是变得更为开放还是更为封闭。然而这一章的分析却显示出，某一些社会樊篱（管理精英与专业技术精英之间的樊篱）在变得开放松动的同时，另一些社会樊篱（精英层与非精英层的樊篱）却在被编织与强化。不同类型的社会樊篱，其疏密程度的变化方向并不一致。而这种"不一致"恰恰反映了中国社会结构变迁的特点，与精英群体形成吸纳机制、阶层价值观变迁有着重要关系。原本存在的管理精英与专业技术精英的二元路径逐渐并轨，两种精英出现了融合；精英与非精英群体之间的流动路径却在缩减，出现了更为清晰的分野。上述流动格局的变化，与各个群体在结构转型过程中不同的"市场机遇"有密切关系。这种社会流动格局一旦形成，就会对之后的诸多社会进程形成约束。

第四章讨论了社会转型过程中地位层级认同的形成逻辑。地位层级认同研究中存在的一个令人迷惑不解的现象是，虽然人们的客观地位要素（如收入水平、受教育程度、职业等级）都在不断提高，但地位层级认同发生了整体性的下移。如何认识客观地位要素与主观地位认同之间的联结机制，在此就成为解释的关键所在。该章的分析表明，客观地位要素的提高与主观地位认同的下降看似矛盾，但只要看到利益关系市场化已经使得地位层级认同的"参照系"发生了本质改变，就能够在两者之间建立起逻辑上的有机联系。对于"参照系"转变的强调比"相对剥夺论"等视角更具有结构意蕴，对整体性的地位层级认同变化更具解释力。据此，要想在市场化转型背景下建立起新的地位"中层认同"，除了进一步提升个体收入外，还需要构建起个体对于社会共同体的稳定归属感和认同，并逐渐将地位认同的基础再次扎根于此。

第五章关注的是另外一个重要的社会结构议题：教育获得问题。该章的数据分析同样揭示了教育获得差异在不同阶段的升学决策中表现了不同的趋势：义务教育阶段的户籍差异不断降低的同时，初中升高中的户籍差异持续存在，而高中升大学的户籍差异不断拉大。在不同的教育阶段，教育获得的户籍差异并未呈现出相同的趋势，而是走势各不相同。面对这一有些矛盾的图景，分析者转而对于模型中所使用变量的意蕴进行反思，认为与户籍在不同教育阶段的意蕴有关。在义务教育阶段的上学决策中，户籍主要意味着家庭资源和公共教育资源分配的差异，因此随着经济水平的发展、公共资源分配的调整、上学直接成本和机会成本的降低，这种户籍差异就会逐渐缩小。在初中升高中阶段，户籍除了其家庭资源差异外，更多地意味着不同的自我身份认定与发展期望，因此更难以随教育的普遍扩展而消除。在高中升大学阶段，户籍更加意味着对于社会机会的竞争过程中差异性的制度设置与权力关系。如果社会身份的力量已经渗透到学校的制度设置与学生的日常生活当中，学校制度设置乃至价值取向都已经不能再独立于甚至日益附属于社会层级差异之时，那么升学概率差异的不断加大也是可以理解的事实了。

第六章探讨了公众参与和政府信任的关系模式。很多利用个体数据来讨论公众参与和政府信任的研究，都表明两者之间存在着密切的正向关系。但是这种结论和人们的日常生活体验却有相悖之处，人们往往对于参与绩效抱有负面看法。该章的讨论正是力图解释这种相悖之处。在分析中，我们首先辨析了两种不同的参与驱动机制：吸纳式参与和关切式参与。前者以吸纳积极分子、动员现有的高政府信任者为特征；后者以参与者的公共关切驱动为特征，参与者未必对政府持有高信任态度。在个体层面的数据分析中，两种驱动机制可能都会呈现出政府信任与参与行为之间的相关关系。在公共关切的逻辑下，参与行动能够有效地提升政府绩效，从而促进人们对政府的信任，故而两者呈现相关关系。在吸纳动员的逻辑下，那些能够和易于被政府吸纳动员的行动者一般而言都是"政府信任"度较高者，故而两者也具有相关关系。因此看似相同的相关模式背后隐藏着截然不同的内在动力机制。该章提出，对此问题的解决办法是引入个体与集体两个分析层次，用多层次分析方法揭示这两种参与驱动机制的差异。在城市这个分析层面上，关切式参与率高的城市所得到的信任度也更高；但是吸纳式参与活动却并不能提升城市的整体运行绩效，因此参与率高的城市得到的整体信任度未必能高于那些参与率低的城市。

第七章是在前述基础上进行的一个综合性尝试，试图通过社会公平、社会秩序、社会归属、社会信任四个维度来构建社会可持续性指数。上述四个方面构成了发展进程中社会张力的主要方面。在发展实践当中致力于发展的行动本身却造成了成果分配的公平程度不被多数社会成员认可、社会冲突和权益矛盾迅速增加、种种社会归属群体分崩离析、社会信任度被普遍瓦解，此种情况并不鲜见。如同发展实践当中生态环境的恶化一样，上述因素在社会意义上构成了对发展实践的条件制约，因此有必要在一个统一指数框架下对其进行测量。

第八章进一步对结构与行动、结构与民情、结构与能动之间的几对关系进行了反思和讨论。社会结构重建的同时也是个体身份认知与观念的建构和改造，结构论的思想对于理解个体的社会行动的境情性与反身性特征提供了诸多启发。此外，我们可以借助结构分析展示出来的社会图景，揭示其背后"社会民情的复调旋律"；结构分析揭示出来的种种张力与悖论，都与种种观念或制度在具体实践中的立足与生长过程息息相关。未来的研究需要对结构与能动、结构与机制的关联进行更为细致的分析。

第二章

研究策略与视角偏好

第一节 结构论视角的进一步延伸

在解释社会生活和社会行为时,不同的学科或研究路径往往会对社会生活进行不同的假设。这些假设构成了持久的争论基础,也生发了许多重要的理论创新。阿博特曾经总结出社会科学中九对重要的假设:实证论与阐释论、分析与叙事、行为论与文化论、个体论与结构论、本质论与建构论、情境论与非情境论、选择与约束、冲突与一致、普适论与特定论。[①] 这里关注的一对基本假设,就是个体论和结构论。[②] 个体论认为社会生活中唯一真实的存在,就是个体。所有的行为都是个体做出的,所有社会过程都只是个人行为的结果。个人的理性选择和个体间的互动最终产生了社会世界,就如同原子的运动最终产生了物理世界一样。而结构论认为社会是真实存在的,社会力量是不可以简化成个体行为的组合的。个体行为和社会现象是不同层面的现象,社会现象只能用社会层面的事实来解释。

[①] Abbott, Andrew, 2004, *Methods of Discovery: Heuristics for the Social Sciences*. New York: Norton.

[②] 虽然大体而言,多数经济学家持有个体论看法,而结构论在社会学家中更受支持和尊敬,但是个体论与结构论的分歧不应该与学科立场相联系。如下文所述,个体论和结构论的争论,不仅存在于不同学科之间,在同一学科内部也不断浮现。

第二章　研究策略与视角偏好

个体论和结构论在社会科学中都有悠久的历史。个体论可以追溯到早期功利主义思想家，他们认为个体的自利行为的互动最终产生了我们观察到的社会世界。因此，在分析社会现象时，也有必要回溯到个体行为层面去进行考察，理解个体在既定的约束条件与稳定偏好条件下的选择行为。个体论者虽然也会使用超越个体单元的某些数据，甚至某些情况下会近似地将公司、家庭等组织视为行为实体，但是他们认为这只是一个"退而求其次"的选择，社会科学中最终解释还是应当只涉及个体及其行动。与其他解释相比较，基于个体及其行为的解释是具有内在优越性的。在个体论内部也有不同的流派，有的在本体论层面坚持个体主义立场，认为个体才是社会现象当中的真正存在；有的在认识论层面坚持个体主义立场，认为虽然个体未必是社会现象的唯一真实存在，但在认识过程中唯有从个体层面进行分析才能得到最终解释。但个体论的核心立场是明确的，他们认为"社会可以化约、还原为个体，并通过个体的属性、状态和行为得到最终解释。社会整体和部分（个体）之间的区别不过是量的差别，而不是质的不同"。①

社会学的鼻祖之一涂尔干（一译迪尔凯姆）认为，社会层面的实在性是社会学存在的基本前提条件。社会事实是"自成其类"（sui generis）的，因为它无法化约为个体行为的结合。它必须与个体行为及相关事实的类相区别对待，故而"自成其类"。不同层面的分析各有其正当性，不可以彼此取代。涂尔干对此最强有力的一个论证是，如果认为社会现象能够化约为个体行动和心理现象，进而取消社会层面的分析诉求的话，那么个体心理现象也可以进一步化约为神经细胞的物理现象，这样个体行动和心理层面的分析也将面临着被取消的危险。② 因

---

① 王宁：《个体主义与整体主义对立的新思考——社会研究方法论的基本问题之一》，《中山大学学报》（社会科学版）2002年第2期。
② 涂尔干：《社会学与哲学》，梁栋译，上海人民出版社2002年版。

此，"社会并不是个人相加的简单总和，而是由人的结合而形成的体系，而这个体系则是一种具有自身属性的独特的实在。……如果我们从孤立的个人出发去研究，我们就完全不能了解团体内部发生的一切"。① 基于上述认识，涂尔干坚持因果关系必须放在社会层面进行考察。② 在他看来，如果社会现象只是个体现象的汇总，因果逻辑就不能放在社会层面进行思维，社会学也就在科学领域没有立足之地了。因果的方向是从社会至个体，而非从个体至社会。社会层面上的事实对于个体的行为有因果效力和推断能力，因此，"一切比较重要的社会过程的最初起源，应该到社会内部环境的构成中去寻找"。③ 社会内部环境（social milieu）因此构成社会学家应当致力的研究方向，"社会学家的主要精力应该用于发现这种环境的能够影响社会现象发展的各种属性"。④ 只有将社会环境视为社会进化的决定性因素，才能够确立社会现象的因果关系。在《自杀论》中，涂尔干用自杀率在各个国家与人群中的稳定性来论证社会力量的存在，说明社会力量是不可以化约为个体事件的："由于每个社会都有它不会朝夕之间就改变的气质，同于这种

---

① 迪尔凯姆：《社会学方法的准则》，狄玉明译，商务印书馆1995年版，第119页。
② 值得注意的是，涂尔干的立场固然与将社会现象化约为个体原子的综合的"个体论"针锋相对，但是他的观点与早期欧洲大陆盛行的形而上学的"有机论"也相距甚远。正在这个意义上，索耶称涂尔干的路数为"第三条路径"。[Sawye, K. 2002, "Durkheim's Dilemma: Toward a Sociology of Emergence", *Sociological Theory*, 20（1）] 涂尔干一方面强调社会不只是个体的集合，但同时也力主"社会现象的原因存在于社会的内部"，而不是超然于社会的某种存在。在他看来，那种"有机论"实际上是在"以社会之外的东西来解释社会"，而那种"个体论"则是"试图从部分引出全体"。（迪尔凯姆：《社会学方法的准则》，狄玉明译，商务印书馆1995年版，第119页）美国社会学基于对个体论社会学路数的偏好，固然会对其有所误读；但是将其强化为"唯社会论"甚至"有机论"，也是另一种误读。
③ 迪尔凯姆：《社会学方法的准则》，狄玉明译，商务印书馆1995年版，第127页。
④ 同上。

自杀倾向的根源在于各群体的精神气质,所以自杀是不可避免的,而自杀的倾向则因群体不同而不同,但在每一个群体中,自杀的倾向却明显地多年保持不变。"涂尔干的这种结构论立场,也被后世称为"突生论"(emergentism)。索耶(Keith Sawyer)认为:"涂尔干的学术生涯中,一以贯之的主题是突生性,从其开端的《社会分工论》是道德和个体的突生性理论,到其终篇的《宗教生活的基本形式》是用社会突生论来建构其社会学为基础的认识论。"①

个体论和结构论的争论,不仅存在于不同学科之间,而且在同一学科(如社会学)内部也不断浮现。如梅休(Bruce Mayhew)就批评美国社会学被个体论者所主导,而不熟悉结构论视角,进而丧失了社会学的独特研究对象。② 科塞也曾对常人方法论和地位获得研究当中结构视角的缺失提出过批评。③ 在此本书不打算进行进一步举例,因为正如下面所论述的,不仅同一学科内部有此类分歧,就连具体研究领域内部也存在结构论与个体论的分歧。结构论和个体论的区分远不是泾渭分明的。某一个具体的研究领域,简单来说,是属于某一个路数的;然而进行仔细辨析之后,就可以看出其中又存在着分歧。

例如社会网络研究重视人的关系网络而非个体本身,总体而言是偏向于结构论的,但是其内部又有个体主义路数和结构主义路数之分。科尔曼、林南等研究者把网络关系视为个体能够使用的一种资源和工具,进而用社会资本或社会资源这些概念来概括这种内涵。④ 这明显更倾向于个体论的视角。然而以

---

① Sawye, K., 2002, "Durkheim's Dilemma: Toward a Sociology of Emergence", *Sociological Theory*, 20 (1).
② Mayhew, Bruce H., 1980, "Structuralism versus Individualism: Shadowboxing in the Dark.", *Social Forces*, 59 (2).
③ Coser, L. A., 1975, "Presidential Address: Two Methods In Search of A Substance", *American Sociological Review* 40 (6).
④ Coleman, James S., 1988, "Social Capital in the Creation of Human Capital." *American Journal of Sociology*: S95 – S120.

怀特等人为首的另一些研究者更倾向于研究网络结构本身，以及网络结构对于个体行动的解释，提出了"结构等同性"等概念来说明这一思路和机制。① 在前者看来，个体利益和能动性在先，之后才生成了网络和关系格局；在后者看来网络结构在先，个体行为的差异很难解释不同的网络结构，反倒是应该用不同的网络结构来解释不同的个体行为。这两种视角之间的对话构成了网络分析中一个重要的推动力。

再如社会分层和社会流动研究，这是结构论的重要研究领域。但即使如此，我们仍然可以从中辨析出不同研究者对于结构论假设和个体论假设的不同偏好。"众所周知，社会分层研究中存在着两种基本的理论视角，即强调社会关系的关系论和强调资源分布的分配论，前者以阶级阶层概念为核心，后者则多以职业概念为核心。"② 以布劳-邓肯为代表的分配论，关注的是先赋性还是后致性的个体流动机制，个体在利用种种流动手段（先赋的或自致的）努力地获取各种社会位置和社会资源。然而以新马克思主义为代表的关系论分析的出发点与分配论截然不同，他们关注的是阶层结构及其变化的整体模式，这种整体模式不能用先赋或后致的个体流动机制来解释，反倒是这种整体模式决定了个体流动的机制。

再如教育社会学当中关于教育功能的争论。早期的"社会化"观点认为，教育对于社会的影响，主要在于学校对个人的影响，教育通过学校等各种组织使个人获得社会化经验，做好进入社会的准备。但迈耶提出的"合法性"观点则认为教育对于社会的主要影响是在更宏观的结构层面，它塑造了对人和知识进行类型划分的一整套规则。"它决定哪个人属于哪一类，哪个人有相应合宜的知识。它决定了哪个人可以得到社会中的

---

① Lorrain and White, 1971, "Structural equivalence of individuals in social networks", *Journal of Mathematical Sociology* 1 (1).
② 李路路：《再生产的延续：制度转型与城市社会分层结构》，中国人民大学出版社2003年版，第1页。

尊贵位置。教育是个人公共履历中的核心要素，对其生活机会有重大影响。它也是社会组织的核心要素，建构着能力，促进了专业技术职业和专业技术人员的产生。这样一种制度对于社会的影响，必然不可能仅限于为年轻人提供直接的社会化经验。"① 明显地，后者比前者持有更强的结构论立场。

上述只是几个例子。事实上，在组织研究、社会运动研究等其他领域当中，也可以看到个体论与结构论的不同假设导致的研究思路差异。在社会科学的许多具体领域中，都可以看到个体论和结构论这一对本体论层面的争论。上述具体领域中亦存在结构论与个体论分歧的现象，阿博特称之为"分形"（fractal）。②"分形"这一术语源于几何学，指局部形态与整体形态之间具有相似性的形体。因此，无论多么接近分形图形，它始终呈现出相同的样式。在社会科学中，有一些对基本假设的争论，无论在何种研究层面上，都始终存在，因而阿博特将其与几何分形相类比，称之为社会科学研究取向上的"分形"。我们笼统地看社会科学的不同学科，会看到结构论与个体论的分野；我们看社会学中的不同分支领域，仍会看到不同领域有着结构论或个体论的研究偏好和立场倾向；我们看某一具体的研究领域，虽然在其他领域研究者看来属于结构论或个体论之一，但认真辨析其内部的不同路数，仍然可以发现结构论和个体论的不同倾向。这种结构论与个体论的假设分析是不会完全消除的，它会在社会科学研究中持久存在。阿博特进而提出，这一特性事实上可以作为一种启发术，来促使社会学研究提出新问题，开拓研究者的思维视野，加深思考深度。③ 因此，大可不必把结构论与个体论视为水火不容的对立范式，而可以将两者之间的张力作为社会科学研究的重要

---

① Meyer, John W., 1977, "The Effects of Education as an Institution." *American Journal of Sociology* 83（1），p. 55.

② Abbott, Andrew, 2004, *Methods of Discovery: Heuristics for the Social Sciences*. New York: Norton.

③ 同上。

推动力。在这一视角之下，结构论与个体论就不再是僵硬的实体对立，而是具体研究中达到研究目的时要借助的路标。我们可以在这种路标当中穿梭而行，而不必径直按照某一方向一直前行。这样反而可能得到更丰富的思考。

　　社会科学中这种穿梭而行不乏其例。如对于歧视的研究，早期的传统视角将歧视视为一种社会结构或社会规范，是一种难以用个体来解释的突生现象。但是，贝克尔却从个体角度来看待歧视，将歧视作为一种个体偏好来进行分析，反而获得了独特视角和分析能力。具有歧视偏好的雇主会因此而付出代价。然而在贝克尔的分析中，如果竞争足够激烈，没有歧视偏好的厂商就会以较低的成本把歧视性厂商排挤出去，因此就很难解释歧视的长时间存在。阿克罗夫在此基础上又进行了向结构论的偏移。阿克罗夫虽然仍采用个体效用等工具来分析歧视现象，却引入了群体规则的视角。① 在群体规则之下，不遵守歧视规则，个体就会遭受群体关系上的损失。② 经过在个体论与结构论之间的穿梭后，我们对于歧视现象的理解就获得了深

---

　　①　阿克罗夫：《一位经济理论家讲述的故事》，胡怀国译，首都经济贸易大学出版社2006年版。

　　②　阿克罗夫（George Akerlof）以其对于信息经济学的贡献知名于经济学界。除此之外，他还致力于将心理学、社会学、人类学中的许多概念和视角（如社会规范、礼物交换、社会忠诚等）引入经济学模型当中，使得经济学模型的解释能力更强。他的这一路数也被称为PSA经济学，即心理—社会—人类学的经济学。近年来，他与其合作者克兰顿（Rachel E. Kranton）一直致力于将"身份"概念引入经济学的研究范畴当中，研究身份认知在经济生活中的重要作用。阿克罗夫的基本分析策略是在传统的经济学分析模型中引入包括了身份、规范和社会类型的扩展效用函数。人的效用中除了对物品、服务或其他经济结果的"标准效用"外，还包括了"身份效用"，即"当个人行为与社会理想类型和规范相一致时带来的效用，或者相违背时所遭受的损失"。在这里重要的一点是，人的身份效用是具有外部性的，也就是说，身份效用不仅因其自身选择而增加或减少，而且受到他人选择的影响。从短期来看，人们会通过在标准效用和既定的身份效用之间进行权衡取舍，以最大化自身的效用。从长期来看，人们不仅会选择如何行动，而且可以对身份进行选择，人们会决定自己是否要进入某种社会类型当中。阿克罗夫用上述分析框架对经济学的四个重要领域——组织、教育、劳动力市场、种族与贫困——进行了细致研究。

化，对分析这一问题过程中存在的各种潜在假设有了明确清晰的认识。

与此相反路径的穿梭也同样存在，如怀特对于组织内部流动的研究。① 传统的劳动力内部流动是基于经济学的个体视角的，是人在积极地获取晋升机会。但怀特的视角中，结构更具主动意味，结构中出现了空位，才引发之后的一系列机会链条。如果不存在结构空位，个体努力也是无足轻重的。怀特进行的这样一种从个体论到结构论的穿梭，再加上马尔科夫模型的分析工具，使我们对组织晋升的理解有了很大深化。

在已经具有个体论倾向的领域中更进一步向个体论推进，或者在具有结构论倾向的领域中更一步地向结构论推进，也是另一种"分形"。例如，在对于中国经济发展过程中的政府激励研究中，经济学者提出行政分权和财政包干激励了地方政府推动地方经济发展、培育市场发育。这是在经济学激励理论下进行的研究，明显是基于个体论立场的研究。但是周黎安则在此基础上更进一步，认为分析单位必须是作为个体的地方官员，而不是作为整体的地方政府，因此必须去考察对政府官员个人的激励，提出了地方官员的晋升激励与地方政府发展的关系问题。② 这样一种向个体论的坚持和推进，使得研究者挖掘出了"中国经济增长的独特的政治经济学基础"。

本书的探索方向则是，在社会流动、地位认同等已经具有结构论倾向的领域当中，更进一步地向结构论推进。要说明的是，这并不代表本书认为结构论在这些领域中具有先验的优越性。个体论与结构论都可能产生富有启发力的研究成果，但是研究者可能会由于研究路数的依赖性或者个体偏好而选择某一种取向进行探索。这种不同取向的探索不仅无法彼此取代，而且可能会在共存之中形成一种互益的格局。在这种意义上，本

---

① 怀特：《机会链》，张文宏等译，格致出版社2009年版。
② 周黎安：《转型中的地方政府——官员激励与治理》，格致出版社2008年版。

书赞同阿博特提出的观点：社会科学中的这些方法论争论应当成为具体研究中的启发术，而不是截然对立的立场之争。

第二节　数据描述和推衍的策略方法

本书的基本分析都是基于调查数据资料的，基本方法是基于分析目标和理论推断对数据中的变量关系进行尽可能详尽的描述和推衍。在许多方面，这种分析方法与通常的因果变量分析有相似之处，但是也存在着某些根本差异。

"解释"被视为社会科学研究的目标，因果分析只是解释的一种路数，基于变量关系的因果分析更是因果分析中的一个支派。在社会学的早期定量研究中，有许多路数是不重视因果分析的，而主要从事对关联的描述。早期的社会学定量研究者受到逻辑实证主义的影响，甚至是反因果分析的。当时的定量研究者只讲"关联"，对于"因果"是持怀疑态度的，他们不关注过程，只描述结果；早期讲"因果和行动"的反倒是定性研究者。[①] 第二次世界大战之后，伴随着拉扎斯菲尔德等人的成就，社会学定量方法中才开始把"因果分析"作为自己的方法基础。路径分析的引入更使得变量关系的因果分析在社会学中大行其道。

因果变量分析改造了涂尔干基于结构论立场提出的因果分析。涂尔干既反对抽象而宏大的社会进化论解释（如斯宾塞和孔德），也反对用个体自身属性来解释历史进程。涂尔干解释中的"因"不是个体属性等变量，而是社会力；"果"也不是某种变量，而是具体的历史进程。因果变量分析借用了涂尔干命题的形式，强调因果关系是超越个体的决定力。但是它的基础内容却是与涂尔干命题相背的，因果关系的基础内容不再是

---

① Abbott, Andrew, 1998, "The Causal Devolution." *Sociological Methods & Research* 27（2）.

社会力量或社会事实，而是个体的种种属性。① 这种分析对于战后结构稳定的美国来说是正当其时，因为当时美国社会的核心问题恰恰是"个体"的问题。那些把因果变量分析引入社会学的先驱们是极有创造力的，但值得注意的是变量因果分析背后存在着诸多"默会性知识"。

定量因果分析背后最重要的"默会性知识"，就是它对于时空的假定。变量因果分析都假定变量的意义必须至少在分析的时间段中是固定的。但人作为社会动物的本质特点恰恰在于，他能够不断重新界定事件的意义，不断界定自己的身份认同，从而不断地形塑现在。因此，在变量意义流变速度很高的社会中，变量的意义内生于社会变迁过程之中，这时用变量因果分析就需要多加小心。在空间上，变量因果分析往往假定变量在不同主体身上的作用是稳定的，在 A 身上起作用的因素在 B 身上也应起作用，而且这种作用是彼此独立的。但是在情境性的社会现象当中，有时候某因素在 A 身上是否有作用，恰恰要取决于 B 如何处理这一因素，取决于无数的他人如何处理这一因素。

在定量因果分析中，盛行的做法是用各种统计程序来近似实验结论。然而，实验固然有其价值，反事实的统计程序也有其价值，但持续全面的观察资料才是社会科学的经验分析基础。② 利伯森（Stanley Lieberson）和霍里奇（Joel Horwich）指出，社会科学应当抛弃对于"硬科学"的过分崇拜和对于实验模型的过分依赖，基于社会科学的理论特点和数据特点，发展出自身的一套分析路数来理解经验资料与理论之间的关系。在学科发展过程中，往往起初只有不完美的观察资料和虽然充满

---

① Abbott, Andrew, 1998, "The Causal Devolution." *Sociological Methods & Research* 27（2）.
② Lieberson, S. and Horwich, J., 2008, "Implication Analysis: A Pragmatic Proposal for Linking Theory and Data in the Social Sciences". *Sociological Methodology*, 38（1）.

洞见但也并不完善的理论。在这种情况下，盲目引入"硬科学"的检验标准（姑且不论这种标准本身也是建立在对于这些学科研究方法的误解之上的），往往会扼杀掉重要的理论萌芽。利伯森和霍里奇认为，社会科学家应当以富于想象力和创造力的"艺术"方式，"基于比通常观念远为宽广的视野去搜索相关资料，同时采用合适技术和标准来穷尽其各种用法以应对手头的问题"。①

　　社会学的基本洞见就是社会世界是由情境性的行动构成的，是由社会关系构成的。不同深度的过去在同时影响着现在的情境；大量复杂的社会互动结构在起作用。但是面对这样的情境性行动和互动结构，我们总是能够找到某些内在模式，正是这些模式揭示了行动者背后的可能结构性动因。② 通过对变量关系的描述，我们可能揭示出社会关系之间的互赖性，揭示出社会生活中的"突生性"现象；通过对涉及多个时点的变量关系进行比较，我们可能展现出社会生活在时间上的互依性，揭示社会进程中的"权变性"现象。在对多个时点和个体的比较中，我们得以了解背后的结构动因。这种意义上的因果关系，可能更接近涂尔干意义上的"因果关系"，而非普遍盛行的因果变量分析。这样一种数据描述的意义，不仅仅在于去验证或证伪某个理论判断，还在于借此反思这些中层理论的隐性前提，考虑其效力的边界。数据描述并不仅仅是就某个特殊的数据进行特定的解释，而是要通过种种内在模式的比较来拓展或界定理论边界，在与理论提出时的情境条件不一样的条件下去进行经验推衍。我们借此能够了解，在何种结构情境前提下，某种中层理论的经验推衍会有效，会有足够效力产生理论

---

① Lieberson, S. and Horwich, J., 2008, "Implication Analysis: A Pragmatic Proposal for Linking Theory and Data in the Social Sciences". *Sociological Methodology*, 38 (1), pp. 19–20.

② Abbott, Andrew, 1998, "The Causal Devolution." *Sociological Methods & Research* 27 (2).

所预期的结果事实；而在另外的结构情境之下，理论的经验推衍会发生改变，有新的内在模式产生出来。

除此之外，数据描述往往能够为我们呈现出多少有些矛盾或悖论的图景。面对定量描述提出的悖论，研究者可以转而反思模型中所使用变量的意蕴，从而挖掘背后丰富的制度情景。① 这样一种在实证方法与阐释方法之间的穿梭，能够拓展前述定量分析的深度，为进一步的分析奠定基础。本研究力图保持对于数据中各种矛盾与悖论的敏感，从中不断挖掘各种"不一致"与"矛盾"之处。例如，不同类型的社会樊篱在变动趋势上并不一致，某些在变得更开放，某些在变得更封闭；人们的客观地位要素与主观地位认同的变动趋势不一致，前者不变甚至上升之时，后者可能向下偏移；不同教育阶段的户籍差异的变动趋势不一致，某些阶段在缩小的同时，某些阶段在放大；不同参与形式的后果并不一致，某些形式的参与中信任是原因而非后果，另一些形式的参与中信任是后果而非原因，等等。分析和思考这些"不一致"与"矛盾"之处，能够加深我们对社会结构的理解。

无论我们如何精心地收集数据，如何采用统计上的因果推断，我们都永远不可能"控制"所有的其他条件，我们面对的终究只能是观察性资料。因此，社会科学中不太可能存在那种关键性检验。② 非黑即白的看法，不能适用于经验研究对理论的验证。在现实当中，往往是多个机制在同时起作用，其他条件或其他机制可能会抵消或修正理论中所阐述的机制，我们不必苛求事事皆得到验证。但是如果我们对于结构动因的判断是正确的，那么数据描述过程中揭示出来的内在模式就会与基于

---

① Abbott, Andrew, 2004, *Methods of Discovery: Heuristics for the Social Sciences*. New York: Norton, pp. 168 – 169.

② Lieberson, S. and Horwich, J., 2008, "Implication Analysis: A Pragmatic Proposal for Linking Theory and Data in the Social Sciences". *Sociological Methodology*, 38 (1).

结构动因的推断多数相吻合。如果在多种情景下的数据描述都支持这种判断，则我们对于这种判断的信心就更加充足。在此过程中，研究者可能会遇到不同来源、不同可靠性的，甚至彼此矛盾的数据，显著性检验、解释方差比例等标准统计程序可以帮助我们进行判断。但是，标准程序永远不能替代人的判断力，因为数据资料都不是机械地得出而完全理想化的。这样一种研究过程，正是可以体现社会科学家的创造力的领域。在此过程中，理论是促进新的经验发现的有力引擎，而经验发现是完善理论引擎的精巧工具。

第三节 数据集与分析策略的具体说明

最后，还需要对本书所使用的具体数据集和具体分析策略进行简要说明。本书的分析并非基于某一专项调查数据，而是根据分析需要来自不同时点、不同来源的多个数据集：涉及社会樊篱流动和地位层级认同的分析数据来自中国社会科学院2001年和2005年组织的"中国社会变迁调查"第一期和第二期调查；涉及教育获得的分析数据来自北京大学组织的"中国家庭动态跟踪调查（CFPS）"2010年成人问卷的全国再抽样数据；涉及公共参与及社会可持续性的分析数据来自中国社会科学院组织的"社会态度与社会发展"专项调查。

在分析策略上，本研究有如下几个特点。

第一，本研究中所用到的数据分析几乎都是在进行纵向比较：或者是比较不同地点的调查结果来直接讨论社会环境的变迁和影响，或者是在某一横剖面调查数据中比较不同的出生组，以便借出生组比较来间接地探寻变迁的模式与动因。在通常的数据分析中，变异通常有两个来源：不同时间点产生的变异和不同个体特征产生的变异。相比较而言，本书的分析更侧重于关注不同时间点产生的变异，因为其关注点在于变迁问题。

第二，本研究中所用到的数据几乎均是采集自个体（第六章中也用到了某些集体层面的变量来进行多水平分析），但分析的重心却未必在个体。借助上述纵向比较的方法，我们关注的内容不仅仅是个体特征的差异，还有社会整体格式的变迁及其背后的推动力。使用的数据集是取自个体，但是在分析上却试图通过个体行动呈现出整体模式的变迁，讨论一些对于所有个体均发生影响的"社会事实"，如社会流动结构的变迁、地位层级认同的转移等。这些"社会事实"的变迁通过纵向比较往往能够得到更清晰的呈现。

第三，本研究试图通过研究数据呈现的模式在不同时点的变异来探索事件背后的整体推动力。这是一件非常困难的尝试。如埃尔斯特所指出的，解释事实本身和解释事实在个体或时间上的变异，是不同的两件事。[①] 以回归为基础的统计技术有助于我们了解事实的变异，但是并不代表可以解释事实本身。利伯森也曾经指出，我们可能知道使用观察数据和回归方法，根据物体的密度与形状来接近完美地解释物体在自由落体中所用时间的差异，但是对于自由落体本身背后的重力机制却一无所知。"研究物体掉落事件的贡献，相对于了解重力的根本性知识，是比较浅薄的。我们使用同类的方法研究许许多多社会过程时，是否一样掉进相似的窠臼呢？……问题之困难在于，根本的原因通常是一个恒定的力量，因此不能进行变异量一类的分析，至少以一般惯用变异量的分析方法是如此。"[②] 他主张："我们必须在考虑变量之前，对于为什么会存在某个实体或过程有适当的了解。……在目标转向相较之下较不足为道

[①] Elster, J., 2015, *Explaining Social Behavior: More Nuts and Bolts for the Social Sciences.* Cambridge: Cambridge University Press, pp. 4–5.

[②] 利伯森：《量化的反思：重探社会研究的逻辑》，陈孟君译，台北巨流图书公司 1996 年版，第 112—113 页。

的变异量之前,先解答一些根本的问题。"① 本研究进行的尝试是致力于在解释事实本身和解释事实在个体或时间的变异之间架起桥梁,通过解释变异来对解释事实本身提供启发和佐证。

---

① 利伯森:《量化的反思:重探社会研究的逻辑》,陈孟君译,台北巨流图书公司1996年版,第113—114页。

第三章

社会樊篱的格局变动

第一节 问题：个体历程流动与社会格局变动的动态关系

个体的社会地位的沉浮，或者个体社会角色的转变，就如米尔斯所言，"每个男人和女人成功或失败的故事"，是最能引起人们兴趣的一个话题。从街谈巷议到文学戏剧中，此类话题中常常掺杂了"命运诡谲"和"造化弄人"之叹。但是，另一些智者哲人也试图从中看出"历史的变迁和制度的冲突"。在某一个时代，人们的社会地位基本上是稳定的；而另一个时代，却经历了大幅度的起伏。在某一种制度下，人们为了社会地位的风险而纠结；在另一种制度下，人们为了社会地位的固化而失望。个体的沉浮史，近观充满了偶然与变数；然而俯瞰之下就能发现，一切偶然与变数都附着在宏大的社会结构之中。

社会流动其实是两种变动过程的交织：一种是个体生命历程（特别是职业生涯）的变动；另一种是社会结构和机制的变动。个体生命历程有其自身的节奏和规律，而社会结构和社会机制也有其自身的节奏和规律，两者怎么交织在一起的呢？这是社会流动研究最核心的，也是最具挑战性的问题。米尔斯在《社会学的想象力》里，开篇就讲："当代历史的事实同时也是每个男人和女人成功或失败的故事。……人们只有将个人的生活与社会的历史这两者放在一起认识，才能真正地理解它们。然而，人们一般不是根据历史的变迁与制度的冲突来确定他们所遭受的困扰。他们一般不将自己所享受的幸福生活归因于他们所处社会的大规模起伏变动。因为他们对自身生活模式与世界历史的潮流之间错综复杂的联系几乎一无所知，普通人往往不知道这种联系对于他们将要变成的那种类型的人，对于他们或许要参与其中的构建历史的过程意味着什么。"① 社会流动特别能够显现出米尔斯所说的那种"社会学的想象力"。这也是社会流动研究的魅力所在，它可以说既是理想的公共议题，又与许多人的切身经验、私人困扰有关系。

社会流动的影响也是深远的。埃里克森和戈德索普清晰地表述了这一点："要理解个体在结构中的分布与认同、利益这些人们的行动源泉如何联系起来，流动是必不可少的主题。很显然，个体在某一位置上的时间长短、在不同位置间的流动速率和模式，都会影响他的认同感和利益认知，进而决定文化、社会、政治、经济隔阂的位置和强度。同时，流动的性质与广度也会影响到个体对于自身所处社会秩序的评价，特别是它的合法性及其在机会和结果上的公平性。简而言之，流动率和流动模式是塑造社会成员的认同、目标、信念、价值的普遍而持久的因素。"②

自第二次世界大战后，西方代际流动研究的数据收集质量不断提高，统计分析方法不断创新，至今已经成为社会学中量化程度最高、统计模型最为繁复的领域之一。以至于有研究者认为，现在的代际流动研究已经过于依赖统计模型与方法的进展，而缺乏理论与视角上的突破，不再能为更广阔

---

① 米尔斯：《社会学的想像力》，陈强、张永强译，生活·读书·新知三联书店2001年版。
② Erikson, R. & Goldthorpe, J. H., 1992, *The Constant Flux*, London: Oxford University Press.

的社会学核心理论做出贡献，与其他研究领域的交流沟通也受到限制①。但是，中国学者却对代际流动的模式与机制进行了诸多创新性的探讨，②这仰赖于以中国的结构变迁背景为代际流动提出了不同于西方的问题。其中最为重要的一个问题在于，当代中国的代际流动不是发生在坚实而稳固的社会结构之上的，社会结构本身尚在重组形成。这是一种双重的"流动"：人在社会樊篱间流动，同时，社会樊篱本身因为社会结构的变动，或者仅仅因为人员的频繁穿行，不仅其疏密程度在变动，而且其位置也在流动。我们必须对人的流动与社会樊篱的流动同时进行考察，才能揭示出中国代际流动的真实图景，我们的理论语言才不至于在现实面前太显得笨拙。我们的根本问题不只是"流动的樊篱"，更重要的是"樊篱的流动"。如何去考察这种双重变动，就成为当下社会流动研究需要解决的重要问题。本章从一个侧面来探讨结构变迁背景下的代际流动问题，认为在结构变迁背景下必须要凸显"双重流动"：人在社会樊篱间的流动和社会樊篱自身的流动。我们将首先对西方代际流动研究中社会结构的静态性、同质性假设进行反思；然后结合中国学者的已有研究成果，提出自身的研究方案；最后利用"中国社会变迁调查"数据，对提出的观点进行验证。

---

① Grusky, David (ed.), 2001, *Social Stratification: Class, Race, and Gender in Sociological Perspective*, Bouder: Westview Press.

② 李路路：《再生产的延续：制度转型与城市社会分层结构》，中国人民大学出版社 2003 年版；《制度转型与阶层化机制的变迁》，《社会学研究》2003 年第 5 期；《再生产与统治：社会流动机制的再思考》，《社会学研究》2006 年第 2 期。陆学艺主编：《当代中国社会流动》，社会科学文献出版社 2004 年版。李春玲：《断裂与碎片：当代中国社会阶层分化实证分析》，社会科学文献出版社 2005 年版。

第二节　社会流动理论的发展脉络

一　早期社会流动研究：不同社会流动模式的比较

社会学对于社会流动的实证研究，最早可以追溯到索罗金1927年发表的《社会流动》。20世纪60年代之前，早期社会流动研究的一大成果，是通过不同国家的比较，发现了工业社会中的流动模式存在着共性。换言之，流动模式取决于工业社会结构。

要对不同国家的流动模式进行比较，就需要不同国家的数据资料。索罗金著作中的材料还比较粗糙，数据主要基于不同时期不同国家的零星历史记录，或者当时人们对于精英层流动的粗略估计。社会流动真正兴起的时代是第二次世界大战之后，研究者仿效自然科学中的距离测量，不断地设计出精确的分类体系和测量指标，进行了大量的全国性抽样调查，来分析各国的社会流动程度。据统计，1945—1959年至少有11个国家进行的15次全国性抽样调查涉及了回答人的职业和回答人父亲的职业。

在这些大规模的抽样数据基础上，一批有影响的代际流动研究著作诞生了。比较重要的成果包括英国社会学家格拉斯等人1954年发表的《英国的社会流动》、瑞典社会学家卡尔森1958年发表的《社会流动与阶级结构》，以及丹麦社会学家斯瓦拉斯托戈1959年发表的《声望、阶级与流动》。格拉斯等人1947在英国进行的抽样调查是这方面的先驱之作。这次抽样调查数据不仅收集了代际流动信息，而且包括了家庭、就业等相关背景资料。基于这项抽样调查数据和英国人口普查数据，格拉斯等学者描述了英国的代际流动与代内流动情况，分析了教育政策等因素对于代际流动的影响。① 类似的研究还有卡尔森对于瑞典社会的研究。②

到了 20 世纪 50 年代后期，各国的代际流动数据已经积累到了一定程度。在这些数据的基础上，李普塞特和泽特伯格比较了美国、德国、瑞典、瑞士、法国、日本等国的代际流动模式，首次尝试提出代际流动的一般规律。③ 他们发现，社会文化并不是决定流动模式的主要因素。人们以前普遍认为，由于文化因素的影响，美国社会较为开放，欧洲社会较为封闭；美国流动机会较多，欧洲流动机会较少。但是数据表明，在美国和欧洲各国，蓝领、白领之间的流动率都保持在 1/4—1/3，代际流动总体模式非常相似。另外，日本的文化与欧美各国有着明显差异，但是日本的蓝领白领流动率也与其他工业化国家基本相似。有着不同文化的社会却有着相似的流动模式，因此社会文化并不是决定流动模式的主要因素。

他们发现，经济结构也不是决定流动模式的主要因素。人们以前普遍认为，高代际流动率是工业化初期的特点；在工业化的成熟时期，代际流动率将会下降。由此推断，上述欧美各国及日本处于工业化的不同阶段，因此其代际流动率会呈现出规律性差异。但是数据表明，这些国家的代际流动率并没有太大差别。处于不同工业化阶段的社会却有着相似的流动模式，因此工业化阶段也并不是决定代际流动率的主要因素。

李普塞特和泽特伯格的结论是，无论有着何种文化特质，无论处于工业化的何种阶段，只要是工业社会都会呈现出相似的代际流动模式。随着工业化进程在全世界各国的铺开，代际

---

① Glass, D. Glass, D., ed., 1954, *Social Mobility in Britain*, London: Routledge and Kegan Paul.

② Carlsson, G., 1959, *Social Mobility and Class Structure*, Lurd: Gleerup.

③ Lipset, S. M. & Zetterberg, H. L., 1959, "Social Mobility in Industrial Societies", in Seymour M. Lipset & Reinhard Bendix, ed., *Social Mobility in Industrial Society*, Berkeley: University of California Press.

流动率将在各国呈现趋同趋势,这就是在代际流动研究中著名的 LZ 假设(以两位提出者的姓名命名)。为什么工业化进程会导致相似的代际流动率?李普塞特和泽特伯格给出的解释结合了韦伯的"理性化"思想和帕森斯的"功能主义"理论。工业社会必然是一个理性化程度较高的社会,科层制贯彻到社会组织的众多方面,科技不断进步,组织结构变化导致管理人员的位置数量不断增加,技术进步导致专业技术人员的位置不断增加,加之上层人士的生育率在理性化的影响下不断降低,社会上层的空位就会增加,这为代际流动提供了源源不断的生长空间。另一方面,工业社会必然是一个功能上追求效率的社会,必然要求由重视家庭出身转向重视能力,故而必然导致高代际流动率。社会效率与代际流动之间是一种互相支持的关系,社会效率的提高为代际流动提供了可能的空间;而代际流动又反过来提高了社会效率。

二 "地位获得"范式:提问方式的转向

布劳与邓肯的《美国职业结构》是社会流动研究的重要里程碑,它对于后来的研究影响是根本性的,开创了社会流动研究中的"地位获得"范式。[1] 从数据来看,他们与美国统计局合作,将调查作为人口普查的补充,获得的数据量(超过 20000 份)和变量数是前所未有的。[2] 从统计技术来看,他们引入了新的统计工具,即路径分析方法。从概念框架上看,他们提出了"先赋性因素"和"自致性因素"的分析思路,富有启发力。后人在回顾布劳和邓肯这本经典著作时,常常援引的是路径分析方法,赞赏这一工具的精巧性。但最为重要的

---

[1] Blau, P. M. & Duncan, D. O., 1967, *The American Occupational Structure*, New York: Free Press.

[2] 有如此大量的数据作保证,布劳和邓肯就可以进行更为精细的分类,进行更准确的测量和描述,对一些特殊群体(如黑人、拉丁裔)和特殊地区的社会流动进行重要关注和彼此比较。

是，布劳与邓肯通过上述工具实现了社会流动研究中提问方式的转向，从比较"不同社会之间的制度差异"转向了"某一社会内部影响职业成就和流动差异的条件"。① 它最深刻的影响不仅仅是研究方法上的，也不仅仅是研究概念上的，而是他们对于社会流动研究的学术定位。② 这本著作在成为众多社会学教科书中最易见到的量化研究范例的同时，也将社会流动研究的学术定位固化下来。

布劳和邓肯在开篇就明确，他们要研究的并不是社会分化的历史和制度原因。"我们（本书）的任务不是基于经验调查，来构建分层理论。……我们仅仅是把研究结果置于理论框架之中，对他们进行理论解释而已。"③ 以往的社会流动研究，是在一个比较性的分析框架中，探讨不同历史时期或不同社会在制度条件下的差异如何导致流动模式的差异，历史性和制度性的变迁是核心的关怀；而布劳和邓肯要进行的社会流动研究，并不试图探讨导致不同流动模式背后的不同的社会结构条件，而是探讨给定的社会结构条件对于不同的个体生活机遇的影响及机制（自致性与先赋性）。"分层理论常常关注产生特定阶级结构的制度条件，或者由此阶级结构产生出来的制度条件。但是社会流动的经验研究中通常根本没有这些变量的信息。……流动研究的设计不适于分层理论提出的问题，因为它的注意力根本不在不同社会之间的制度差异，而是某一社会内部影响职业成就和流动差异的条件。"④

布劳和邓肯通过分解先赋性因素和后致性因素的作用来考

---

① Blau, P. M. & Duncan, D. O., 1967, *The American Occupational Structure*, New York: Free Press, pp. 3 – 4.
② 这种定位在布劳和邓肯那里是经过了明示和反思的，但是后来的研究者却很少再去注意，而是把这种定位视为理所当然，默认乃至成为潜意识。
③ Blau, P. M. & Duncan, D. O., 1967, *The American Occupational Structure*, New York: Free Press, p. 2.
④ Ibid., pp. 3 – 4.

察代际流动的过程，具体而言就是家庭出身与教育在代际流动中作用的相对大小。他们把代际流动视为一种分层过程，在《美国职业结构》中引入了路径分析模型。"分层体系可以用各种方式来分析其特征。其中最重要的一个方面是个体在等级中找到某个位置或被放到某个位置的过程。……在这一框架下，我们以各种形式不断提出的问题是：出生时的情况如何决定以及多大程度上决定其后的地位？在生命周期中某一阶段上获得的地位如何影响其后阶段的前途？"[1] 邓肯把最终地位视为一个依变量，而把出身和教育等变量视为自变量来处理。更进一步，出身、教育等变量在发生时间上是有次序的，因此可以引入路径分析方法把出身与最终地位之间的相关分解为一系列直接效应和间接效应。

《美国职业结构》是路径分析方法在社会学中的首次成功使用，这在方法上是一个重要的突破。布劳和邓肯在基本模型中包括了5个变量：父亲教育、回答人16岁时父亲的职业、回答人的教育、回答人的初职、回答人的现职。布劳和邓肯利用路径分析建立了这5个变量之间的关系图（图3-1）。结果显示，父亲职业与回答人的现职的直接效应为0.115，回答人的教育与现职的直接效应为0.394，回答人的初职与现职的直接效应为0.281。其中教育的直接效应最大。回答人16岁时父亲的职业与他的现职的相关系数为0.405。这可以分解为两部分：一是通过教育的间接效应，为0.227（57%）；二是通过初职的间接效应，为0.063（16%）；三是父亲职业和他的现职之间的直接效应，为0.115（28%）。通过对经验数据进行理论阐释，他们认为在工业社会中的地位获得过程越来越公平，即自致性因素的影响越来越大，而先赋性因素的影响越来越小。

---

[1] Blau, P. M. & Duncan, D. O., 1967, *The American Occupational Structure*, New York: Free Press.

第三章 社会樊篱的格局变动

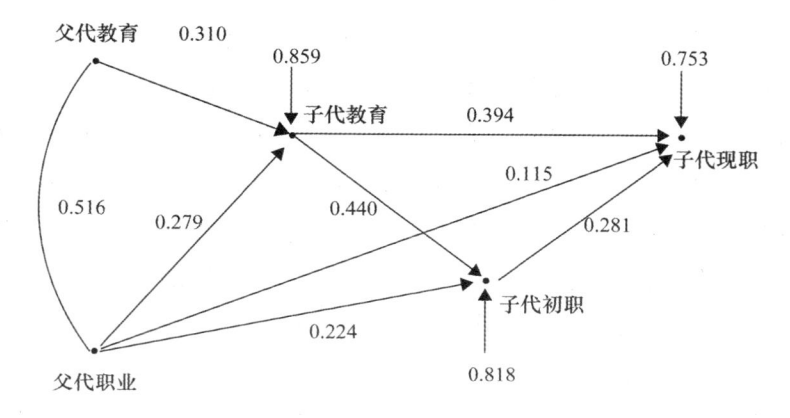

图3-1 布劳-邓肯基本模型

布劳和邓肯的结论是从图3-1的路径分析中得出的。如何解读布劳和邓肯的路径分析图呢？在图中，从某一个因素指向另一个因素的箭头表示两者存在因果关系，箭头的方向表示了因果关系的方向，箭头上的数字表示这种因果关系的强度，或者前一个因素能够用来解释后一个因素变异的程度。图中还有一些箭头，是从图外指向某一个因素的，如在"子代教育"正上方的箭头。这表示这个因素的变异还有一些成分是无法用图中现有的因素解释的，这些未知的变异称为扰动项，这种箭头上的数字表示了估计出的扰动项标准差。图中还有一种曲线，如"父代教育"与"父代职业"之间的曲线，这表示这两者之间存在相关关系，可能受到图中未考虑到的其他因素的共同影响。曲线上的数字表示两者之间的相关系数。

布劳和邓肯的路径分析图是由三个获得过程或三种因果关系构成的链条：第一个是教育获得过程，即子代教育受到父代教育和父代职业的影响；第二个是初职获得过程，即子代初职受到父代职业和子代教育的影响；第三个是现职获得过程，即子代初职受到子代教育、父代职业和子代现职的影响。① 从这三个获得过程的路径系数中，布劳和邓肯得到了三个结论。② 第一，教育已经在现代社会的职业获得中越来越重要了。在影响子代现职的三个因素当中，教育的解释力是最大的，这体现于图中指向"子代现职"的三个箭头当中，子代教育的系数是最大的（0.394），而父代职业的系数只有 0.115，子代初职的系数只有 0.281。在影响子代初职的两个因素当中，教育的解释力也是较大的：在指向"子代初职"的两个箭头当中，子代教育的系数为 0.440，远大于父代职业的系数 0.224。第二，教育获得并不是家庭背景所能够完全决定的。这体现于"子代教育"上方的扰动项标准差。扰动项标准差为 0.859，这表明在知道了个体的父亲职业和父亲教育程度的情况下，他本人的教育程度的可能范围（或变异）是总样本的 85.9%。在父亲职业和父亲教育程度之外的因素，可能对个体教育获得的影响更大。第三，基于前两个结论，他们认为"优势地位并不能直接继承，而必须用社会承认的实际成就来使之合理"。回答人 16 岁时父亲的职业与他的现职的相关系数为 0.405。这可以分解为三部分：一是通过教育的间接效应，为 0.227（57%）；二是通过初职的间接效应，为 0.063（16%）；三是父亲职业和

---

① 在布劳—邓肯的地位获得视角下，社会流动过程被看作一条条的轨迹线，轨迹线连接这么几个关键点：个体出身于某一家庭；之后他接受社会提供的教育；之后他获得第一份职业；之后他获得了当下的职业。如同在解析几何中，线条上的点被赋予代数值一样，这一轨迹线上的几个关键点通过如下方式赋值：个体 16 岁时父亲的职业地位，教育水平，初职的职业地位，现职的职业地位。理解了社会流动过程被视为一条条的轨迹线，所谓的"路径分析"方法也就呼之欲出了。之后，以休厄尔（Sewell）为代表的威斯康逊学者们（Wisconsin）给这条轨迹线加入了更多的点，如婚姻、门第、迁居，但这种轨迹线的思路和看法是一以贯之的。研究者的任务就是去发现这条条轨迹线之间的共同之处，以及相异之处。

② 路径系数的计算是将变量标准化后进行的。变量标准化后的路径系数计算并不需要用到原始数据，只需要变量间的相关矩阵即可计算。布劳—邓肯使用的数据是美国统计局数据，美国统计局出于保密原因并未提供原始数据，只提供了相关矩阵。

他的现职之间的直接效应，为 0.115（28%）。要将优势地位传下去，主要途径也是要通过教育来使之合理化。基于这三点，布劳和邓肯的看法是，教育在当时美国的作用是促进社会流动，而非传递优势。①

三 "阶层流动"范式：结构开放性的变动

布劳—邓肯把社会流动视为个体经历的从出身家庭到获得教育、初职、现职的轨迹线的变动，但另一些学者如古德曼（Leo A. Goodman）和豪泽（Robert M. Hauser）坚持把社会流动视为宏观社会位置的分布变动。他们关心的问题是，代际流动机会在社会各群体间是不是平均分布的，或者优势群体相对而言仍然获得更多的优势流动机会？

早期流动表分析中遇到的另一技术难题是对于结构性流动和交换性流动的区分问题。实际观察到的代际流动可能是由于两种因素造成的：一种是某一群体的总量扩展，另一种是社会群体之间的边界日益开放。在早期的代际流动研究中，前者被称为结构性流动，后者被称为交换性流动。如何从流动表中区分出这两种流动，成为一个大的技术问题。豪泽通过引入对数线性的模型建构方法（log-linear modeling）较为完美地解决

---

① 从阐释论的角度来说，在"流动起点"和"流动终点"之间，个体给这个过程赋予什么样的主观意义，也是非常重要的问题。流动过程不仅仅是"流动起点"和"流动终点"之间的一条"轨迹"，还包括个体在流动轨迹中体验到了什么、记住了什么、失去了什么、改变了什么，甚至还包括诸多没有实现的可能性。社会流动过程是一个饱含了意图和意向的过程。这种意图和意向与个体对社会的认知、个体对自我的认知、个体对社会伦理的认知、个体对于群体归属的认知是息息相关的。在社会流动过程中，个体对于社会的看法在不断调适，对于自我的认知也在不断变化。人们在不断地对自己的社会流动经历进行着反思和总结，从而构建出对于社会和自我的认知。个体还会对流动过程中的关键性变化进行界定，可能是换了城市对他来说是关键的；可能是换了工作单位对他来说是关键的；也可能是换了工作内容对他来说是关键的；还可能是职位得到了晋升对他是关键的。从这个角度来说，需要把个体在社会流动过程中对社会结构的认知、对自我的建构这两个因素融入社会流动研究当中。

了这一问题。① 通过对数线性方法的引入，两阶交互作用可以表示流动表中排除了边缘分布影响之后的出身—最终地位之间的关联程度。后来的研究者把这样的一种流动率称为"相对流动率"。相对流动率的概念可以对应于统计学中的比率比（odds ratio）。关于比率比，可以简单表述如下：如果社会中主要有两个群体构成 A 与 B，则根据流动者的出身与现职可以产生如下一个列表：

	现职 A	现职 B
出身 A	a	b
出身 B	c	d

如果两个群体在竞争优势地位间的相对能力是相同的，那么 a/b = c/d，故而 ad/bc = 1。如果两个群体在竞争优势地位间的相对能力不相同，那么就将出现 ad/bc > 1 或者 ad/bc < 1 的情况。ad/bc 就是统计学中的比率比，也就是所谓的"相对流动率"，它表明了各个群体在竞争优势地位时的相对能力是否均衡，它的取值范围在 0 到无穷大之间。如果相对流动率逐渐趋向于 1，则表明代际流动机会在社会各群体间都平均分布；相对流动率越偏离 1，则表明代际流动机会在各社会群体中的分布是越不平等的。可以在某种程度上把相对流动率看成代际流动研究中衡量其不平等程度的一种方式，与研究收入不平等中的基尼系数有异曲同工之处。许多研究者认为影响代际流动与社会公平之间关系的重要变量就是所谓的"相对流动率"，而非"绝对流动率"。

上述对于"相对流动率"的思路在费瑟曼、琼斯、豪泽

---

① Hauser, Robert M., 1978, "Structural Model of the Mobility Table", *Social Forces* 56 (3).

1975 年提出"相对流动率稳定命题"之后日益成为主流研究思路。① 这一命题是针对李普塞特和泽特伯格认为随着工业化进程在全世界各国的铺开,社会总流动率将在各国呈现趋同趋势的看法(LZ 命题)而提出的。费瑟曼等人认为经验数据并不支持 LZ 命题,工业社会中的社会总流动率并不相同,但是各国呈现出的"相对流动率"却非常近似。他们利用美国和澳大利亚两个国家的数据,表明两个国家拥有不同的绝对流动率,但是相对流动率非常相似。不论社会总流动率如何变化,处于优势地位的阶级和团体总是比其他阶级和团体更容易获得这些机会,而处于不利位置的阶级在流动机会的获取上也总是处于相对劣势地位。相对流动率具有非常强的稳定性,它基于市场经济条件下的阶层结构,经济、技术、人口、政治等外生因素都难以影响到它。后人也依据提出者的姓名将这一命题称为"FJH 假设"。这一经验规律的假设与豪泽等人发展出来的对数线性模型结合起来,对于代际流动研究以后的发展有很重要的影响。

代际流动研究发展到 20 世纪 70 年代后期时,数据积累已经比较充分。研究者往往会每隔一段时间再去进行一次全国或全地区规模的抽样调查,这样便形成了一批累积性的多次横断面调查数据(repeated cross-sectional data)。有些多次横断面调查数据一直持续了三四十年,这就为开展代际流动样式在不同时点上的比较研究提供了很好的数据基础。除此之外,另一些回溯性的"面板数据"(Panel data)和"同期群数据"(birth cohort data)也出现了,它们也提供了开展代际流动样式变动趋势研究的另外一种视角。跨国数据的可比性也进一步提高。在早期李普赛特等人的跨国比较研究中,他们不得不把各国不同的分类体系进行合并压缩,最终只分为蓝领、白领等几

---

① Featherman, D.; Jones, F. & Hauser, R., 1975, "Assumptions of Social Mobility Research in the U.S: The Case of Occupational Status", *Social Science Research* 4.

类进行分析。而到70年代后期时，基本上已经形成了一些公认的职业量表和分类体系，最著名的如埃里克森和戈德索普等人提出的CASMIN阶层分类体系。这也为代际流动在各国间的比较研究奠定了基础。与此同时，适用于流动表比较研究的统计分析方法也出现了。古德曼1979年的论文为此类模型奠定了基础，[①] 之后研究者们提出了一系列的改进和修正方式。其中1992年谢宇提出了对数可积层面效应模型，可以非常简约地检验不同国家和不同时点中的代际流动样式是否存在显著差异。[②]

随着多次横断面的跨国数据的出现和统计分析方法的不断进展，对不同时点不同国家的流动表进行比较研究成为主流思路，其中的代表之作就是埃里克森和戈德索普1992的研究成果《稳定之流》。他们在阶级分类的基础上，利用"工业化国家代际流动比较分析"（CASMIN）项目所提供的9个国家代际流动数据，试图利用大规模的跨国数据来验证FJH假设。由于他们数据的丰富和方法的严格，这一研究成为代际流动研究领域的新经典。他们把相对流动率的样式称为"内生的流动体制"。在这本著作以及其后的一系列后续研究中，他们有几点重要的经验发现。第一，在某一国家内部，相对流动率的样式往往保持着高度的稳定性，在不同的时点上只显示出非常微小的变化。在相对流动率不变的前提下设定的统计模型往往能非常好地拟合经验数据，对于个案的误置率不超过5%。相对流动率即使出现一些变化，也很难找到适合于所有阶层所有年龄层的统一性规律，通常只是某个阶层的相对流动率变动，或某个年龄层的相对流动率变动。第二，相对流动率的样式在各国

---

① Goodman, L. A., 1979, "Simple Models for the Analysis of Association in Cross-classifications Having Ordered Categiries", *Journal of the American Statisitical Associtation* 74.
② Xie, Y., 1992, "The log-multiplicative Layer Effect Model for Comparing Mobility Tables", *American Sociological Review* 57 (3).

之间也往往具有非常大的相似性。各国的相对流动率样式即使有一些显著的不同之处，其原因也难于归结为普遍的社会发展阶段不同（如不同的工业化或现代化水平）、政治体制类型不同，而是与各国具体的制度因素、文化因素、历史环境有关。在埃里克森和戈德索普的解释中，工作组织方式和职业结构是最为重要的决定因素。第三，绝对流动率受到两个因素的影响：相对流动率和结构因素。既然相对流动率的样式具有高度的稳定性，那么绝对流动率样式的变动原因就主要是结构因素的变动，例如各个阶层或各个职业群体的人口分布情况的变动。而这些结构性因素包括经济、技术、人口等因素。第四，所有现代社会中，决定代际流动的最重要因素都是教育。但是没有任何一个社会在代际流动上能完全摆脱出身的影响，即使在控制了教育这一因素之后，出身与地位之间的统计相关关系仍然显著存在。教育在代际流动中的作用也并不是稳步增加的，出身与教育获得之间的关系、教育获得与最终地位之间关系并不存在一种简单的、线性的发展趋势。第五，在出身、教育、最终地位三者之间，往往存在显著的三维交互关系。例如，在教育程度较高者中，出身与最终地位之间的关联程度一般较弱；再如，在出身优越者当中，教育程度与最终地位之间的关联程度一般也较弱。

第三节　樊篱流动假设的提出

综上所述，我们可以将西方代际流动研究粗略地分为两种路数：一是以布劳和邓肯的《美国职业结构》为代表的"地位获得"范式;[1] 二是以埃里克森和戈德索普的《稳定之流》为

---

[1] Blau, P. M. & Duncan, D. O., 1967, *The American Occupational Structure*, New York: Free Press.

代表的"阶层流动"范式。①

概而言之,"地位获得"范式的研究一般会先按照收入水平、受教育程度、社会声望等因素对各种职业地位进行评分,然后看子代职业评分与父代职业评分之间的关系,以及与一些中介因素(如父代受教育程度、子代受教育程度、子代初职地位评分)的关系。如果子代职业评分与父代之间的关系紧密,则代表代际流动度较低;反之则较高。如果上述关系主要通过子代受教育程度来间接传递,那么影响代际流动的因素主要是"自致性因素";如果上述关系主要通过父代职业地位来直接传递,那么影响代际流动的因素就主要是"先赋性因素"。布劳和邓肯的研究结果认为,现代工业社会中代际流动度较高,而且影响代际流动的因素主要是"自致性因素"。而出现上述现象的原因主要是工业化与现代化的进程:现代工业社会的基本结构不断地产生着新的位置,产生了新的流动空间,由此有了流动的动力;伴随着现代工业社会对效率的追求,普遍主义的价值观得以盛行,教育成为重要的流动桥梁,家庭出身因素在流动中的作用越来越小。②

无论"地位获得"范式内部存在着多少争议和异同,它们实质上都基于这样一个假设:社会结构是可以用一种(至少

---

① Erikson, R. & Goldthorpe, J. H., 1992, *The Constant Flux*, London: Oxford University Press.

② 有人认为第二次世界大战之后随着移民量的减少、农民人口的缩减、西部开发的结束,美国的代际流动将会趋缓,但布劳和邓肯发现美国代际流动一直保持着较为平稳的水平。他们认为,主要原因在于现代工业社会的基本结构不断地产生着新的位置,产生了新的流动空间,由此有了流动的动力。即使没有了国外移民,国内从农村到城市、在不同发展程度的城市间的移民仍然会持续存在;伴随着一种理性算计的生活态度,上层与下层的生育率差异也会存在;工业社会中也将永远存在技术创新。这些因素背后是现代工业社会对于效率的追求,一种普遍主义的价值观。布劳和邓肯认为工业社会的结构原因是实质性的,是在各种各样历史原因之后的一般性力量;历史原因只不过是结构原因在具体时空中的表现形式。在这样一种效率追求和普遍主义价值观影响下的代际流动将呈现出"整体小步前进"的趋势,向上流动比向下流动更为普遍,短距离流动比长距离流动更为常见。

是）排序性的地位层级表达的，而且社会成员对于这种层级排序存在广泛共识。在一些研究中，这种社会层级被狭义地定义为一种阶级声望；在另一些研究中，它也被狭义地定义为收入或受教育程度等；其他一些研究中，它被广义地认为包括了社会经济地位的其他方面。他们认为，透视社会流动的最佳方式，就是把它视为彼此竞争的个人在获得分布中不同层级的位置，每个人都在尽力靠前，避免靠后。在这个意义上，这种视角是个体本位的。"地位获得"范式的研究多数都隐含地认为经济发展和社会进步（特别是经理人员、专业技术人员、管理职业的扩展）创造出了更多的"上层空间"，因此增加了工人阶级出身者的向上流动机会；此外，工业社会将会变得越来越同质化、中产阶级化。这样一种隐含假定是对社会结构变迁趋势的假定。这是他们对社会结构变迁趋势的基本看法，但是这种看法往往是未被证实的，是他们研究中隐含的、被认为不言自明的。

"阶级流动"范式认为个体是隶属于社会阶级的，这种群体属性决定了个体的生活机会、价值观、行为规范、交往模式。这样的视角是反对把社会结构等同于分布的。它认为社会结构有着不同于分布的特点，无论是社会收入分布，还是教育年数分布，或者是用邓肯指数表示的职业地位分布。阶级分析批评了传统社会经济地位指标这一地位获得视角的核心概念，认为它在方法论上存在着许多无法解决的问题。其中最重要的问题是，因为这些指标是根据公众对不同职业相对声望或社会地位的评价进行综合而得出，它把许多结构位置存在非常大差别的职业排在了一起，只要这些职业的社会经济地位是相似的。例如，技工和办事人员、小店主由于有着相似的声望而被归在一起；办公室管理人员和农场主、教师在指标得分上也非常类似。换言之，由于指标得分相同而被综合在一起的种种职业，它们是处于不同的结构影响之下：由于职业结构中的产业变迁或其他变迁因素，有些职业在扩展，有些职业在萎缩，而有些职业是静态不变的。这里存在的异质性就把流动研究的水给搅混了：这样研究者就不可能把流动中的结构影响从其他因素中分离出来；因此也不可能区分流动中的层级效应（家庭背景、受教育程度或其他）和非层级效应（职业劳动分工体系的变迁、产业或部门的兴衰、政府的干预政策等）。

"阶级流动"范式认为，流动研究主要关注的问题应该是相对流动率问题，而相对流动率代表的是社会阶级结构的开放度。相对流动率与绝对流动率是两个独立的概念。阶级分析模式的研究表明，在20世纪前3/4的时间里，随着技术性的非体力职业的增长，多数工业社会中的绝对流动水平确实显著提高了，但是相对流动机会却基本未变。更多的上层空间并不能确保获取这些空间中更多的机会平等，原本就处于特权阶级位置者的子女占据新的中间阶级岗位的比例远远超出了他们的人数比例。因此，尽管经济在增长、教育在改革、再分配的社会政策在出台，但个体的阶级出身与最终位置之间的关联在连续几个出生组中始终保持稳定。因此，阶级分析模式认为，工业社会中的阶级结构并没有发生任何长期性的"松动"，可流动性并没有增加。

"地位获得"范式在理论上的预设是根本否认"社会樊篱"存在的。他们认为，最主要的流动障碍来自"社会位置空间"和"流动手段"的限制：只要现代社会持续出现经济增长和技术变革，新的"社会位置空间"就会源源不断地产生；只要教育规模不断发展，"流动手段"也就会充分地被生产和供应出来。因此，工业化现代化下的代际流动是一幅乐观的图景。至于"社会樊篱"，它或者根本不存在，或者存在但无足轻重，对于社会整体图景没有根本性的影响。从方法上来讲，"地位获得"范式分析是建立在几个假设前提基础上的。第一，存在一个相对静态的社会结构。否则我们怎么能够设想，父代时的职业评分体系到了子代时仍然能够适用？在一个结构变动的社会中（例如当代中国），同一种职业的地位得分在二三十年间可能会发生相当大的变化,这时再使用上述假设便存在问题了。第二,社会中所有成员(至少大部分成员)的流动路径遵循着相同的逻辑。否则我们怎么能够设想把所有人的流动过程纳入同一个路径分析方程中去?在当代中国社会背景下,父代农民流动为子代农民工的逻辑和父代干部流动为子代私营企业主的逻辑能够用同一种模式(例如所谓的"后致性因素")来解释吗?换言之,在时间上静态、在空间上同质,这是"地位获得"范式的两个强假设。正是由于这两个强假设,"地位获得"范式获得了强大的理论概括力和方法吸引力,而且在20世纪60年代的美国这一特定时空背景下获得了经验解释力。问题是,当时空背景转换到20世纪末的中国时,这些假设是否还有解释力?

"阶层流动"范式则会根据父代和子代职业分别确定其阶层归属,然后看子代阶层归属与父代阶层归属之间的关系。"阶层流动"范式预设了"社会樊篱"的存在,而且强调要区分"社会位置空间"扩展造成的流动和"社会樊篱"变得宽松造成的流动。某一阶层(如白领阶层)的社会空间是在不断扩大,但关键的问题是,出身原本优势阶层者(如资产者)成为白领而非蓝领的比率更高,还是原本弱势阶层者(如工人)成为白领而非蓝领的比率更高?如果相对流动率随时间变化而逐渐趋向于1,则表明代际流动机会在社会各群体间都平均分布;如果相对流动率随时间变化而逐渐偏离1,则表明代际流动机会在各社会群体中的分布是趋向不平等的。"相对流动率"表明了一个社会中流动樊篱的疏密程度。费瑟曼、琼斯、豪泽1975年提出的"相对流动率稳定命题"认为,在西方工业国家中,这种"社会樊篱"的疏密程度基本相似,而这种疏密程度由市场经济条件下的阶层结构决定。[1] 之后,埃里克森和戈

---

[1] Featherman, D.; Jones, F. & Hauser, R., 1975, "Assumptions of Social Mobility Research in the U.S: The Case of Occupational Status", *Social Science Research* 4.

德索普利用大规模的数据资料证明了上述命题大体上符合西方国家的现实。① 谢宇利用"对数可积层面效应模型"重新分析了费瑟曼等人的数据,他认为西方工业国家中代际流动模式可能没有差异,但是代际流动的数量存在差异,也就是说,西方工业国家中社会樊篱的基本布局是一样的,但是其疏密程度却有所区别。②

鉴于以上分析,"阶层流动"范式似乎更为贴近当代中国的现实。但是如果认真分析其背后的理论预设与方法取向,仍然会有一些值得反思的问题。第一,"阶层流动"范式仍然预设了一个静态的社会结构背景,即社会樊篱尽管其疏密程度在不同社会有所差异,随着时间有所变化,但是社会樊篱的位置却是静态不变的。在流动的图景下面,其预设的是一个静态的体系——把这些"社会樊篱"视为固化于社会结构之中的,也就是说,人们在社会樊篱间流动,但樊篱本身并不移动。埃里克森和戈德索普在他们的模型中预设了四种"流动樊篱"(在他们的术语中被称为"拓扑效应"):①等级;②继承;③部门障碍;④某些阶层间的亲和作用。在他们的研究中,这些社会樊篱在各个国家中有着相同的布局,而且随着时间推移也没有呈现出大的变动趋势。第二,"阶层流动"范式预设了所有社会樊篱的疏密程度变化是同方向的,这种统一的变化方向被称为社会的开放度(或反之,僵硬程度)。但是,难道不存在这样一种可能吗,即在某一些社会樊篱变得开放乃至于消失的同时,另一些社会樊篱却在被编织强化?我们惊奇地发现,在时间上静态、在空间上同质,这样两个强假设同样在"阶层流动"范式中存在。如此,不难发现,在面对20世纪末的中国社会时,仍然未加反思地沿用这两个假设,只能是一种削足适

---

① Erikson, R. & Goldthorpe, J. H., 1992, *The Constant Flux*, London: Oxford University Press.

② Xie, Y., 1992, "The log – multiplicative Layer Effect Model for Comparing Mobility Tables", *American Sociological Review* 57 (3).

履的做法；而"代际流动"研究仍然建立在非常强的"静态"假定上，这一悖论也恰恰成为新的研究的生长点。

当我们把目光从20世纪60年代的美国（布劳—邓肯的数据收集时点）和20世纪70年代的欧洲（埃里克森—戈德索普的数据收集时点）回到当代中国时，发现必须对他们研究中的两个假设加以反思。当代中国的代际流动不是发生在坚实而稳固的社会结构之上的，社会结构本身尚在重组形成。这是一种双重的"流动"：人在社会樊篱间流动，同时，社会樊篱本身因为社会结构的变动，或者仅仅因为人员的频繁穿行，不仅其疏密程度在变动，而且其位置也在流动。我们必须把人的流动与社会樊篱的流动同时加以考察，才能揭示出中国代际流动的真实图景，我们的理论语言才不致在现实面前太显笨拙。我们的根本问题不只是"流动的樊篱"，更重要的是"樊篱的流动"。

中国社会变迁的背景对于代际流动研究的意义，前人已经多有论述。陆学艺在一项非常有影响的代际流动研究中指出："50多年来，中国的社会流动是在社会政治经济制度几度重大的变革背景下发生的。而工业化国家学者研究的社会流动，一般都是研究在政治、经济制度和社会政策基本稳定的背景下的代际流动，所以两者在社会流动的机会、规则、方向、速度、规模等方面都是不同的。……所以，仅仅应用现在国际上比较通行的社会流动研究理论、模式来研究中国的社会流动的许多现象，都不好解释。"[①] 那么，适宜的分析框架应当是什么呢？"我们可以使用的社会流动解释框架，就由四类基本的、在某种程度上可以独立起作用的变量以及一类综合性变量组成：（1）先赋性变量；（2）后致性变量；（3）经济—社会结构变量；（4）制度—政策安排；（5）具有综合性的社会资本（或

---

① 陆学艺主编：《当代中国社会流动》，社会科学文献出版社2004年版，第9页。

关系网络)"。① 这样一个分析框架其实是"地位获得"范式与"阶层流动"范式的混合，它的积极意义在于强调了结构变量或制度变量，但是它却没能用一个核心议题把结构变量或制度变量与代际流动问题本身勾连起来。结构变量或制度变量的确是非常重要的，但是落实在代际流动研究问题上，它的核心议题到底是什么呢？更进一步地，如何用主流研究的语言表达出我们的本土问题？我们认为，勾连结构—制度变量与代际流动问题的一个核心策略就是去关心社会樊篱的流动，并把这一因素引入社会流动的传统分析模型中。

李春玲对于中国社会流动进行了广泛的研究，得出了许多有意义的结论。她的研究结论是："我们发现很难简单地依据流动情况，判断经济改革之前或之后的社会结构哪一个更开放或更封闭，因为，在某些方面社会变得更加开放，而同时在另一些方面社会封闭性又有所发展。这两个方向的变化同时发生，使当前的社会结构变迁表现出复杂性特征。"② 这个结论是十分有趣的。她已经意识到了，社会结构背景的变化给中国代际流动研究带来的挑战：经济改革之前和之后的社会结构各有开放之处，也各有封闭之处。然而，进一步的问题是：从哪一点上入手可以来破解这种"复杂性"？在我们看来，破解这种复杂性的入手之处应是流动樊篱本身的变化：在哪个时间段、何种社会樊篱发生了何种变化？只有把这个问题阐释清楚，才可能解析中国代际流动模式中的"复杂性"。

李春玲在研究代内流动时，特别关注到了流动樊篱的问题（她称之为结构性屏障）："根据前面部分对十个阶层90年代流动情况的分析，我们可以发现，在人们的社会流动过程中有三道因阶层分化而导致的结构屏障。第一道屏障是源于是否占有

---

① 陆学艺主编：《当代中国社会流动》，社会科学文献出版社2004年版，第29页。
② 李春玲：《断裂与碎片：当代中国社会阶层分化实证分析》，社会科学文献出版社2005年版，第402页。

最重要的资源种类（权力资源和经济资源）而导致的阶层分化，……第二道屏障是源于劳动技术分工（白领职业与蓝领职业）或者说拥有文化资源与没有文化资源而导致的阶层分化，……第三道屏障存在于有机会争取到就业岗位的人与没机会获得工作的人之间"。① 这虽然是她在研究代内流动时提出的，但也可以是一个很好的研究代际流动樊篱的起点。然而仍然存在以下值得探讨的问题：第一，所谓第三道屏障，与前两道屏障并不在同一个概念层次上，并不能构成一道真正的阶层流动屏障；第二，权力和经济资源屏障和文化资源屏障，其实并不是在 20 世纪 90 年代之后才出现的，这两种屏障甚至在改革开放之前的社会中也是存在的；第三，权力和经济资源屏障与文化资源屏障也并不是天然静态存在的，它们的作用强度也是在变化着的；第四，除了这两种屏障之外，还存不存在其他形式的屏障机制？

李路路在研究代际流动时，在方法上借鉴了"阶层流动"的范式，如采用了包括父代地位、子代地位、时间、城市 4 个变量的对数线性统计模型。他的结论是："在阶层相对关系模式的意义上，原有的阶层相对关系模式没有随着制度转型的过程而发生根本性变化，即以阶层再生产为主要特征的阶层相对关系模式，在制度转型的过程中仍然是持续地被再生产出来，甚至有所强化。"② 我们同意，社会樊篱仍然存在或者仍然"持续地被再生产出来"，但是樊篱的布局是否依旧？在其后的一项研究中，李路路借用埃里克森和戈德索普等人使用的拓普图来设计了几种主要的代际阶级继承关系和阶级渗透关系，其中特别指出了在阶层分析框架中存在的体力劳动者与非体力劳动者之间的分界，农民阶层与非农劳动者之间的分界，以及自

---

① 李春玲：《断裂与碎片：当代中国社会阶层分化实证分析》，社会科学文献出版社 2005 年版，第 396 页。
② 李路路：《再生产的延续：制度转型与城市社会分层结构》，中国人民大学出版社 2003 年版，第 134 页。

雇佣者阶层的自我封闭性。① 虽然这已经非常明显地涉及了"社会樊篱"问题，但是这项研究的重点是国际比较中显示的共性背后的社会流动机制，而不是中国代际流动樊篱的时段变化，因此也没有触及社会樊篱的流动问题。缘此，我们需要用量化的方法手段，揭示出中国代际流动图景中"樊篱的流动"。

第四节　对樊篱流动假设的模型检验

我们采用的数据来自"中国社会变迁调查（第二期）"。这次调查在全国的 6 个城市（上海、广州、成都、兰州、南宁、沈阳）中抽样，这 6 个城市中大连、上海、广州 3 个城市位于沿海发达地区，兰州、成都和南宁位于西部地区，它们大体代表了中国改革开放过程中，处于经济和社会发展不同水平的城市状况。每一个城市均抽取 800 份有效样本，6 个城市的总样本量为 4800 份。每一个城市均被看作是一个独立的总体，因此，城市以下的抽样是独立进行的。各城市的抽样方案是"按总体规模等比例的概率抽样"（PPSS, Proportional to Population Size Sampling）设计。用作总体规模的指标是抽样单位的年末人口数，调查对象是 6 个城市中市辖区内的 20—65 岁常住人口。入户访问的时间是 2005 年 3—6 月。数据中包括回答人目前的职业，以及回答人 15 岁时父亲的职业类别，这是我们进行代际流动分析的基础资料。在"中国社会变迁调查"的数据采集过程中，要求回答人描述自己的工作内容、工作岗位、工种或工作职责，然后由调查员直接记录，最后在问卷回收后统一根据人口普查的职业编码进行编码。职业大体分为以下几类：①党政机关领导干部；②群众团体领导干部；③企事业单位领导干部；④村民委员会与居民委员会干部；⑤专业技

---

① 李路路：《再生产与统治：社会流动机制的再思考》，《社会学研究》2006 年第 2 期。

术人员；⑥教师；⑦经济业务人员；⑧办事人员；⑨销售人员；⑩服务人员；⑪工人；⑫农、林、牧、渔劳动者；⑬军人；⑭其他。

西方社会流动中的分类框架①一般都是沿用戈德索普等人创建的 EGP 阶层分类图式，这种分类图式因其提出者而得名（Erikson，Goldthorpe & Portocarero，1979）。EGP 阶层分类图式有各种变体，最常见的是把阶层分为 10 大类：①大业主、高级专业人士和高层管理人员；②低级专业人士、低层管理人员；③负责例行事务的非体力劳动者；④有雇员的小业主；⑤没有雇员的小业主；⑥农场主或管理人员；⑦低等技术员和体力劳动主管；⑧技术性体力劳动者；⑨无技术与半技术体力劳动者；⑩无技术农业工人。EGP 阶层分类图式是依据四种潜在标准而提出的：雇佣关系、权威、技能和部门。但是这样的分类图式未必适合于我们的研究。一个比较次要的原因是，我们的数据并不足够大，如果父代与子代都按照这种图式来分类，那么将产生一个 10×10 的列联表，其中必定会出现众多的空格或者频数太少的格子，这将对分析结果的稳定性产生非常大的影响。但是除此之外，还有更为重要的原因，那就是在过去的 30 年中，我们的社会还没有像西方那样定型化，阶层体系还是处于一个发育过程当中。在这样的一个过程中研究代

---

① 在此需要说明的是，分类框架不仅仅是一种将相似的个体归为一类的过程，它的背后实际上是对社会变迁和社会过程的一种本质性看法。李伯森（Stanley Lieberson）和林恩（Freda B. Lynn）曾经用生物分类学对于生物学的意义来说明分类对于社会学的意义（Lieberson, Stanley &Freda B. Lyn, "Barking up the Wrong Branch: Scientific Alternatives to the Current Moder of Sociological Science." *Annual Review of Sociology* 28）。在常人看来，黑熊、考拉熊、熊猫都非常相似，都属于熊类，从外在体貌而言，这种分类也很有道理。但是生物学家将所有动物置于一个结构性的谱系来进行考察时，就会认为这三种动物实在是相差甚远，不应归为同类。分类的重要性不在于类别数量，不在于这种分类的外在合理性，而在于分类背后的整体性、结构性谱系，在于研究者头脑中对于社会过程的构想。与生物学中的分类谱系学相似，社会学中的分层研究背后也是学者们对社会运作机制和社会过程的根本看法，不同的分层路数有着不同的根本看法。

际流动，父代和子代的分类都宜粗不宜细。因此，我们借鉴魏昂德等人在研究中国代际流动时的分类模式，将父代和子代都粗略地分为三类：管理精英、专业技术精英、非精英。① 第一类管理精英，包括党政机关、群众团体和企事业单位的领导干部，他们在组织资源上占有优势；第二类技术精英，包括专业技术人员和教师，他们在文化资源上占有优势；第三类一般劳动者，包括工人、服务人员、销售人员、办事人员、经济业务人员，以及农业从业者。

数据共有4800条记录，但是有1731位回答人在调查时没有工作（如离退休、失业、下岗、正在上学等）；有工作的回答人当中有390位15岁时其父亲没有工作；此外，有312位回答人本人的职业或者其父亲的职业填写不够详尽，无法分类；有575位回答人没有填写他第一份工作开始的时间。因此，最后进入分析的数据共包括了1792个样本。根据中国的实际情境，我们依据回答人（子代）初次参加工作的时段，把数据分为三部分：1978年及以前参加工作者；1979—1990年参加工作者；1991—2005年参加工作者（2005年是数据收集的年份）。

我们设定以下4个模型②，通过考察它们对经验数据的描述拟合程度，来检验前述理论思路是否能够得到经验支撑。其中前3个模型是西方代际流动研究中最为常见的，而第4个模型则是在第3个模型（UNIDIFF模型）基础上略作扩展后得到的。各个模型的设定和理论意义略述如下。

第一，条件独立模型：樊篱根本不存在。

如果父代与子代间完全不存在关联关系，那么模型将有如下形式：

---

① Walder, A. G., 1995, "Career Mobility and the Communist Political Order", *American Sociological Review* 60 (3).

② 本章中所有统计模型的拟合都是利用LEM程序包完成。LEM软件可以在网页（http://www.uvt.nl/faculteiten）上下载。

$$\ln(F_{fst}) = \lambda + \lambda_f^F + \lambda_S^S + \lambda_t^T + \lambda_{ft}^{FT} + \lambda_{st}^{ST} \quad （模型1）$$

其中 F_{fst} 为期望频数，其中 $f=1, 2, 3; s=1, 2, 3; t=1, 2, 3$。F 表示父代的职业类别；S 表示子代的职业类别；T 表示子代参加工作的时段。因此，λ_f^F、λ_s^S、λ_t^T 为边缘效应；λ_{ft}^{FT} 为父代职业类别与子代参加工作时段的二阶交互作用；λ_{st}^{ST} 为子代职业类别与子代参加工作时段的二阶交互作用。

相对于饱和模型而言，上述模型缺失父代与子代变量间的二阶交互作用，也缺失父代、子代、时段三类变量间的三阶交互作用，因此模型背后的前提假定是父代与子代不存在任何关联，这也就意味着，代际流动根本不存在任何樊篱。

第二，关联效应不变模型：樊篱存在，但不变动。

在条件独立模型中加入父代与子代变量间的二阶交互作用，就产生了"关联效应不变模型"：

$$\ln(F_{fst}) = \lambda + \lambda_f^F + \lambda_S^S + \lambda_t^T + \lambda_{ft}^{FT} + \lambda_{st}^{ST} + \lambda_{fs}^{FS} \quad （模型2）$$

新加入的 λ_{fs}^{FS} 为父代职业类别与子代职业类别的二阶交互作用。这一模型背后的假定是，父代与子代存在着关联关系，但是父代、子代、时段三类变量之间的三阶交互作用是不存在的，也就是说父代与子代之间的关联关系并不随时代而有所变化，在各个时代父代与子代之间的关联关系是完全相同的。换言之，代际流动的樊篱存在，但它并不随时段而变化。

第三，UNIDIFF 模型：樊篱存在，强度有变化，但樊篱布局不变化。

为了研究代际流动中相对机会的变化趋势，谢宇 1992 年提出了对数可积层面效应模型。[①] 几乎是同时，埃里克森和戈德索普也独立地提出了同一模型，[②] 他们把它称为 UNIDIFF 模

[①] Xie, Y., 1992, "The log-multiplicative Layer Effect Model for Comparing Mobility Tables", *American Sociological Review* 57 (3).

[②] Erikson, R. & Goldthorpe, J. H., 1992, *The Constant Flux*, London: Oxford University Press.

型，因为它假定不同的时间段下所有的比率比值都将会朝同一方向统一地变动（uniform difference）。用谢宇的话说，就是"（模型）所需要的前提仅仅是用来做比较的表格对于起源—终点关联具有共同的模式"。①

此模型的基本形式可以表示如下：

$$\ln(F_{fst}) = \lambda + \lambda_f^F + \lambda_s^S + \lambda_t^T + \lambda_{ft}^{FT} + \lambda_{st}^{ST} + \beta_t \psi_{fs} \quad （模型3）$$

上述模型中最重要的是新加入的两类参数：β_t 参数和 ψ_{fs} 参数。β_t 参数也被称为层面得分（level scores），它估计的是在 t 时间段中的流动强度（樊篱的疏密程度）；ψ_{fs} 参数也被称为行列关联得分（R–C association scores），它估计的是在各个时间段中保持不变的流动模式（樊篱的布局）。这个模型背后的思想是，把每个对数比率比分解为两个部分的乘积，一部分表示在每个时间段中都保持不变的一般流动模式，即 ψ 参数；另一部分表示在每个时间段中都有所不同的流动强度，即 β_t 参数。假定第一个时间段中的 β_1 被设定为 1，那么如果估计出的下一个时间段的 β_2 小于 1，则表明在下一时间段中，所有的对数比率比都朝 0 移动了，父代与子代之间的关联变得比前一时间段更弱了；而如果 β_2 大于 1，则表明所有的对数比率比都远离 0 了，父代与子代之间的关联变得比前一时间段更强了。

我们可以更为直白地将上述模型解释为：樊篱存在（表示为一般流动模式，即 ψ 参数），且其疏密程度有所变动（表示为流动强度，即 β_t 参数），但樊篱本身的布局并不改变（表示为一般流动模式并不随时间变动，即 ψ 参数并不随 t 变动）。

模型需要对行列关联得分（ψ 类参数）进行一些设定，②数据中父代和子代都分有三类，流动表是一个 3×3 的表，因此我们就将行列关联得分设定为完全二项交互模型（即谢宇提及

---

① Xie, Y., 1992, "The log–multiplicative Layer Effect Model for Comparing Mobility Tables", *American Sociological Review* 57 (3).
② Ibid..

的 FI 模型），这时共有（3-1）×（3-1）=4 个 ψ 参数是可识别的。这种设定背后的思想是，社会樊篱的格局是这样的：技术精英子女进入管理精英的樊篱；管理精英子女进入技术精英的樊篱；非精英子女进入技术精英的樊篱；非精英子女进入管理精英的樊篱。另外的假设是，这种樊篱格局一直没有变，变的是社会开放度（樊篱的疏密程度）。在 LEM 程序中，ψ 相应的设计矩阵如表 3-1 所示。我们的编码方式为虚拟编码，而非效应编码，因为使用虚拟编码的参数估计更容易有直接的解释。参照组都为"非精英"类别。

表 3-1　　　　　　　　模型 3 中 ψ 的设计矩阵

	非精英	技术精英	管理精英
非精英	0	0	0
技术精英	0	1	2
管理精英	0	3	4

第四，扩展的 UNIDIFF 模型：樊篱存在，而且在强度变动的同时，樊篱布局也在变动。

那么如何设定出一个新的模型，以同时反映出樊篱在强度上和布局上的变化呢？最好的解决办法是在前述 UNIDIFF 模型的基础上加以扩展。我们设计以下模式：

$$\ln(F_{fst}) = \lambda + \lambda_f^F + \lambda_S^S + \lambda_t^T + \lambda_{ft}^{FT} + \lambda_{st}^{ST} + \sum_{m=1}^{M}\beta_t^m \psi_{fs}^m \quad （模型 4）$$

在谢宇 1992 年论文的结尾处，他提到对数可积模型可以做更广泛的扩展，比如可以将 ψ 分解为不同的维度，"可以对对数可积模型做更广泛的扩展，以便能够包括针对二项行列关联的多维度设定方法"。[①] 模型 4 正是这样的一种扩展，其重要含义在于，它可以揭示出社会樊篱变动中除了社会开放度这样

---

① Xie, Y., 1992, "The log-multiplicative Layer Effect Model for Comparing Mobility Tables", *American Sociological Review* 57 (3), p. 391.

一种疏密程度变化之外的变化。

（1）上述模型中，社会樊篱是多维度的，即 ψ 不是只有 1 个，而是 M 个的：ψ_{fs}^1、ψ_{fs}^2、$\cdots$、ψ_{fs}^m。这样就可以清楚地把各种不同来源、不同因素的社会樊篱分开来。

我们在这里只是探索性地把社会樊篱分为两类（M = 2）：一是技术精英因拥有知识资本而与非技术精英产生樊篱，或者管理精英因拥有权力经济资本而与非管理精英产生樊篱（类似于埃里克森和戈德索普的"继承"樊篱）；二是管理精英与技术精英因同属于精英层而在社会价值观上相近、社会层级上相邻，由此产生与非精英层的樊篱（类似于埃里克森和戈德索普的"等级"樊篱）。以图 3 - 2 来表示，第一种樊篱是以虚线形式来表示，第二种樊篱则是以实线形式来表示。

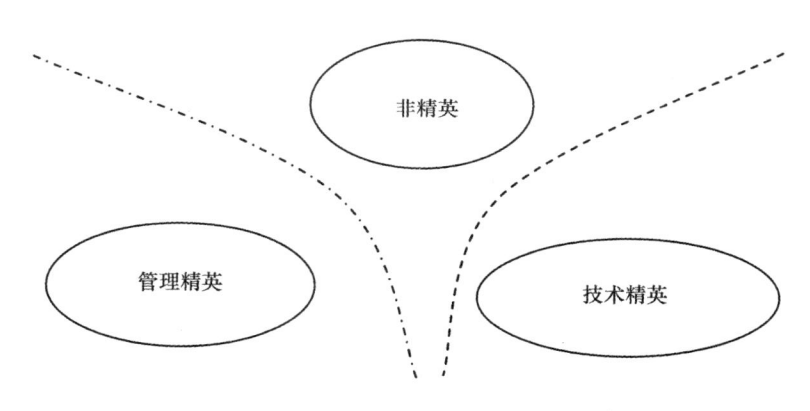

图 3 - 2 两类社会樊篱

换言之，我们也可以把这两类樊篱理解为两种优势：第一类樊篱表示了出身"管理精英"家庭者对管理精英职业的继承性优势和出身"技术精英"家庭者对技术精英职业的继承性优势（为了简化模型，我们设定这两个优势参数是相同的）。第二种樊篱表示了出身"管理精英"家庭者进入"技术精英"职业的优势与出身"技术精英"家庭者进入"管理精英"职业的优势（为了简化模型，我们设定这两个优势参数也是相同的)。这样,每一种樊篱就可以用一个参数来表示。

在 LEM 程序中,ψ_{fs}^1 和 ψ_{fs}^2 相应的设计矩阵如表 3-2 所示。与模型 3 中一样,我们的编码方式为虚拟编码,参照组都为"非精英"类别。

表 3-2   模型 4 中 ψ_{fs}^1 和 ψ_{fs}^2 的设计矩阵

ψ_{fs}^1			
	非精英	技术精英	管理精英
非精英	0	0	0
技术精英	0	1	0
管理精英	0	0	1
ψ_{fs}^2			
	非精英	技术精英	管理精英
非精英	0	0	0
技术精英	0	0	1
管理精英	0	1	0

(2) 更重要的是,对于不同类别的 ψ_{fs}^1 和 ψ_{fs}^2,我们将分别考察它在三个时期的强度变化:β_{t1}^1、β_{t2}^1、β_{t3}^1、β_{t1}^2、β_{t2}^2、β_{t3}^2。这样就有可能在考察樊篱的变化时,看清楚在某些樊篱变得开放的同时,另一些樊篱却在强化。通过这样一个模型设计,我们就凸显出了樊篱格局的变化:最初樊篱的布局是以哪一种为主?之后又经过了怎样的强度变化?目前樊篱的布局是怎样的?

我们首先需要了解一下各个模型对于数据的拟合情况。表 3-3 列出了 4 个模型的各种拟合统计量,包括相对于饱和模型的对数似然比卡方(L^2)及其概值、贝叶斯信息标准(BIC)、相异指数(D)等。以下对于模型的比较将主要利用似然比卡方检验进行,同时参考贝叶斯信息标准。似然比卡方检验一般只适用于嵌套模型间的比较,概值越小,说明两个模型间越可能存在显著差异。它一般都是与饱和模型相比较,但也可以用于非饱和模型间的互相比较。贝叶斯信息标准可以适用于非嵌套模型间的比较，它一般在样本量较大时更为可信，贝叶斯信息标准为负的模型优于饱和模型，负值越大，模型越好。

模型 1 为条件独立模型，自由度为 12，对数似然比卡方为 49.8，为基线卡方值。模型 2 加入了更强的约束条件，对数似然比卡方消减了 81.1%，然而它的卡方概值仍然只有 0.31，说明它的拟合仍然与饱和模型有着显著的区别，这表明它并不是一个理想的模型。模型 3 假定各时间段中只存在着流动强度变化，而不存在流动模式变化，但它的拟合也并不好，卡方概值只有 0.24，与饱和模型仍然有着显著区别；而与模型 2 相比，它加入了 2 个参数之后卡方仅仅减少了 1.5，因此它的表现并没有比模型 2 提高多少；从贝叶斯信息标准来看，它的表现甚至还不及模型 2。看来 UNIDIFF 模型并不能有效地拟合我们的数据。

表 3-3 各个模型的拟合优度比较

模 型	自由度（df）	对数似然卡方（L^2）	概值（P）	卡方消减比例（rL^2）	贝叶斯信息标准（BIC）	相异指数（D）
1. 条件独立模型	12	49.8	0.00	0.0	−40.1	5.2
2. 关联不变模型	8	9.4	0.31	81.1	−50.5	1.4
3. UNIDIFF 模型	6	7.9	0.24	84.1	−37.0	1.1
4. 扩展 UNIDIFF 模型	6	1.5	0.96	97.0	−43.4	0.6
模型间的比较						
模型 3 与模型 2	2	1.5	0.47			
模型 4 与模型 2	2	6.4	0.04			

我们最感兴趣的是模型 4 的表现，它假定社会樊篱不仅在疏密程度上有变动，而且在整体布局上也有变动（樊篱也存在位置上的流动）。模型 4 的表现是非常不错的。与条件独立模型相比，它成功地消减了 97.0% 的基线卡方值；与饱和模型相比，它的拟合效果已经与饱和模型很难分辨，似然比卡方检验

的概值高达 0.96；与关联不变模型相比，它与关联不变模型有着显著区别，概值只有 0.04。唯一有所不足的是，这一模型在贝叶斯信息标准上表现不佳，低于第 2 个模型，这主要是自由度上的损失所造成的。在样本量不够大的时候，出现这种情况是正常的。因此，综合来看，模型 4 无疑优于模型 3（参见表 3-3）。初步的数据结果支持了我们最初的判断：只有同时考虑到"流动的樊篱"和"樊篱的流动"，才能更为准确地反映中国代际流动的现实。

模型 4 是最佳模型，因此我们只考察模型 4 的参数估计。模型参数中我们真正关心的只是 β_t^1、ψ_{fs}^1、β_t^2、ψ_{fs}^2，所以表 3-4 中只给出了模型 4 的这几类参数估计值，其余的参数在此略去。

表 3-4　　　　　　　　模型 4 的参数估计值

	β_t^1	ψ_{fs}^1	$\beta_t^1\psi_{fs}^1$	β_t^2	ψ_{fs}^2	$\beta_t^2\psi_{fs}^2$
1978 年以前	1.00		1.32	1.00		0.05
1979—1990 年	0.49	1.32	0.65	12.95	0.05	0.65
1991—2005 年	0.73		0.96	19.90		1.00

ψ_{fs}^1 表示第一类樊篱，即技术精英因拥有知识资本而与非技术精英产生樊篱，或者管理精英因拥有权力资本而与非管理精英产生樊篱。总体而言，这一类樊篱始终都较为稳固地存在着，尽管其疏密程度在不同时间段中发生了相当程度的变化。如 1979—1990 年这种樊篱就变得大为宽松，几乎降低了一半的效用（$\beta_t^1\psi_{fs}^1$ 值从 1.32 降低到 0.65）。然而在 1991—2005 年这一樊篱似乎又变得致密起来（$\beta_t^1\psi_{fs}^1$ 值从 0.65 升高为 0.96），但是还远远没有回升到 1978 年以前的水平。第一种樊篱的变化呈现出一种 U 形趋势。

ψ_{fs}^2 表示第二类樊篱，即管理精英与技术精英因同属于精英层而在社会价值观上相近、社会层级上相邻，由此产生的与非精英层的樊篱。我们看到，这种樊篱在 30 年间发生了戏剧性的变化，它简直就是从无到有地建立起来的。在 1978 年之前，这道樊篱是不存在的（$\beta_t^2\psi_{fs}^2$ 值仅为 0.05）；到了 1979—1990 年，这道樊篱逐步形成（$\beta_t^2\psi_{fs}^2$ 值为 0.65）；到了 1991—2005 年，它更加稳固而致密地树立起来（$\beta_t^2\psi_{fs}^2$ 值为 1.00）。图 3-3 更为直观地显示了两类樊篱的强度变化趋势。

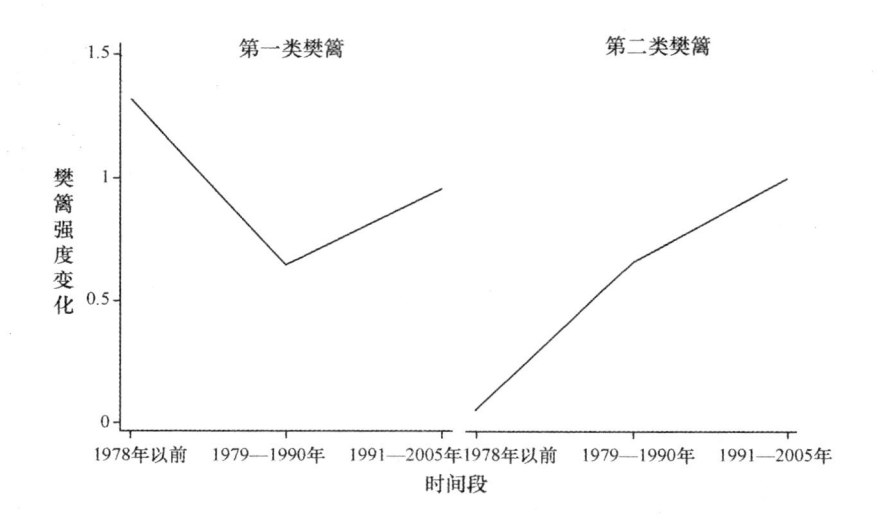

图 3-3　两类樊篱的强度变化趋势

更进一步，我们发现中国城市代际流动经历了从第一种格局向第二种格局的演化：在第一种格局中，代际流动主要指向技术精英/非技术精英之间，以及管理精英/非管理精英之间的樊篱（图 3-4 中的两条虚线）。而到了第二种格局，前述樊篱仍然稳固存在，尽管其致密程度经过了一个 U 形过程之后略有下降（图 3-5 中的两条虚线变淡了）；但更重要的变化是出现了新的樊篱，即技术精英和管理精英/非精英之间的樊篱（图 3-5 中出现了一条新的实线）。总体而言，可以这样概括我们的发现：基于权力经济资本或知识资本的继承效应的社会流动樊篱始终都较为稳固地存在着，尽管在 1979—1990 年其致密程度曾经略有下降；但与此同时，另一类樊篱显现了出来，那就是基于精英认同上的等级效应的社会流动樊篱。对于参数估计的分析进一步支持了我们的判断：中国代际流动的社会樊篱布局已经发生了重要的改变。

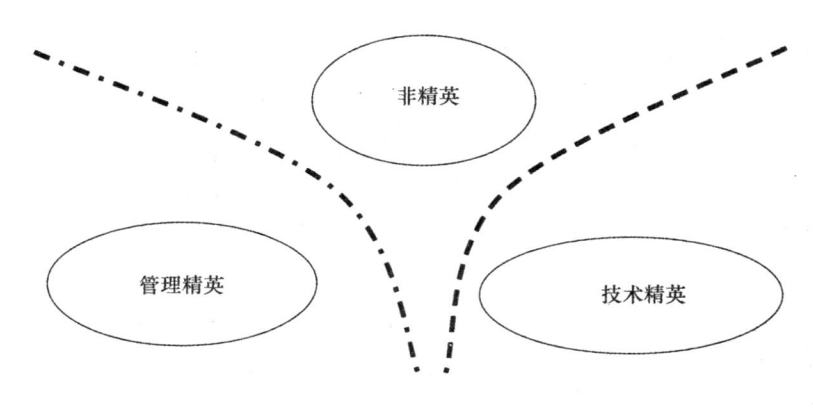

图 3-4　樊篱的第一种格局

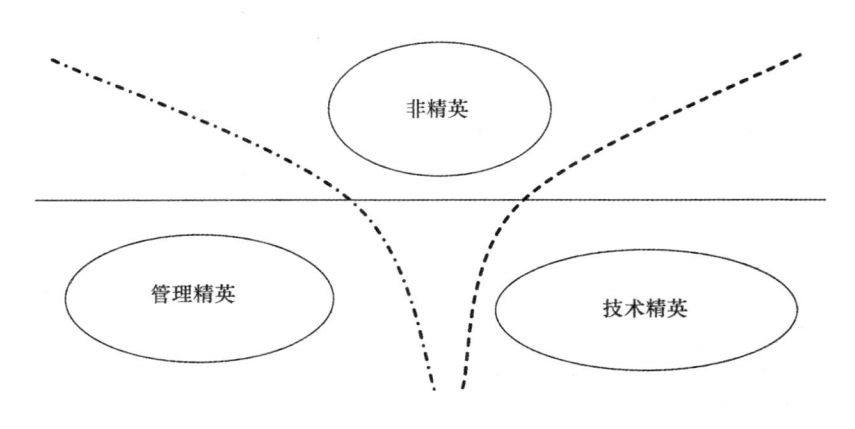

图 3-5　樊篱的第二种格局

第五节　代际收入关联与社会樊篱

在本节中我们试图从代际收入关联的角度来探讨社会樊篱问题。代际收入关联是对社会中经济机会配置公平度的一种测量。在20世纪80—90年代,美国学者围绕代际收入关联的测度展开过一场激烈的学术辩论。贝克尔和托姆斯的研究结果捍卫了"美国梦"的存在:父母收入与子女收入的相关系数平均只有0.15,"几乎所有从祖上继承的所得优势或所得劣势将在三代内消除殆尽",高收入者或低收入者从父辈转移到子辈的程度并不高。从经验研究结果来看,在美国和其他富裕国家中,收入向均值回归的速度是很快的,在资产上向均值回归的速度也是较快的;大多数经验研究中得到的点估计值表明,父亲收入增加10%,对于子女收入的增加幅度不到2%。① 因此在美国,贫困不应被看成是一种持续数代的"文化",禀赋的可传递性、对子女人力资本投资上的资本约束并不是很大。他们的研究结果暗示,美国仍是开放的"充满机会"的土地,成功是个人勤奋与才能的结果,而非家庭继承的结果。但另一些学者则根据调查数据与计量模型提出了截然相反的观点。索伦的研究表明,美国代际收入关联程度非常显著,高达0.4以上。② 以往的研究之所以低估了代际收入关联程度,主要原因是其中存在着测量误差、样本缺乏代表性等,因此高估了美国社会的流动性。齐默尔曼也使用一项纵贯性调查数据测量了美国的代际收入流动程度,③ 他同样认为以往对于美国代际收入流动弹性的估计值都是偏小的,因为它未能考虑到终生经济地位测量中的误差问题。他利用平均收入、工具变量估计等方法来解决这一问题,最终发现,美国代际收入流动弹性应当在0.4或者更高,美国代际收入流动程度要比以往的估计小得多。这些研究成果的推论是,在美国家庭出身仍然是决定生命轨迹的重要

---

① Becker, G. S. & Tomes, N., 1986, "Human Capital and the Rise and Fall of Families." *Journal of Labor Economics* 4 (3).

② Solon, G., 1992, "Intergenerational Income Mobility in the United States", *American Economic Review* 82 (3).

③ Zimmerman, D. J., 1992, "Regression Toward Mediocrity in Economic Stature", *American Economic Review* 82 (3).

因素，再分配政策应当对此起到恰当的反向调节作用。在这场貌似非常技术化的争论背后，其实是对美国社会形态的不同判断，是不同的公共政策取向。

经济学家认为，在公共支出未能对人力资本进行充分投资的前提下，富有者更容易对子女进行人力资本投资，因此子代的收入会更多，这是代际收入关联的一个重要原因。贝克尔和托姆斯1986年在《劳动经济学杂志》上发表了"人力资本与家庭的兴衰沉浮"一文，利用人力资本理论来解释收入的代际继承与流动现象，这是一个开创性的贡献。[①] 贝克尔提出，人力资本（h）是三个影响因素的函数：从父母那里得来的生理禀赋和文化禀赋（e）；父母对他的人力资本投资（x）；公共开支对他的人力资本投资（s）。如果父母能够用子女的人力资本作为担保，很容易地取得贷款为子女的人力资本投资，这种投资就并不会降低父母自身的消费，因此不受父母的资产与收入的影响。此时父母将最大化子女的净收益，他们会增加对子女的人力资本投资量，直到边际收益率等于利息率。因此，这时人力资本投资的成本是对所有家庭都相等的，即等于当时的利息率。父母对子女的人力资本投资量（x）将由三个影响因素决定：子女的禀赋（e）；公共开支对子女的人力资本投资（s）；利息率（r）。在这种情况下，具有较好禀赋的子女会得到更多的人力资本投资，最终代际收入关联程度完全取决于禀赋的遗传性。禀赋的遗传性越强，父母与子女间收入的关联度也就越强。但是事实上，人力资本并不是一种好的担保品，以子女人力资本为担保是不容易得到贷款的，因此父母必须自己对子女进行人力资本投资，而这种投资的代价是要减少自身消费、减少子女消费等。因此，父母将增加对子女的人力资本投资量，直到边际效用等于减少的消费的边际效用。这时人力资

---

① Becker, G. S. & Tomes, N., 1986, "Human Capital and the Rise and Fall of Families." *Journal of Labor Economics* 4 (3).

本投资的成本不再是对所有家庭都相等的了。对于贫困家庭而言，减少一定量的消费会引起更大的效用损失，较穷的家庭常常很难为其子女进行足够的人力资本投资（与人力资本投资成本为利息率时相比）。如果人力资本投资受制于不同收入家庭的投资倾向，那么可以推论，即使富裕家庭子女的禀赋要比贫困家庭子女的禀赋更高，但是在均衡点上，富裕家庭人力资本投资的边际收益率一定会比贫困家庭人力资本投资的边际收益率更低。家庭收入越高，则人力资本投资在均衡点上的边际收益率越低，直到达到某一点上，人力资本投资的边际收益率等于其他资产的边际收益率。如果富裕家庭的投资边际收益率更低，那么在人力资本投资上进行小幅度的再分配，就会提高人力资本投资的整体效率。在这里并不存在"公平"与"效率"的矛盾，因为促进公平的措施也恰恰达到了经济学意义上的效率改进。因此，政府应当在人力资本投资上进行适度的再分配，方可使社会效率达到最优。

上述解释是在经济学视角指引下进行的，其中没有社会阶层或者社会樊篱的存在。但是，上述解释很难解释经验研究中发现的另一个事实：代际收入关联中存在的曲线关系。很多利用线性回归估计代际收入弹性的研究中都暗含着一个假定，即父代收入与子代收入间的关系是线性的，但是这一假定并不现实，代际收入关联完全有可能是在收入分配的某一个特殊区间中更强。为了探求这种可能性，只要在回归计量模型中加入一项父亲收入对数的平方项即可。索伦曾经对这种非线性关系进行过分析，他发现平方项的显著性表明非线性关系存在的可能性是很大的。父亲的收入越高，代际收入弹性越强，即代际收入关系是一条斜率不断增大的曲线。这说明处于收入分配上层者的代际继承性更强，换言之，富人子女变穷的可能性低于穷人子女变富的可能性。贝克尔的模型是无法解释代际收入弹性中的曲线关系的。因为如果不同收入者面临的人力资本投资回报率与人力资本投资效率相同，那么最终得到的代际收入弹性也应是相同的。经济学家在考虑问题时一直假设有一个较为完善且可流动、无阻隔的人力资本市场存在，但这一假定是不现实的。其中最重要的一个阻碍就是社会阶层，不同社会阶层面临的人力资本投资回报率可能是不同的。这一点可能会深刻地影响到代际收入关联程度。

社会学家艾里克森和琼森分析了瑞典的一个大规模调查数据之后发现，即使在同等教育、同等经验的条件下，来自上层阶层者仍然有更大的几率得到好工作，获取更高的收入。[1] 不同出身者进入了不同的职业生涯轨迹之中，在职业生涯的开端之时家庭出身的影响就已经显现，出身上层家庭者更多地集中在那些未来收益较大的职业中。即使两者的收入差距在年轻时并不明显，但到了在职业生涯的中后期，差距就表现得越来越突出，因此他们把优势的家庭出身类比为一种可以不断生息的"资产"（an interest-bearing asset）：不同家庭出身者在初始阶段可能收入差距较小，而随着时间推移，收入差距将越来越大。他们提出了四种机制来解释：①"社会网络机制"，即出身上层家庭者通过父母、亲戚、朋友可以在劳动力市场中找到更好的机会；②"偏爱机制"，即雇主可能更偏爱出身于自身阶层、拥有某种生活方式的人；③"生产率机制"，即出身上层家庭者拥有一些从家庭环境中学到的特殊生产能力，如某种社会交际能力、生活品位等；④"抱负机制"，即出身上层家庭者拥有更强的动机去追求好工作与高报酬，阶层的影响不仅通过种种资源约束发挥作用，而且也通过影响人的抱负水平和风险偏好来发挥作用。

另外一些研究者探讨了劳动力市场中人力资本发挥作用的

---

[1] Erikson, R. & Jonsson, J. O., 1998, "Social Origin as an Interest-bearing asset: Family Background and Labour Market Rewards among Employees in Sweden", *Acta Sociology* 41 (1).

机制与代际收入关联之间的关系。① 教育因素在雇主的人事决策中有两种不同的作用方式,一种是"证明"(certifying),另一种是"标志"(signalling)。受教育程度可以"证明"某个人有某种专有技能、知识,因此需要某种专有技能的雇主就会雇用拥有这种证明的人。但这并不是教育因素起作用的全部方式。在另外一些情况下,受教育程度"标志"着你拥有一些不易被外在观察的特性,如有毅力、有动力、有克制力、善于学习等。那么雇主在实际生活中是如何使用教育的上述功能的呢?在现代社会中,教育的扩张动力并不如工业主义思想家所设想的那样,主要来自经济扩张和技术要求升级的动力,而是来自学生和家长对于提升教育水平的内在要求。人口的教育水平与经济结构对技术的要求之间的关联已经越来越弱,教育的"证明"功能已经大大减弱,而随着教育本身的扩张,教育的"标志"功能也已经减弱。因此,雇主就会需要另外一些"标志",如家庭背景。杰克森等人认为,现代社会中就业结构的改变一方面是高技术的行业和职业不断增加,但另一方面是一些与人打交道的行业和职业更大量地增加,例如休闲、娱乐、接待、公共关系、媒体、奢侈品的出售和贴身服务等,在这类行业中雇主看重的不是一般的认知能力和技能,而是一些社会或人际交往技能,如口音、服装品位、自我表现、生活方式、机智反应、容貌,等等。这些技能不是从学校中得到的,而是从上层家庭或社区中习得的,这就使得代际继承问题更为严重。

  从以上分析可以推论,社会结构的存在使得不同社会阶层出身者面临着根本不同的人力资本回报率,高收入者更易将自己的收入优势转换为子代的优势。将不同社会阶层面临不同人力资本回报率这一事实引入之后,才能真正解释代际收入关联中的曲线关系。下面我们将利用"中国社会变迁研究调查"数

---

① Jackson, M.; and Goldthorpe, J. H. & Mills, C., 2005, "Education, Employers and Class Mobility", *Research in Social Stratification and Mobility* 23 (1).

据，来对代际收入关联中的曲线关系进行分析。由于种种条件的限制，一般的横截面数据中符合代际收入弹性研究的个案数目往往很少。本次调查的总样本量为4800，但是并不能就这4800人的信息计算代际收入流动弹性，原因如下。

（1）有690位回答人有关父亲年龄的资料缺失，这使得数据量减少到4110。

（2）如果回答人父亲年龄在2000年已经等于或超过60岁，那么在城市中他基本上已经退出了劳动力市场，所以不应当进入计算当中。数据中父亲年龄大于等于60岁的回答人共有3205人，数据量减少为905人。

（3）如果回答人父亲在2000年时已经去世，或者因失业、下岗、退休、失去劳动能力等原因目前没有工作，那么我们也仍然不能计算他当时收入。在前述905人中，这样类型的回答人有412人，数据量减少为493人。

（4）如果回答人年龄在20岁及以下，他很可能还没有进入劳动力市场，即使进入劳动力市场，他的收入轨迹也不太平稳，不太适合计算代际收入关系。在前述493人中，20岁及以下的回答人有97人，数据量进一步减少为396人。

（5）如果回答人目前没有工作，我们也无法计算代际收入弹性。在前述396人中，有59人没有工作，数据量减少为337人。

（6）由于本研究关注城市中的代际收入弹性，如果回答人目前务农，他也应当被排除在外。前述337人中，有55人务农，数据量减少为282人。

（7）前述282人，23人父亲收入信息缺失，42人父亲年收入不足1200元，被视为异常值排除，6人本人目前收入缺失。这样下来，数据量减少为211人。这就是最终分析的有效对象。

我们先假定父代收入与子代收入间的关系是线性的，在此假定下估计代际收入弹性。类似于索伦的模型，我们构造的估计模型为：

$$Y_i^c = \alpha + \rho Y_i^f + \beta age_i^c + \gamma (age_i^c)^2 + \beta' age_i^f + \gamma' (age_i^f)^2 + \varepsilon_i^c$$

其中 Y_i^c 为子女收入，用回答人当年收入的对数表示；① Y_i^f 为父代收入，用回答人父亲上一年的年收入对数表示；ρ 即为代际收入弹性，它是我们最为关心的系数；age_i^c 为回答人的年龄；age_i^f 为回答人父亲的年龄；β、γ、β'、γ' 为回答人年龄、回答人年龄平方、父亲年龄、父亲年龄平方的系数；加入年龄变量，是为了在收入估计中消除生命周期对收入的影响；最后 ε_i^c 为随机误差项。

表3-5　　　　　　　　代际收入弹性的估计参数结果

参数	参数估计值	标准误差
ρ	0.352***	0.055
β	0.039	0.107
γ	0.001	0.002
β'	0.081	0.222
γ'	-0.001	0.002
R = 0.180　Root MSE = .657		

上述回归模型的估计结果如表3-5所示，从中可以看出代际收入弹性的估计值为0.352，它非常显著。根据这一估计值构造的95%置信区间应当为0.244-0.461。由此看来，根据单年数据计算的中国城镇代际收入弹性应当大致为0.3-0.4。

王海港利用中国社会科学院经济研究所"中国城乡居民收入分配"课题组1988年和1995年的抽样调查数据计算了中国城镇家庭的代际收入弹性，并对中国城镇居民收入的代际流动进行了趋势性分析。② 他的计算结果显示，子女收入对父母收入的弹性从1988年的0.384上升到1995年的0.424。郭丛斌和闵维方利用北京大学教育经济研究所"中国城镇居民教育与

---

① 问卷中问及的是回答人目前的月收入，我们将其乘以12后得到其当年收入的近似估计值。

② 王海港：《中国居民收入分配的代际流动》，《经济科学》2005年第2期。

就业情况调查"的数据测量了中国城镇居民收入代际弹性系数。[①] 他们的结果显示，2004 年中国城镇居民收入代际弹性系数为 0.320。

本次分析的结果与王海港（2005）、郭丛斌等人（2007）的研究是相符合的。这一结果略高于美国根据单年数据计算出的代际收入弹性，但是由于数据可比性的原因，我们应当非常谨慎地看待这种国际比较的结果。索伦等人的研究指出，利用单年数据计算出的代际收入弹性往往是被低估了的，通过多年平均收入进行的调整往往会使估计值上升 0.1 以上。此外，还有一些因素可能会使这一估计值偏低，例如上述分析中排除了目前无工作无收入者，但是如果低收入者的子女更可能处于失业状态，那么这种排除就会使得我们估计的代际相关程度更低。以此来看，中国城镇真实的代际长期收入的弹性可能为 0.4 – 0.5。

下面我们来考虑代际收入关联为曲线关系的可能。在前述回归模型中加入父亲收入对数的平方项，模型变为：

$$Y_i^c = \alpha + \rho_1 Y_i^f + \rho_2 (Y_i^f)^2 + \beta age_i^c + \gamma (age_i^c)^2 + \beta' age_i^f + \gamma' (age_i^f)^2 + \varepsilon_i^c$$

那么代际收入弹性将是：

$$\frac{\partial Y_i^c}{\partial Y_i^f} = \rho_1 + 2\rho_2 Y_i^f$$

表 3–6　　　　　　代际收入的非线性关系的估计结果

参数	参数估计值	标准误差
ρ_1	–1.010	0.887
ρ_2	0.075	0.049
β	0.029	0.107
γ	–0.001	0.002
β'	0.104	0.222

---

① 闵维方、郭丛斌：《中国城镇居民教育与收入代际流动的关系研究》，《教育研究》2007 年第 5 期。

续表

参数	参数估计值	标准误差
γ'	-0.001	0.002
R = 0.189　Root MSE = 0.654		

部分由于样本量不足，曲线关系估计中的系数在统计上并不显著。但是从系数来看，代际收入中的非曲线关系还是非常明显的。例如，如果父亲收入对数恰好等于均值9.06，那么可以计算出此时代际收入弹性为0.348；而如果父亲收入对数高于均值一个标准差，即为9.9时，此时代际收入弹性为0.475；如果父亲收入对数低于均值一个标准差，即为8.22时，此时代际收入弹性仅为0.223。父亲的收入越高，相应的代际收入弹性也就越高。低收入者的收入即使有进一步提高，也很难将这种提升传递到下一代；而高收入者的收入如果有进一步提高，就会把这种优势非常明显地再传递给下一代。尽管美国的研究也发现了类似情况，[1] 但是中国代际收入关系的曲率远远大于美国。

对于代际收入关联的曲线关系分析进一步表明了社会樊篱因素的重要性。要解释代际收入关联中的曲线关系，就需要引入社会阶层结构的视角：不同社会阶层出身者在劳动力市场上面临着不同的阻碍，因此其人力资本回报率也是不同的。要想从根本上解释代际收入关联，不能只从贝克尔的经济学视角出发，而必须结合社会结构的视角。我们需要更进一步研究劳动力市场中某些或显或隐的制度安排对不同阶层人力资本投资回报的影响。在政策取向上，这一结论的意义在于，仅仅在教育领域进行一些再分配调整对于阶层间的代际平等固然是有意义的，但是除此之外，还需要在劳动力领域以及在更多的深层制度安排下进行改革。

---

[1] Solon, G., 1992, "Intergenerational Income Mobility in the United States", *American Economic Review* 82 (3).

第六节 结语：精英群体与非精英群体的关系演变

对于社会樊篱变化原因及后果的讨论有可能深化我们对社会结构的认识，这方面需要更多的、更细致的讨论。西方的社会学研究路数是有许多隐而不现的假设的，只有在这些假设前提下，他们的理论分析和方法路径才有其正当性。在他们的社会背景下，这些假设前提可以起到简化问题、增强分析效力的作用。但是当时空背景转移时，这些隐而不现的假设却往往被研究者所忽视和忘却，研究的突破口和创新点也往往因此而失去。重视时空背景，这是社会学学科的重要传统智慧之一，社会学者应对此有足够的自觉和敏感。本章正是通过对西方代际流动研究的假设进行反思，提出中国代际流动研究应同时关注"流动的樊篱"与"樊篱的流动"。科塞在 1975 年就任美国社会学会主席的发言中，对"地位获得"范式进行过批评："社会阶级体系并不是一个根据个体出身和训练授予他们位置的分配体系，……社会阶级体系是由在社会结构中处于不同位置的各个社会阶级和利益集团之间的互动所形塑的。这样一个体系中，命令和强制的作用至关重要。社会阶级和其他社会经济集团使用资源以便有效地维系或推进自己的位置，使得物质和社会利益的分配尽可能地有利于自己。把研究重点放在分配体系上，就使得研究关注点偏离了不同阶层通过减少其他阶层的机会而达到机会垄断的社会政治机制。……如果我们拥有的方法工具还不足以处理我上面提出的问题，让我们至少进行一些理论探索来推进，然后再通过更精确的经验研究来进行加工和修正。我们不要再在这样一条路上走下去，这条路如诗人 Roy Campbell 所言，'他们使用的马嚼和马绳都是上好的，但马却是劣马'。"① 本章正是力图通过社会樊篱的讨论，来透视"社会结构中处于不同位置的各个社会阶级和利益集团之间的互动"。在前述社会樊篱的变动背后，是社会不同精英群体及非精英群体之间关系的改变。

魏昂德非常有洞察力地把流动机制与中国政治体制的运作联系起来考察。② 他受到了撒列尼等对匈牙利研究的启发，认为计划体制下的精英流动存在着一种"二元路径假设"（Dual Path Hypothesis）。通过对1986年天津数据的分析，他提出传统体制下党要提高政治忠诚、巩固体制，其中一种重要的制度安排就是通向精英职业的流动路径。这种流动路径安排并不是单一的，而是在体制内存在两条截然不同的职业发展路径，一条是通向管理岗位，一条是通向专业技术人员。通向管理岗位的职业发展路径不仅仅需要文凭，而且需要党员身份，在这里存在着一系列政治筛选和吸纳机制；而通向专业技术人员的职业发展路径只需要文凭，党员身份并不重要。文凭和党员身份在这里都是一种个体向组织发出的"信号"，以便组织进行筛选。对于管理岗位的报酬包括较高的声望、相当的权力和一定的物质特权；而对于专业技术岗位的报酬只包括较高的声望，但基本上没有权力和物质特权。在这种制度安排下，存在着两条并行的通向精英地位的路径。教育对于地位升迁作用无疑是日益增强了，但这并没有削弱在管理岗位职业路径上对政治身份的筛选，两条路径是并行不悖的。这种二元流动路径之间既是相互补充的，但同时又存在着潜在冲突关系。魏昂德认为，二元路径的生成事实上是组织偏好和个体偏好在结构约束下的

---

① Coser, L. A., 1975, "Presidential Address: Two Methods in Search of A Substance", *American Sociological Review* 40 (6).
② Walder, A. G., 1995, "Career Mobility and the Communist Political Order", *American Sociological Review* 60 (3). Walder, A. G.; Li, B. & Treiman, D. J., 2000, "Politics and Life Chances in a State Socialist Regime: Dual Career Paths into the Urban Chinese Elite, 1949 to 1996", *American Sociological Review* 65 (2).

共同结果。① 组织由于受到人才短缺的限制，对专业技术人员的政治筛选机制和对管理岗位的教育筛选机制都不得不放松。从个体偏好而言，具有高等教育背景者更偏好于专业技术发展路径。

魏昂德的分析基于较早的数据样本，而且主要基于代内流动的视角。本章的分析则基于代际流动的视角，不仅关注了管理精英与专业技术精英的关系，而且关注了他们和非精英群体的关系。管理精英与专业技术精英的二元路径确实存在，但主要体现于改革开放之初；也就是说至少在本次数据收集时间上，这种二元路径已经逐渐并轨，两种精英出现了融合。但是与此同时，两种精英与非精英群体之间的流动路径却在缩减，出现了更为清晰的分野。这一结论与郑辉和李路路提出的"精英代际转化与阶层再生产"理论有相合之处。他们认为："在市场转型过程中，中国不同类型的精英群体（行政干部群体、技术干部群体、专业技术精英）通过排斥非精英群体进入的方式在代际间实现了人员的自由交换。这些不同类型的精英群体之间互相渗透，内部也不是自固的，并已形成了一个团结的、合作的、没有分割的精英阶层，实现了精英阶层的再生产。"② 从本章提供的证据来看，认为存在一个"团结的、合作的、没有分割的精英阶层"可能还为时尚早，但是两种精英之间的流动确实是大大增加了，与非精英的距离日渐增大。

上述流动格局的变化，与各个群体在结构转型过程中不同的"市场机遇"有密切关系。"市场机遇的性质是个决定性的因素，它构成了个人命运的共同条件。从这个意义上说，阶级

---

① Walder, A. G.; Li, B. & Treiman, D. J., 2000, "Politics and Life Chances in a State Socialist Regime: Dual Career Paths into the Urban Chinese Elite, 1949 to 1996", *American Sociological Review* 65（2）.

② 郑辉、李路路：《中国城市的精英代际转化与阶层再生产》，《社会学研究》2009 年第 6 期。

状况最终就是市场状况。"① 所谓"市场机遇",按韦伯的说法,就是在商品市场或劳动力市场中获得货物或收入机会时在经济利益上存在的不同因果成分。例如,无财产者所能提供的只有自己的劳动力或者直接产品,而且为了维持生存还会被迫贱卖这些产品,而有财产者则能够利用种种垄断机会进行有利可图的交易。当然,还可以根据人们在商品市场和劳动力市场中掌握的财产类型(如消费品、生产资料、金融资产)和可提供的服务类型(如体力劳动、专业技能等),来进一步对市场机遇进行细分。在结构转型过程中,管理精英与专业技术精英获取经济利益的机遇日渐趋于一致,是两者流动增加的重要原因。

对于这种格局的具体形成机制,郑辉等认为精英排他主要是通过教育获得机制完成的:高教育程度成为获取精英位置的必要条件,精英群体的后代获得高等教育的概率明显大于非精英群体的后代。② 但是,这样一种宏观格局的形成不可能简单地归因于某一种机制,它往往是多种机制共同作用的结果。除了教育获得机制之外,最重要的还有组织吸纳机制和价值认同机制。从组织上来讲,管理精英的吸纳原则发生了改变,魏昂德强调的人才短缺的限制也日渐放松。从价值认同上来讲,管理精英与专业技术精英也在价值取向上日渐趋同。无论上述格局的形成机制如何,格局一旦形成,就会对之后的诸多社会进程形成约束。从这个意义上讲,对于流动樊篱的研究是透视社会基础结构的重要手段。

---

① 韦伯:《经济与社会》(第二卷上册),阎克文译,上海人民出版社2010年版。
② 郑辉、李路路:《中国城市的精英代际转化与阶层再生产》,《社会学研究》2009年第6期。

第四章

地位认同的参照系转换

第一节 问题:主观认同与客观要素之间的联结机制

在中国市场化改革的背景下,公众的地位层级认同发生了什么样的变化?哪些因素成为决定公众地位认同的重要力量?其中的社会机制是怎么样的?从20世纪90年代开始,中国的社会学者已对此问题进行了大量的调查研究和理论探索,积累了丰富的学术资源①。从大量调查数据的比较中,研究者发现了一个在学理上和政策上都非常重要的现象,即地位层级认同的"向下偏移"。早期研究发现,中国公众的地位层级认同在国际横向比较中具有"向下偏移"的特点;近期的年度比较研究发现,在时间维度上中国公众的地位层级认同也呈现出"下移"的态势。在学界对于"中产阶层"的成长寄予热望的背景

---

① 卢汉龙:《城市居民社会地位认同研究》,载中国社会科学院社会学研究所编《中国社会学年鉴:1992.7—1995.6》,中国大百科全书出版社1996年版。边燕杰、卢汉龙:《改革与社会经济不平等:上海市民地位观》,载边燕杰主编《市场转型与社会分层:美国社会学者分析中国》,生活·读书·新知三联书店2002年版。赵延东:《"中间阶层认同"缺乏的成因及后果》,《浙江社会科学》2005年第2期。李培林、陈光金、李炜:《2006年全国社会和谐稳定状况调查报告》,载汝信等编《2007年:中国社会形势分析与预测》,社会科学文献出版社2006年版。冯仕政:《中国社会转型期的阶级认同与社会稳定》,《黑龙江社会科学》2011年第3期。

下，上述现象令人感到忧虑。有学者认为已经出现了中产阶级认同急剧流失和下层认同急剧增长的警讯。① 上述现象在学理上也极具挑战性：在市场化改革不断深入、公众收入不断提高的情况下，地位层级认同为什么反而会不断下移呢？

地位曾经一度是社会学的核心概念。这一概念很容易被等同于资源在个体层面上的分配，但是它的内涵远不止于此。在经典社会学家的论述中，它包括了不同地位群体之间相互冲突和相互竞争的特性，也包括了个体对整体社会的归属和认同的含义。在中国背景下，对地位概念的认知仍然有待深化，特别是需要重视宏观结构变迁与个体社会感知之间的密切关系。如米尔斯②所言："人们只有将个人的生活和社会的历史这两者放在一起认识，才能真正地理解它们。"阿博特曾经强调，社会学的核心是那些深深地被社会时间和社会空间影响的现象，被社会时间影响的行动可称为情境性行动，被社会空间影响的行动可称为结构性行动③。要想拓展"地位"这一分层研究的基本概念，就需要强调地位的情境性与结构性，这在中国社会变迁的背景下尤为重要。

在地位层级认同问题上，通常的思考路径是将个体的客观地位要素（收入、教育、权力）等作为背景，然后探讨主观地位层级认同与客观地位要素之间有什么样的不一致，以及为何不一致。④ 这种思考路径背后隐藏的假定是，个体的客观地位要素与主观地位层级认同一致是正常的，是不需要解释的现象；而两者的背离才是异常的，才是需要解释的现象。然而，如果从多数

---

① 冯仕政：《中国社会转型期的阶级认同与社会稳定》，《黑龙江社会科学》2011年第3期。
② 米尔斯：《社会学的想像力》，陈强、张永强译，生活·读书·新知三联书店2001年版，第1页。
③ Abbott, Andrew, 1998, "The causal devolution." *Sociological Methods & Research* 27 (2).
④ 范晓光、陈云松：《中国城乡居民的阶层地位认同偏差》，《社会学研究》2015年第4期。

现代国家的经验来看，客观地位要素与主观层级认同之间的不一致反而是更为常见的经验事实，两者完全相符倒是比较罕见的。此外，这种思考路径也会引导人们认为，如果存在着主观地位层级认同的"向下偏移"，那么其原因是由于主观地位层级认同越来越偏离客观要素。

因此，我们不妨以另外一种视角与思路来看待这种"不一致"：主观地位层级认同与个体的客观地位要素不一致反倒才是正常的，才是不需要解释的现象；需要解释的现象，反而是两者何以在某种特定的社会结构和社会境遇当中会变得一致。按照涂尔干的说法，"事实上，在历史的每一时刻，在社会的精神意识中……给每一类公民规定的经济理想包含在某种范围内，各种欲望可以在这个范围内自由驰骋。但是这种理想不是无限的。正是这种相对的限制和由此而产生的节制，使得人们满足于他们的境遇，同时又刺激他们有分寸地去改善这种境遇；……他可以设法美化他的生活，他在这方面所作的种种尝试可能不成功，但不会使他感到绝望"。因此，我们也可以推论，在通常情况下，社会的结构安排和精神意识同样会对不同社会等级的人们的地位层级认同形成"限制"和"节制"，共同趋向于"中层认同"，使得不一致成为常态，社会整合成为可能。但在某种特殊条件下，主观认同与客观要素变得越来越重合和一致，这在规范层面上是令人忧心的现象，在实证层面上是令人好奇的需要解释的现象。如此，地位层级认同问题的提问方式被完全地倒转过来。

本章对于地位层级认同的分析，就是建立在后一种视角和思路基础上的。我们需要了解主观地位层级认同与客观地位要素之间的联结机制。在本章分析中，这一联结机制就是由社会运行的整体方式决定的地位认同"参照系"。参照系构成了地位层级认同的整体基础。要解释地位层级认同的变动，就必须同时关注地位层级认同的参照系基础及其变动。在某些情况下，共同体的归属感和在共同体中的身份感受可能会成为地位认同的主导影响因素；在另一些情况下，在整体社会中对市场机遇的感知和对市场要素的占有情况也可能会成为地位认同的主导影响因素。我们将首先通过数据确认地位层级认同的"向下偏移"态势，其次通过群际比较和模型分析探求地位层级认同"参照系"的变动情况，最后将两者在理论上勾连起来，力图解释地位认同下降成为一种普遍感受的深层原因。

第二节 地位层级认同的向下偏移

中国学者对地位层级认同的研究最早可以追溯至卢汉龙1991年在上海和1994年在上海、广州两市进行的调查。① 基于这些调查资料，卢汉龙及边燕杰的研究显示：第一，收入、教育、职业声望对于地位层级认同的解释力相对很低；第二，有近1/6的人没有明确的地位层级认同，表示说不清；第三，单位类型等因素对于地位层级认同具有重要的影响，而收入在引入单位类型之后，变得在统计上不再显著。

刘欣最早明确地提出了中国城市居民地位层级认同偏低的观点。他通过分析1996年在武汉采集的调查数据，发现与其他国家相比较，中国城市居民中认同中间层的比例偏低，而认同中等偏下层的人却明显偏高（详见表4-1）。这一发现在李培林、赵延东等人的研究中得到了进一步证实。② 他们通过国际比较，同样发现中国城市公众中有"中层认同"的人口比例较低，"中国公众自认为处于社会中层的人数比重明显偏低，而自认为处于

---

① 卢汉龙：《城市居民社会地位认同研究》，载中国社会科学院社会学研究所编《中国社会学年鉴：1992.7—1995.6》，中国大百科全书出版社1996年版，第5页。

② 中国社会科学院"当代中国人民内部矛盾研究"课题组：《城市人口的阶层认同现状及影响因素》，《中国人口科学》2004年第5期。赵延东：《"中间阶层认同"缺乏的成因及后果》，《浙江社会科学》2005年第2期。李培林、陈光金、李炜：《2006年全国社会和谐稳定状况调查报告》，载汝信等编《2007年：中国社会形势分析与预测》，社会科学文献出版社2006年版。

社会低层的比重则明显偏高，表现出一种自我阶层认同向下偏移的倾向"。①

表4－1 不同研究者的"地位层级认同"调查结果

研究者	卢汉龙			刘欣	"当代中国人民内部矛盾研究"	CGSS 2003	"社会和谐稳定问题全国抽样调查"
调查年份	1991	1994	1994	1996	2002	2003	2006
高层	1.0	1.36	1.85	0.8	1.6	0.4	0.5
中高层	7.6	6.20	11.32	7.2	10.4	4.2	5.4
中层	41.0	39.28	47.11	47.3	46.9	28.2	39.6
中低层	25.4	34.45	26.57	31.2	26.5	27.1	29.1
低层	9.2	13.38	5.66	12.6	14.6	23.7	24.5
不清楚	15.7	5.3	5.50	—	—	16.3	—
调查总体	上海市居民	上海市居民	广州市居民	武汉市居民	中国城市居民	中国城市居民	中国城乡居民
样本量N	1001	807	813	740	11094	5 894	7061

资料来源：卢汉龙：《城市居民社会地位认同研究》，载中国社会科学院社会学研究所编《中国社会学年鉴：1992.7—1995.6》，中国大百科全书出版社1996年版。刘欣：《转型期中国大陆城市居民的阶层意识》，《社会学研究》2001年第3期。中国社会科学院"当代中国人民内部矛盾研究"课题组：《城市人口的阶层认同现状及影响因素》，《中国人口科学》2004年第5期。李培林、陈光金、李炜：《2006年全国社会和谐稳定状况调查报告》，载汝信等编《2007年：中国社会形势分析与预测》，社会科学文献出版社2006年版。中国人民大学中国调查与数据中心：《中国综合社会调查报告（2003—2008）》，中国社会出版社2009年版。

从表4－1可以看出，中国城市公众的地位层级认同与其他国家比较不仅横向有"向下偏移"的特点，而且纵向也呈现出

---

① 赵延东：《"中间阶层认同"缺乏的成因及后果》，《浙江社会科学》2005年第2期，第87页。

不断"向下偏移"的态势。在卢汉龙1991年的调查中，自我认同属于"下层"的比例在10%以下，而在卢汉龙1994年的调查和刘欣1996年的调查中，这一比例上升到12%—14%，2002年"当代中国人民内部矛盾研究"的调查数据中，这一比例为14.6%，到了2003年的CGSS调查和2006年"社会和谐稳定问题全国抽样调查"，这一比例进一步上升到了23.7%和24.5%。

可能因为缺乏纵贯性数据的支持，早期的研究者关注的主要还是国家之间横向比较中的"向下偏移"，而没有关注到"向下偏移"程度不断增强的纵向趋势。直到2010年后，才有研究者利用一些纵贯性数据观察到这种趋势。例如，冯仕政通过对"中国综合调查数据"（CGSS2003、CGSS2005、CGSS2006）的分析，发现地位层级认同自认为属于"下层"或"中下层"的比例不仅出奇得高，而且这一比例还逐年攀升，从2003年到2006年增加了至少10个百分点以上。"从城镇居民关于家庭地位的认同看，自认为属于'中下层'和'下层'的人的比例从2003年的50.8%迅速上升到2006年的63.3%，增加了12.5%；从农村居民关于家庭的认同来看，这个比例从2005年的45.9%上升到2006年的69.7%，大幅攀升23.8%。如果城乡合计，这个比例也从52.5%上升到66.5%，增加了13.9%"。① 基于此，冯仕政认为近年来中国已经出现了中层认同急剧流失、下层认同急剧增加的警讯。

"中国社会变迁调查"数据也显示了相似的情况。② 此次调查共进行了两期，第一期调查于2001年11—12月入户访问，

---

① 冯仕政：《中国社会转型期的阶级认同与社会稳定》，《黑龙江社会科学》2011年第3期。
② 本书所用的"中国社会变迁调查"数据同样来源城市调查，这使得其分析和结论具有一定局限性。与城市居民相比，农村居民不仅面临着制度结构条件的差异，在日常生活情境和个体互动交流模式上也有不同，其地位层级认同的影响机制也应当有独特之处。农村居民与城市居民在地位层级认同影响机制上的差异性有待进一步的研究。

第二期调查于2005年3—6月入户访问。每次调查均在全国的6个城市（上海、广州、成都、兰州、南宁和沈阳）抽样，这6个城市中，大连、上海和广州3个城市位于沿海发达地区，兰州、成都和南宁位于西部地区，它们大体代表了中国改革开放过程中经济和社会发展不同水平的城市状况。调查对象是按居住区域，而不是按户籍状况选取的，所以调查对象为所有在城市区域居住的居民，既包括城镇户籍，也包括农村户籍。每次调查每个城市均抽取800个有效样本，6个城市的总样本量为4800个。两次调查对于地位层级认同的测量方式完全相同，即"如果整个社会由下到上分为十层，第一层代表最低，第十层代表最高，您认为您的社会地位属于第几层"。两次调查的抽样方法完全相同，执行团队也基本相同，因此这两次调查之间的对比结果是具有说服力的。两次调查结果如图4-1所示。

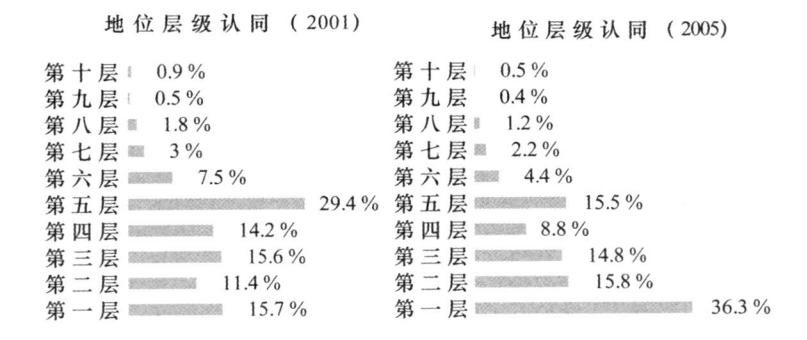

```
地位层级认同（2001）          地位层级认同（2005）
第十层   0.9%                第十层   0.5%
第九层   0.5%                第九层   0.4%
第八层   1.8%                第八层   1.2%
第七层   3%                  第七层   2.2%
第六层   7.5%                第六层   4.4%
第五层   29.4%               第五层   15.5%
第四层   14.2%               第四层   8.8%
第三层   15.6%               第三层   14.8%
第二层   11.4%               第二层   15.8%
第一层   15.7%               第一层   36.3%
```

图4-1 2001年和2005年地位层级认同的比较

从图4-1可以看出，2001年选择最低一层的比例为15.7%，选择最下面三层的比例共为42.7%，选择第5层（中间层）的比例最多，为29.4%，选择第6层及以上的人数极少，加总起来也只有13.7%。这一结果与以往调查结果基本一致。但是，2005年，情况发生了很大的变化，最低一层聚集了超过1/3的人（36.3%），最下面三层聚集了超过2/3的人

（66.9%），选择第 5 层（中间层）的比例则下降为 15.5%，选择第 6 层及以上的比例下降为 8.7%。从 2005 年的地位层级认同分布图中，可以明显看到一个明显的尖顶（第 4—10 层）和一个巨大的基座（第 1—3 层）。比较 2001 年和 2005 年两次调查结果，以及进一步对照表 4-1 中的数据，可以清晰地看出地位层级认同"向下偏移"的纵向态势。

上述结果不能简单地用收入结构变动等因素来解释。数据中两年的收入结构基本稳定：2001 年数据的基尼系数为 0.413，2005 年数据的基尼系数为 0.410，两者相差无几。数据中被访者的职业结构也基本稳定。从宏观层面来看，2000 年之后中国城市收入增长的速度总体而言还是可观的，中国城市也并没有发生如 20 世纪 90 年代后期工人下岗那样的剧烈社会变动。因此，地位层级的向下偏移不能归因于收入结构的变化，那么其原因究竟何在？在回答这个问题前，可以先从地位认同变动情况的群际比较出发，更为细致地看一下地位认同变化的图景。

第三节　地位层级认同的群际比较

表 4-2 列出了 2001 年和 2005 年收入五等分①的地位认同分布的均值，从中可以看出：第一，无论是低收入者还是高收入者，地位层级认同都出现了普遍下降。第二，低收入者地位层级认同下降的幅度大于高收入者。2001—2005 年，低收入者的地位层级认同均值下降了 1.2，高收入者的地位层级认同均值同样下降，但下降幅度为 0.5。第三，伴随着地位认同的普遍下降，高收入者和低收入者的认同差距拉大了。2001 年，两者的认同均值差距为 1.4，到了 2005 年，均值差距达到 2.1。

---

① 如前所述，这里的收入五等分仍然是在所在城市中的收入层级。

表 4-2　　　　收入各层级的地位认同均值的变化

年份	收入五等分				
	低	中低	中等	中高	高
2001	3.5	3.8	4.0	4.4	4.9
2005	2.3	2.7	3.1	3.5	4.4
两年差异	1.2	1.1	0.9	0.9	0.5

接下来再来考察不同收入层级中的地位层级认同分布（见表4-3和表4-4）。从2001年到2005年，低收入者认同自己为第一层（最低层）的比例从19.8%上升到51.0%，上升了31.2%，中低收入者认同最低层的比例上升了26.4%，中等收入者的这一比例上升了13.9%，中高收入者的这一比例上升了11.2%，高收入者的这一比例上升了3%。

值得注意的是，在2001年各收入层认同自己是中间层的比例彼此差距并不太大，均在1/3到1/4之间浮动：低收入者认同自己为第五层（中间层）的比例为25.1%，中低收入者和中等收入者的这一比例分别为30.0%和30.6%，而中高收入者和高收入者的这一比例分别为39.1%和39.8%。高收入者认同中间层的比例是低收者的1.59倍。但是到了2005年，认同中间层的比例均呈现下降趋势，而且不同收入层认同中间层的比例差异迅速拉大：低收者、中低收入者、中等收入者、中高收入者和高收入者认同中间层的比例分别下降了17.6%、15.9%、14.0%、16.6%和9.4%，与此同时，高收入者认同中间层的比例是低收入者的4.05倍。

不同收入层级者的地位层级认同比较表明，一方面地位层级认同的下移是普遍性的，而非局限于某一特殊群体；另一方面由于低收入者日益自觉地将自己归为最低层，各收入层级的地位认同之间的差距更加拉大。认同的普遍下移与收入对认同的影响加大，这两者之间有无内在关系？它们是不是反映了地位层级认同的一种根本性变化？

表 4-3　2001 年数据中不同收入层级的地位层级认同分布 (%)

地位层级认同	收入五等分				
	低	中低	中等	中高	高
1	19.8	11.4	11.6	5.3	3.5
2	17.3	13.9	8.7	9.3	3.5
3	15.5	18.6	15.8	13.0	9.4
4	11.4	14.3	18.4	15.4	14.4
5	25.1	30.0	30.6	39.1	39.8
6	6.7	5.8	8.9	9.9	16.2
7	1.4	3.3	3.2	4.1	7.5
8	1.3	2.2	1.7	2.8	4.0
9	0.2	0.4	0.2	0.6	0.9
10	1.4	0.4	1.0	0.6	0.7
合计	100.0	100.0	100.0	100.0	100.0
个案数 (N)	555	554	474	507	425

表 4-4　2005 年数据中不同收入层级的地位层级认同分布 (%)

地位层级认同	收入五等分				
	低	中低	中等	中高	高
1	51.0	37.8	25.5	16.5	6.5
2	18.3	18.2	18.4	17.3	11.4
3	9.6	15.7	20.5	19.1	15.1
4	8.1	9.2	11.7	13.6	11.4
5	7.5	14.1	16.6	22.5	30.4
6	1.3	1.4	2.9	5.6	14.8
7	1.9	1.0	1.6	2.6	6.0
8	1.0	1.0	1.6	1.7	3.6
9	0.4	0.4	1.0	0.7	0.3
10	0.8	1.4	0.3	0.4	0.5
合计	100.0	100.0	100.0	100.0	100.0
个案数 (N)	480	511	385	462	385

第四章 地位认同的参照系转换

下面进一步考察一下从 2001 至 2005 年，不同单位类型者的地位层级认同发生了怎样的变化。由于"三资企业"和"集体企业"的个案数较少，其地位层级认同的均值变动比较不稳定，下面的分析中不再考虑这两种单位类型。此外，由于"党政群团"和"事业单位"的地位认同情况较为接近，故笔者将这两种类型合并为"党政事业单位"。

表4-5 不同单位类型者的地位层级认同的均值变化

年份	单位类型	收入五等分				
		低	中低	中等	中高	高
2001	党政事业	3.9	4.4	4.3	4.7	5.2
	国有企业	3.2	3.6	3.7	4.3	5.2
	私营个体	3.1	3.8	4.2	4.3	4.5
2005	党政事业	2.2	2.9	3.2	3.9	4.6
	国有企业	2.1	2.6	2.9	3.2	4.2
	私营个体	2.2	2.6	2.8	3.4	4.3

表4-5 显示了 2001 年和 2005 年不同单位类型和不同收入层级者的地位层级认同均值。为了更直观地看出其变化趋势，笔者根据表4-5 中的信息绘制了图4-2。

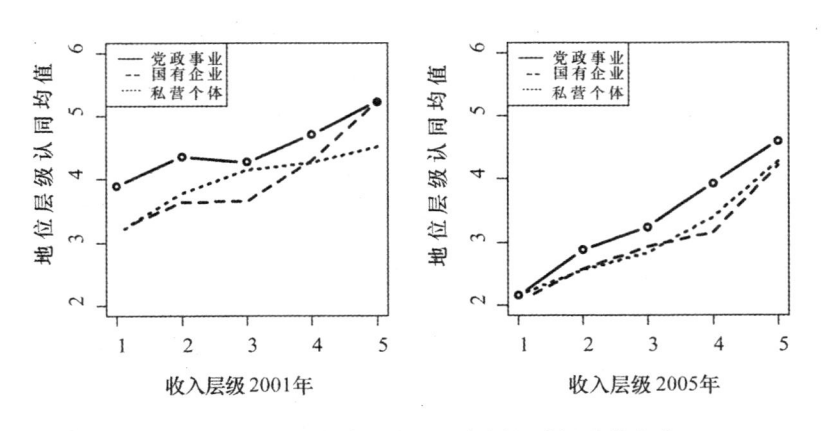

图4-2 不同单位类型者的地位层级认同均值变化

从图 4-2 中得出的结论与前面的结论基本类似。一方面，地位层级认同的下降是普遍性的。与左图比较右图中的曲线均有下移，这说明不论是何种单位类型，2001—2005 年地位层级认同均出现了不同程度的下移，这种下移尤其表现在较低的收入层级当中。这进一步证明地位层级认同下移是一种跨群体和跨层级的普遍现象。另一方面，单位类型与地位层级认同之间的关系已经大为衰减，收入的影响在不断加大。左图中三条曲线彼此间的距离较大，而右图中三条曲线距离大大缩小，其中国有企业曲线和个体私营的曲线几乎已经重叠在一起。这说明 2001 年时，即使在同等收入水平上，不同单位类型的地位层级认同也不相同。在 2005 年，只要是在同等收入水平上，不同单位类型的地位层级认同已经几乎相同了。左图中曲线较为平缓，右图中曲线较为陡峭，这说明在 2001 年时，即使收入层级不同，但只要处于同一单位类型中，个体的地位认同还是较为接近的。但是在 2005 年时，即使处于同一单位类型中，只要收入层级不同，个体的地位认同差距就会较大。在这样的变化趋势下，处于国有企业和党政事业类单位中的中低收入者，其地位认同下降程度最大，既大于国有企业和党政事业类单位中的高收入者，也大于个体私营类型中的中低收入者。上述结果与中国社会转型的机制和特点有着密切关系。

第四节　地位层级认同的影响因素

通过前述群际比较的分析，笔者有理由提出如下假设：地位层级认同的基础已经从单位类型和社会归属等属性转换到了收入等市场机遇的占有上来了。下面构建回归模型来考察不同时期地位层级认同的影响因素及影响程度的变化，以更充分地检验此假设。

一 变量的测量

(一) 因变量

地位层级认同（Y）：如前所述，数据中用一个十层的自我地位评定来测量地位层级认同，其中第一层代表最低，第十层代表最高。

(二) 与市场机遇相关的自变量

本书选择收入、职业和收入满意度作为与市场机遇相关的自变量。应当指出，收入并不是完全由市场决定的，许多人的职业也不属于市场部门，但这里的关键不在于什么决定了收入和职业，而在于收入和职业决定了什么。一方面，收入和职业等固然还不完全是由市场决定的，但另一方面，收入和职业却在极大地影响着人的市场机遇，进而影响人的生活保障和社会尊重。在上述变量中，收入和职业都是与市场机遇直接相关的变量，而收入满意度则是个体对自身市场地位的一种主观评判。

收入层级（I）：调查中询问了被访者当前的月收入。样本中不同城市间的收入水平差距较大，广州和上海的收入水平明显高于其他几个城市。地位层级认同应当与被访者在所在城市中的收入层级相关，需要考虑被访者在所在城市中的收入层级，而非其绝对收入水平。因此，收入层级的划分是在每个城市内部划分的。笔者将被访者按月收入在所在城市中进行五等分，① 第一层为最低，第五层为最高，由此得到变量"收入层级"。例如，2001年数据中上海市某被访者的收入层级被划分为第一层，即意味着他在2001年上海市收入数据中处于五等分中的最低一层。

收入满意度（S^1）：题项为"您对自己目前的收入满意

---

① 每一等分中的被访者数量尽可能占20%，但是由于存在分组边界的划分问题，所以每一等分中的人数事实上并不完全相同。

吗", 选项为5度量表：极不满意、不太满意、无所谓满意不满意、比较满意和非常满意。

职业（O）：笔者将职业分为三大类，即管理类职业、技术类职业和非管理非技术类职业，引入模型时，每一类型均按0—1虚拟变量处理，以"非管理非技术类职业"为参照组。管理类职业包括"党政机关、群众团体、企事业单位领导干部"，技术类职业包括"专业技术人员"、"经济业务人员"和"教师"，其他职业均归为非管理非技术类职业。

（三）与共同体生活经验相关的自变量

本书选择单位类型、工作满意度和户籍三个变量作为与共同体归属相关的自变量。单位类型和户籍是对共同体归属的直接测量，而工作满意度则是试图从主观层面测量共同体中的生活经验。

单位类型（D）：笔者将单位类型分为六大类，即党政群团机构、国有事业单位、国有企业、集体企业、三资企业和私营个体。引入模型时，每一类型均按二分类虚拟变量处理，以"私营个体企业"为参照组。

工作满意度（S^J）：题项为"您对您目前的工作满意吗"，选项为5度量表：极不满意、不太满意、无所谓满意不满意、比较满意和非常满意。

户籍（H）：二分类虚拟变量，农村户籍为0，城镇户籍为1。

（四）控制变量

性别（S）：二分类虚拟变量，女性取值为0，男性取值为1。

年份（T）：二分类虚拟变量，2001年取值为0，2005年取值为1。

由于模型中涉及收入和职业等因素，下面分析中只涵盖数据中目前有工作的那部分被访者，失业和离退休等被访者被排除。最终的分析中，2001年数据样本量为2169份，2005年数据样本量为 1920 份。

二 模型设定

在变量测量中,"地位层级认同"是取值 1—10 的定序变量,但为了简便起见,下面分析中将其视为定距变量处理,① 进而构建了如下多变量回归模型 1:

$$Y = a + b_1 I + b_2 S^I + b_3 O + b_4 D + b_5 S^J + b_6 H + b_7 S \qquad (1)$$

上述模型中 Y 代表依变量"地位层级认同",其他自变量的意义请参照前面的变量测量部分。笔者将分别对于 2001 年数据和 2005 年数据分别进行上述回归模型的拟合。

为了对两年间参数的变动进行估计和显著性分析,笔者将两年数据合并,然后除了上述自变量外,再将年份本身以及年份与每个自变量的交互作用引入模型,因此得到了模型 2:

$$Y = a + b_1 I + b_2 S^I + b_3 O + b_4 D + b_5 S^J + b_6 H + b_7 S + c_1 IT + c_2 S^I T \\ + c_3 OT + c_4 DT + c_5 S^J T + c_6 HT + c_3 HT + c_7 ST + c_8 T \qquad (2)$$

对于 2001 年数据和 2005 年数据分别拟合模型 1 与对于汇总数据拟合模型 2,是完全等价的。但是模型 2 中的交互项估计参数可以更直接地显示两年间各个影响因素作用的变动及其显著性检验结果。

三 估计结果

表 4-6 中,列 2 和列 3 分别是对 2001 年数据和 2005 年数据拟合的模型参数。表 4-6 中列 4 显示的就是年份与各变量

---

① 笔者也尝试了其他处理方式。定序因变量的回归一般采用次序 Logit 或 Probit 模型,但是此模型的前提是比率成比例假定(the Proportional odds assumption),Brant 检验显示数据严重违背比率成比例假定。笔者还尝试了"比率部分成比例模型"(Partial Proportional odds model)或者多项 Logit 或 Probit 模型,此模型分析结果中的参数十分复杂,难以分析。Tobit 回归可适用于因变量存在截删的情况,笔者将"地位层级认同"视为在 1 和 10 处存在截删的定距变量进行了 Tobit 回归分析,结果与一般线性回归分析结果没有明显差别。经过权衡之后,本书最终采用了目前虽然略显粗糙但更易解释的模型。

交互项的估计值,它表明了这一变量在两年间作用大小的变化。

表 4 – 6　　　　　　　　　　模型 1 的参数估计值

	模型 1 (2001 年)		模型 1 (2005 年)		模型 2 中年份及其交互项的估计值	
	系数	标准误	系数	标准误	系数	标准误
收入:						
收入层级	0.28****	0.03	0.37****	0.03	0.09*	0.05
收入满意度	0.05	0.04	0.25****	0.04	0.20***	0.06
职业(参照组:非管理非技术类职业)						
管理类职业	0.39*	0.14	0.57****	0.13	0.19	0.20
技术类职业	0.22*	0.10	0.57****	0.11	0.35*	0.15
单位类型(参照组:私营个体企业)						
党政群团机构	0.48****	0.15	0.28*	0.14	-0.20	0.21
国有事业单位	0.58****	0.12	0.19	0.13	-0.39*	0.18
国有企业	0.14	0.10	-0.03	0.10	-0.17	0.14
集体企业	0.13	0.13	-0.15	0.15	-0.28	0.20
三资企业	0.31	0.21	0.04	0.22	-0.27	0.31
工作满意度	0.17****	0.05	0.05	0.05	-0.12	0.07
户籍	-0.43****	0.11	0.02	0.12	0.45***	0.16
性别	0.26****	0.08	-0.10	0.08	0.16	0.11
年份(2001 年为参照组)	—	—	—	—	-2.18***	0.37
截距项	3.15	0.25	0.98	0.27	—	—
N	2169		1920		4089	
R^2	0.12		0.20		0.22	

注:1. 模型 2 中非交互项的估值与模型 1(2001 年)完全相同,故而略去。
　　2. *$p \leqslant 0.05$;**$p \leqslant 0.01$;***$p \leqslant 0.005$;****$p \leqslant 0.001$。

收入的效应在两年都很显著,在控制其他因素的前提下,

2001年在所在城市的收入五等分中每上升一个层级，地位认同就上升0.28个层级，2005年这一效应上升为0.37个层级，由此可见，收入的效应是提升了。收入满意度的效应也提升了，从2001年的0.05上升为0.25。检验结果表明，两年之间参数差异在统计上非常显著。2001年数据中"目前月收入"和"地位层级认同"的皮尔逊相关系数为0.12；而2005年这一相关系数迅速提升到0.28。在2001年，管理类职业者的地位层级认同相对于"非管理类非技术类职业"者高出0.39，在2005年，这一优势进一步扩大为0.57，但是由于管理类职业者的人数较少，这一变动在统计上并不显著。技术类职业者也具有明显优势。在2001年，技术类职业者的地位层级认同相对于"非管理类非技术类职业"者高出0.22；在2005年，这一优势进一步扩大为0.57，而且这种变化在统计上显著。和笔者预料的一样，收入、职业与市场机遇相关的自变量作用都进一步扩大了。

2001年，在控制其他因素的条件下，在党政群团机构和国有事业单位工作者的地位层级认同均大大高于在私营个体企业工作者，这种优势分别为0.48和0.58；在三资企业工作者的地位层级认同也显著高于私营个体企业工作者，优势为0.31；在国有企业和集体企业工作者的地位层级认同略高于私营个体工作者，优势为0.14和0.13。但是到了2005年，在其他因素相同的条件下，各种单位类型之间的地位层级认同差异迅速缩小。党政群团机构和国有事业单位工作者相对于私营个体企业工作者在地位层级认同上的优势分别缩小为0.28和0.19；在三资企业和国有企业工作者的地位层级认同几乎和私营个体企业工作者没有显著差别；集体企业工作者的地位层级认同呈现出低于私营个体工作者的态势，但这一点在统计上并不显著。效应同样缩小的还有"工作满意度"，2001年在其他因素相同的前提下，工作满意度的五级量表中每上升一级，地位层级认同会上升0.17，但这一效应在2005年缩小为0.05，已经不再显著。

2001年数据中，户籍和性别的效应尤为独特，它们的参数估计值均为负值。乍看之下，这有违常识，为什么农村户口者的地位认同反而高于城镇户口？女性的地位认同高于男性？但是如果注意到"其他因素相同"的前提条件，这一结论就容易理解了。相同的收入水平下，在农村户口者看来已经是高地位的表征了，但在城镇户口看来，可能仅仅是中等水平而已。正是因为这种效应，在控制了其他变量效应的前提下，户口呈现反向作用。这一逻辑同样适用于性别变量：同样的收入，在女性看来已经属于较高地位的表征；而在男性看来则差强人意，故而在其他因素相同的条件下，性别效应为负值。

同样值得关注的是，2001—2005年户籍和性别效应的变化趋势。户籍效应从-0.43变为0.02，几乎变得不再有任何作用；性别效应的绝对值从0.26变为-0.10，在统计上不再显著。这一变化趋势同样符合"市场化影响论"的预测：地位认同将日益与市场要素的占有密切相关，而与传统的群体归属日益脱离。在利益关系市场化的背景下，农村户籍者认定自身地位的基准不再是自身所属的"农村户口者"群体，与其他农村户口者相比的相对优越感已经不能促成地位的提升感，他在城市中生存每日都要面对的"市场化处境"才是自己对于自身地位的主要认知来源。性别效应的变化也值得深思，但情况可能更为复杂，其中有可以用上述逻辑即"市场化影响论"来解释的部分，也可能有"性别意识"变迁的影响。

2001—2005年，上述回归方程的R^2从0.12上升到0.20，这说明在2005年以上变量的总体解释能力变得更强了。这一结果也是与"市场化影响论"相符合的：随着市场化的推进，上述变量（主要是与市场要素密切相关的变量）对于人们地位层级认同的解释能力变得更强了。模型2中年份虚拟变量的参数估计值为-2.18，这正是在控制了其他结构性因素之后地位层级认同向下偏移的有力证据。

上述分析结果确证了笔者的判断：以往作为地位认同基础的种种社会单元（如社会单位类型、户籍类型、工作荣誉感和满意度）作用日益衰减，而与市场要素占有密切相关的收入、收入满意度和职业类别的作用则日益上升。

第五节　参照系的转换

从上述分析来看，地位认同的下降与地位认同基础的转变有着密切关系。地位认同的基础"参照系"从单位类型等共同体归属转换到了个体对于市场机遇的占有（如收入），是地位层级认同下降的最主要原因。在这种"参照系"变动的背后是深刻的社会变迁背景，即社会利益关系的市场化趋向。李路路认为，"利益关系市场化"与"社会结构阶层化"构成了新的历史时期社会群体矛盾和冲突的基本特征，人们的"市场地位"而非"身份地位"将成为决定社会地位的主要因素，而市场关系最重要的特征就是兼具交易性和对抗性。[1] 正是在这样的利益关系市场化的过程中，人们的价值取向开始裂变，群体关系结构发生变革。

中国转型背景下的利益关系市场化，不同于西方社会在经历了波兰尼所谓的"双向运动"之后形成的市场与社会相对平衡的利益关系市场化格局，而是有自身的重要特点，即一度形成了利益关系的"单向度市场化"。王绍光[2]指出，在1993—1999年，市场社会开始席卷非经济领域，大有成为整合社会生活机制的势头。伴随着这种利益关系的"单向度市场化"，单位的社会职能剥离出去，演化为纯粹的经济组织；个体的福利待遇和基本安全感都要依赖市场获取。在此背景下，决定地位

---

[1] 李路路：《社会结构阶层化和利益关系市场化》，《社会学研究》2012年第1期。
[2] 王绍光：《大转型：1980年以来中国的双向运动》，《中国社会科学》2008年第1期。

层级认同的主导因素发生了改变，主要不再是人们在各种具体的社会共同体中的感受，而是如韦伯①所言的，"在商品或劳动力市场条件下"得到表现的"占用货物或收入机会"的"市场机遇"。

地位层级认同受到两个因素的影响，一是个体对于社会地位的整体结构的认知（对参照系的定位），二是个体对于自身拥有的种种地位要素的评估（在既定参照系中的自我定位）。目前大多数研究者关注的是后一个因素，而忽略了前一个因素。我们认为，在解释地位层级认同在 2000 年之后呈现出"向下偏移"态势时，前一个因素（对于参照系的定位）才是真正重要的原因。2000 年之后地位层级认同不断"向下偏移"的主要原因，不是个体拥有的社会地位要素发生了改变，而是因为个体基于对社会运行方式和机制的体验而改变了对社会地位整体结构的认知，即参照系整体在向不均衡的方向转变。在地位层级认同"向下偏移"这种量变的陈述背后，是人们对地位结构认知的质的改变。

许多调查都是用如下一个问题测量地位层级认同的："如果整个社会可以由下到上分为 X 层，您认为您的社会地位属于哪一层？"这一个问题背后涉及两个判断过程：首先是回答者对于社会地位整体结构的判断：这个结构是什么样的，是以何种标准建立起来的？其次才是回答者根据自身拥有的种种地位要素（如收入、教育、职业权力等），在这一结构中进行层级的判断：我在这个结构中大致处于什么位置？拥有同样地位要素的人，完全可能因为前一个判断的不同，而认同于不同的地位层级。例如，一个收入处于社会中位值左右的人，如果他认为社会地位结构是以共同体归属为基础的，那么他会选择自己认同于"中层"；而如果他认为社会地位结构是以市场机遇占有为

---

① 马克斯·韦伯：《经济与社会》（第二卷上册），阎克文译，上海人民出版社 2010 年版。

基础的，那么他会选择自己认同于"中下层"甚至"底层"。

需要强调的是，这里的社会地位结构并不是那种研究者根据收入或者客观地位指标而计算出来的一种量化结构，而是回答者基于自身生活经历和生活事件而对于社会运行方式和机制的体验和判断。个体对于社会地位整体结构的认知，并不完全依赖于社会地位要素的种种客观分布状况，也不是纯粹个体性的主观感受。以作为地位要素之一的收入为例，收入的分布结构并不能直接导致地位结构的认知。同样的收入分布结构，如果个体对于其背后的收入形成机制的体验是不同的，可以导致完全不同的地位结构认知。单纯从个体各自的收入、教育程度、职业权力出发，就无法找到 2000 年之后地位层级认同"向下偏移"的真正原因，因为真正的原因不在每个个体身上，而在超越于每个个体的社会宏观因素之中。地位结构认知也不等同于"幸福感""相对剥夺感"之类的个体主观性指标。它虽然也是个体基于生活事件和经验作出的主观判断，但是影响这种主观判断的因素并不完全是个体的内倾性感受，也不局限于个体自身资源的变化程度，而是受到社会运行方式中的种种结构和机制的影响。它本身是如涂尔干所言的一种重要的"社会事实"或"社会潮流"。地位结构认知的改变，根本原因是社会运行的整体趋势发生了改变，这种整体性的社会事实深刻地影响了个体的主观判断。因此，地位结构认知就不再是一个个体化的、完全主观性的判定，而是饱含了社会意义的社会事实。在当前中国的社会变迁背景之下，更要关注社会运行的结构和机制对于地位结构认知的影响，关注地位结构认知这样一种"社会事实"和"社会潮流"的形成机制和可能影响。

地位结构认知与社会失范的概念有着紧密联系。涂尔干在《社会分工论》中论述了三种不同形式的失范。[①] 第一种是分工不能再产生团结，个体与整体之间不能再产生牢固的关系，

---

① 涂尔干：《社会分工论》，渠东译，生活·读书·新知三联书店 2000 年版。

人们从分化的工作中再看不到整体的意义。第二种是强制的分工带来的不平等，分工没有了合法性，没有了公正性。第三种是各种功能的分配形式并不能使个人活力得到充分的发挥，从而产生一种无效感。我们可以把上述三种失范视为社会整合不利的三种表现形式，它们在个体身上相对应地产生组织层面上的无权感、社会层面上的无义感、个体层面上的无力感，这进而会对个体的地位结构认知产生重大影响。如果社会运作的结构和机制逐渐导致组织层面上的无权感、社会层面上的无义感、个体层面上的无力感，那么无论他的收入、受教育程度、职业权力如何，他都会对地位结构持有负面看法，这进一步会导致地位层级认同的"向下偏移"。

由于地位层级认同是这样一个双重判断过程的结果，不同个体在不同条件下对于社会地位结构的整体判断可能不同，因此地位层级认同就不太可能和研究者根据种种社会地位要素计算出来的客观地位结构完全一致。王春光和李炜认为："阶层的客观存在与主观建构既存在相互一致的可能，也存在不相一致的可能，彼此之间存在着复杂的关系。……（现阶段）阶层的主观建构与阶层的客观实在之间存在着的不一致性大于一致性。"[①] 刘精明和李路路通过对众多变量的潜类分析，发现客观阶层位置在相当程度上会影响人们的地位认同，但同时二者之间并不存在任何简单的联系。[②] 再如"当代中国人民内部矛盾研究"课题组通过对多元回归结果的事后阐释，认为"人们的客观社会地位对主观阶层意识的作用并不如我们想象的那样明显，二者之间还存在着相当的不一致性"。[③]

---

① 王春光、李炜：《当代中国社会阶层的主观性建构和客观实在》，《江苏社会科学》2002年第4期。
② 刘精明、李路路：《阶层化：居住空间、生活方式、社会交往与阶层认同》，《社会学研究》2005年第3期。
③ 中国社会科学院"当代中国人民内部矛盾研究"课题组：《城市人口的阶层认同现状及影响因素》，《中国人口科学》2004年第5期。

当然，在一般情况下，民众对于社会地位结构的整体判断是具有稳定性的，不会轻易改变，这时地位层级认同变动的主导因素就是个体拥有的地位要素的分布状况变动。在这一前提下，研究者在分析地位层级认同的变动时，习惯性的思维总是归因于个体地位要素的变动，而忽略了地位结构认知的改变。例如，一些研究者在论及地位层级认同的"向下偏移"时，认为地位层级认同正是客观地位结构的反映，"当前中国城市公众的主观阶层认同结构与实际的客观社会分层结构具有相当的一致性"。[①] 在此基础上，他们进而推论："要解决当前中国社会中间阶层意识匮乏的问题，一个最主要的途径仍是提高人民的整体收入和经济地位，这可能是有效地培育一个稳定的'社会中间层'的基本前提条件。"[②] 但是如果人们对于地位结构的整体认知愈加趋向于不平等，即使自身收入有所提高，地位层级认同也未必能够提高，更未必能够树立起"中间阶层意识"来。提高人民的整体收入和经济地位这种量变，必须与改变社会运行方式和机制，进而改变人们对于地位结构的认知这种质变结合起来，才可能真正提升人们的地位层级认同。

面对地位层级认同在国际横向比较和时段纵向比较中呈现出来的"向下偏移"特征，研究者们基于各自的理论偏好和经验证据，提出了"相对剥夺论"和"认同碎片论"两种不同的解释。基于前述数据分析中得到的结论，下面笔者对这两种解释进行简要的评述与对话。

一 相对剥夺论：变化的是"参照点"还是"参照系"？

个体的主观感受与群体之间的关系结构有着密切的关系，

[①] 赵延东：《"中间阶层认同"缺乏的成因及后果》，《浙江社会科学》2005年第2期。

[②] 中国社会科学院"当代中国人民内部矛盾研究"课题组：《城市人口的阶层认同现状及影响因素》，《中国人口科学》2004年第5期。

这是社会学传统中"相对剥夺论"的重要洞见。相对剥夺概念是由斯托福（Samuel Stouffer）及其合作者在其经典研究《美国士兵》中提出的。① 这一概念经过默顿的拓展和深化之后，与"参考群体"理论结合起来，大大加强了概念的社会结构意蕴。"相对剥夺论"认为要理解个体的主观感受，就必须理解个体所处的群体关系结构，其中最重要的就是"参考群体"，因为"人们在塑造自己行为、形成各种态度时，所取向的常常不是自己的群体，而是别的群体"。② "相对剥夺感"概念揭示了个体主观感受与群体关系结构之间的联系，在许多经验研究中颇具解释力。③ 受到"相对剥夺感"概念的启发，研究者们注意到，中国市场化转型背景下群体关系结构发生了重要改变，某些群体相对于自身的"参照群体"而言，在生活机遇上有"相对剥夺感"，因此地位层级认同发生下移。刘欣最早用"相对剥夺论"来解释中国城市居民的地位层级认同。他认为，"人们在社会转型时期生活机遇的变化，尤其是社会经济地位的相对变动，相对于人们所处的客观阶层地位来说，对阶层认知的差异会有更大的解释力"，他称其猜想为"阶层意识的相

---

① Stouffer, Samuel A., M. H. Lumsdaine, A. A. Lumsdaine, R. M. Williams, M. B. Smith, I. L. Janis, and L. S. Cottrell, 1949, *The American Soldier: Combat and Its Aftermath*（Vol. 2）. Princeton, NJ: Princeton University Press.

② 默顿：《社会理论与社会结构》，唐少杰、齐心等译，译林出版社2006年版。

③ 需要特别提及的是，许多应用"相对剥夺感"进行解释的研究却恰恰忘记了这一概念的初衷，根本没有关注到群体关系结构这一社会学维度，而把"相对剥夺感"泛化为简单化的心理感受。在测量相对剥夺感的过程中，一些研究者根本不去确定回答者所处的群体关系和其参考群体，而直接采用心理层面的测量，相对剥夺概念的社会结构意蕴因此丧失。"相对剥夺感"命题中个体心理感受与群体关系结构之间的关联，在此被偷换为个体的两种心理要素之间的相关，貌似合理的解释背后可能是一种同义反复。例如，"认为自己近年来生活变得更差的人地位层级认同也更低"，这种发现只是常识的重复，而非"相对剥夺感"命题的严格内涵。这种概念的泛化是不严谨的。

对剥夺论命题"。① "当代中国人民内部矛盾研究"课题组②也认为,"处于相对剥夺地位的人确实更可能对自己处所的阶层有着更低的认同,同时更不可能有中层以上的阶层认同"。

"相对剥夺论"认为,群体关系结构的改变使得某些群体的"参考点"发生改变,从而产生严重的"相对剥夺感",进而导致了地位层级下移的现象。"相对剥夺论"解释的高明之处在于,它认识到地位认同的建构过程是依托于某个参照物的。然而,参照物的改变既可能是某些个体或群体的具体"参照点"发生改变,也可能是整个社会地位认同的"参照系"发生改变。传统的"相对剥夺论"解释过多地将关注点放在了具体"参照点"的改变上,忽略了中国转型背景下社会地位认同的整体"参照系"的改变。这样的一种认知范式,就容易使人们误认为地位层级认同的决定因素一直是收入,只是由于在"收入参照系"中不同群体的相对位置发生了改变,所以很多群体的地位认同下降了。但是,前述数据分析表明,真正发生的过程并非在固定的参照系中个体的地位"参照点"发生了变动,而是社会整体的地位"参照系"都发生了重大变动,其基础从单位类型和社会归属等属性转换到了市场机遇的占有。当然,在参照系转变为市场机遇占有之后,"参照点"的变动就会非常重要。例如,收入不平等程度的加剧导致顶层与一般民众的距离加大,也会使地位认同出现下降,但其前提是人们已经在依据市场要素而不是共同体归属来建构自己的地位认同了。"参照系"的变动要比"参照点"的变动更为基础,所触发的影响范围也更广,只有放在这样一种整体"参照系"的转换背景下,才能更加深刻地理解地位层级认同出现普遍性下移的真正原因。

---

① 刘欣:《转型期中国大陆城市居民的阶层意识》,《社会学研究》2001年第3期。

② 中国社会科学院"当代中国人民内部矛盾研究"课题组:《城市人口的阶层认同现状及影响因素》,《中国人口科学》2004年第5期。

二 认同碎片论：地位认同的基础不受客观决定了吗？

地位层级认同与客观地位结构并不完全一致已成为众多研究者的共识。王春光和李炜[①]认为，"阶层的客观存在与主观建构既存在相互一致的可能，也存在不相一致的可能，彼此之间存在着复杂的关系"，"阶层的主观建构与阶层的客观实在之间存在着的不一致性大于一致性"。[②] 李培林[③]也发现，"收入、教育、职业和消费等各项主要的客观分层指标，与主观阶层认同之间存在着一定的联系，但关联强度不大"。基于这一事实，他推断在中国社会变迁背景下，主观阶层认同和客观状况之间的距离会越来越大，其原因在于："①人们生活方式上的阶层趋同现象越来越弱化，而生活品位上的个体主义化倾向越来越强烈；②伴随着阶层流动加快，出现了社会身份认同的断裂，即主观的阶层认同并不完全受收入、教育、职业等状况的决定；③在当前的中国社会中，社会客观阶层结构的相对固定化和主观阶层意识的碎片化趋势同时发生。"[④] 上述"主观阶层意识的碎片化趋势"的论述暗示，如果地位认同的基础不再依托于收入、教育和职业等状况，而是与价值取向和观念态度更为相关，那么就可能会出现收入不断增长的同时人们的认同层级反而下降的现象。这种分析思路敏感地洞察到了地位认同本身并不等同于客观实在，而是一种主观的社会建构过程，我们称之为"认同碎片论"。

然而，本书中前述数据分析的结果表明，"认同碎片论"对于地位层级认同基础的起点和变化方向都有误判。首先，在

---

① 王春光、李炜：《当代中国社会阶层的主观性建构和客观实在》，《江苏社会科学》2002年第4期。
② 同上。
③ 李培林：《社会冲突与阶级意识：当代中国社会矛盾研究》，《社会》2005年第1期。
④ 同上。

原有的地位层级认同基础中，在工作单位等社会共同体中的感受会更强烈地影响着地位层级认同的建构过程。因此，阶层认同"不受客观收入、教育、职业等状况的决定"并不是伴随变迁过程而出现的，而是在变迁之前即已如此。其次，地位层级认同基础的变迁方向也并非逐渐脱离客观基础，而是更强烈地受到包括收入在内的市场要素占有的影响。在市场化转型背景下，收入等市场要素对于人们生活的影响越来越大，客观地位要素的竞争日益激烈，因此地位认同不仅没有越来越"不受客观收入、教育、职业等状况的决定"，反而是受其决定的程度不断加大。"认同碎片论"认为认同下降和碎片化的原因在于地位认同不受客观收入等要素决定，但前述数据分析结构暗示，认同下降和碎片化的原因恰恰在于地位认同日益强烈地受到客观收入等市场要素决定，地位唯有建立在共同体或阶层等社会归属的基础上，才可能避免这种下沉和碎片化的命运。

第六节 结语：中层认同的前提

在讨论地位层级认同时，人们常常会有一种天然的假设，认为主观的地位层级认同应当与某种客观的分层要素（如收入、受教育程度、职业权力）分布相吻合，这种吻合是一种常态。在这种假设下，主观地位层级认同与客观分层要素分布之间的背离，就成为违背常态的"问题"，因此需要我们去探讨为什么两者会背离。

但是，所谓"客观分层要素"的分布，只是研究者基于宏观数据而得到的"抽象"物，它并不天然地存在于人们在地位层级认同的建构过程中。如我们前面分析中提到的，如果利益关系很大程度上是在工作单位等生活共同体中发生的，人们的地位层级认同的参照系主要还是生活共同体。人们根据自己的生活共同体，以及从中获得的生活保障和社会尊重来确定自己的地位层级认同。那么虽然人们身处不同的工作单位，收入和地位有一定差距，但在考虑地位层级时，却会基于自身在各自生活圈中的具体生活感受认为"还不错"，从而把自身定位为"中层"。如果去反思人们对于自身地位层级认同的建构过程，就会发现在其中起关键作用的可能并非"客观分层要素"在整体社会中的分布这样一种"抽象"物，而是他们在具体的日常生活中感受到的具体权力关系与身份认同。因此，在某种程度上，与客观分层要素的适度背离并不是一种"非常态"，而恰恰是一个良性社会中的常态。在这样的社会当中，虽然客观分层要素存在着分布上的差异，但是日常生活中的权力关系却是能够支撑起个体的身份认同来的，因此地位层级认同就会呈现出对客观分层要素的适度背离。正所谓"贫而无谄，富而无骄"，此时在地位层级认同上会呈现出一种"中层认同"态势。这种适度背离可能才是地位层级认同在多数情况下的"常态"。

如果上述逻辑成立，那么主观地位层级认同日益与客观分层要素的背离，并不是最需要去解释的现象；相反，地位层级认同与客观分层要素之间关联的日益加大，反而是我们需要去解释的、违背常态的"问题"。在地位层级认同研究上，这种"常态"与"非常态"的倒转有助于我们得到更具洞察力的解释，进而超越"常态"与"非常态"的区分，得到对两者均有解释效力的理论洞见。

在地位层级认同"向下偏移"这一量的判断背后，其实更重要的问题是决定地位层级认同的机制在发生着质的改变，地位层级认同与客观分层要素（尤其是市场机遇占有）之间的关联在增大，而这恰恰是地位层级认同的一种"非常态"。宏观结构变迁可以改变地位层级认同的主导决定因素。在利益关系市场化之后，社会成员的生活保障和社会尊重都与市场关系日益直接相连，地位层级认同的划分基础转变为对市场机遇的获取。社会运行机制的改变迫使社会成员必须在整体社会的市场机遇结构中看待自己的位置，从收入等市场要素角度来看待社会地位被视为理所当然。所处的共同体如何，以及在共同体中的地位感受如何，都逐渐成为次要的影响因素。一旦地位层级认同的基础转变为整体社会中市场机遇的分配，原来建立在社会单元归属基础上的"中层认同"趋向就会开始瓦解。

为什么在新的参照系下，"中层认同"没有能够建立起来？为什么收入影响力度加大，那些中等收入者的地位层级并没有形成"中层认同"？原因是，只有建立在共同体归属或阶层归属等社会属性的基础下，地位的"中层认同"才有可能建立起来。如果地位认同的"参照系"仅仅是收入等与市场密切相关的经济属性，地位的"中层认同"就不太可能建立起来。以收入等经济属性为基础的地位认同"参照系"将具有如下几个重要特征：

（1）这一参照系是没有具体边界的。以共同体归属为基础的地位认同"参照系"是具体可见的由各个群体构成的，因此它是有具体边界的，但是以市场机遇感知为基础的地位认同"参照系"是由抽象的"富人"与"穷人"构成的，而这样的构成并不具有明显社会边界。在这种没有具体边界的参照系中，即使在自身生活圈中生活感受还不错，但一旦面对整体社会的收入分配和市场秩序，往往就会感到强烈的差距和无力，因此个体在地位比较过程中不太容易形成"中层认同"。①

（2）这一参照系是变动不居的。首先，收入等市场机遇本身就是变动不居的，它很难带来如同共同体认同或者阶层认同那样的归属感和稳定性。这种归属感和稳定感的缺失本身就会降低人们的地位认同。其次，利益关系的市场化是全方位的，每一个人在每一件具体的生活事件中都可能被卷入市场利益关

---

① 在近年的调查结果中，都发现了这一现象：公众对于越具"抽象性"的关系，越倾向于认为其矛盾非常激烈。例如在CGSS2003中，调查者普遍认为"穷人和富人"之间的差异很大（仅次于"当官的人和老百姓"），而且越是年轻人越倾向于认为"穷人和富人"之间的差异更大。但是，当问及对自身的定位是富人还是穷人时，高达44.46%人表示说不清楚中国人民大学中国调查与数据中心：《中国综合社会调查报告（2003—2008）》，中国社会出版社2009年版。多数人对于穷人和富人之间的差异感受强烈，但是同时又有近一半的人说不清楚自己是穷人还是富人，这一反差深刻地表明了利益关系市场化背景下普通公众的复杂感受。

系中，而个体在各种关系维度中的情境是变动不居的，某一情境中的强势者完全可能成为另一情境中的弱势，因此多数人都能够感受到市场性的不平等关系，进而降低自己的地位认同。

（3）这一参照系中的不平等感知具有整体性的特点。在利益关系市场化之前，由于地位层级认同基础是在具体共同体中的感受，不同共同体中的不平等感受往往也局限于共同体内部。但在利益关系市场化之后，由于地位层级认同基础是在整体社会中对市场机遇的感知，不平等感受往往可以突破群体边界，形成不同群体共享的迪尔凯姆意义上的"社会思潮"和"社会精神",① 这种整体性的感受反过来又影响每一个社会成员。由于上述原因，单纯寄希望于收入的中层化来建立地位的"中层认同"是不太可能的，因为地位的"中层认同"需要的恰恰是收入上有所差异的人能够基于其社会归属感的共识而共同选择认同于中层。②

正如前面分析过的，这种"参照系"的变化是社会整体性的，不能等同于个体或群体的"参照点"的变动，其影响范围也较之更广。正是这种"参照系"的变化，导致不仅低收入者的地位认知将会出现下降，中等收入者甚至部分高收入者的地位认识也出现了下降；也正是因为"参照系"的上述变化，才使得经济条件的改善与社会地位感知的下移并行不悖的现象出现。

地位层级认同是个体基于日常权力关系与身份认同的一个社会建构过程。在这里，社会建构过程有两层含义：第一，它是从个体自身的具体社会生活中经过个体的认知过程而生发出来的，它从来也不必然与研究者在社会分层研究中赋予他们的种种"客观分层要素"的分布有关联，因此它是"建构"性的；第二，但这种建构又不是个体性的，它受到社会整体的运

---

① 迪尔凯姆：《自杀论》，冯韵文译，商务印书馆1996年版。
② 在此我们只是对以收入等经济属性为基础的地位认同"参照系"的具体特征（如没有具体边界、变动不居和整体性等）进行了推断与猜测。如何用更为丰富的经验论据来对此检验，尚需要进一步探索。

行机制的影响,受到群体共享的迪尔凯姆意义上的"社会思潮"和"社会精神"的影响,因此它是"社会性"地被建构出来的。

上述分析的实践意蕴在于,要想在市场化转型背景下建立起新的地位"中层认同",仅仅依靠进一步提升个体收入虽然必要,但远远不够。更重要的工作应该是构建起个体对于社会共同体的稳定归属感和认同,并逐渐将地位认同的基础再次扎根于此。市场化转型并不必然带来地位认同的下降,只要能够与此同时建构起新的社会归属与认同,新的"中层认同"就可得以重建。不仅在物质层面上提升收入和福利,而且在社会生活层面上通过种种制度方式建立起社会归属和认同,这也许应该是当下进行的"社会建设"中的重要内容。

第五章

教育获得差异的机制变迁

第一节 问题:不同阶段的升学决策与制度安排的关系

在教育扩展的过程中,不同群体的教育获得是否会变得更为平等?随着现代社会教育机会对于职业生涯和发展前景的重要性不断提升,这个问题变得更为重要。社会学者和教育学者对此进行了持续的调查。从国外的研究结果来看,多数研究都认为教育配置具有较强的稳定性,不会随着教育扩展而发生根本性变化。例如,沙维特(Shavit)和布洛斯菲尔德(Blossfeld)发起了对多个国家(6个西欧国家、3个东欧国家、4个非欧洲国家)的比较研究,发现了一些共同规律:越是早期的升学决策,家庭背景导致的差异越大,随着教育阶段的提升,家庭背景的效应越小;除了少数转型国家外,各个教育阶段上家庭背景的效应稳定存在,并不随教育扩展而消失或缩小(除非某个升学阶段上,上层的升学率已经接近百分之百,天花板效应会迫使家庭背景效应变小)。[①] 这说明在这些国家中影响升学决策的主要因素保持着基本稳定。

关于教育配置差异的稳定存在,最为著名的论述来源于拉

---

① Shavit, Yossi, Hans-Peter Blossfeld, 1993, *Persistent Inequality: Changing Educational Attainment in Thirteen Countries.* Boulder: West View Press.

夫特里（Adrian E. Raftery）和豪特（Michael Hout）对爱尔兰的研究。他们将前述家庭背景效应稳定存在的现象称为"不平等最大化维持假定"，即"入学率不平等会保持稳定，直到不断增长的录取率迫使其改变"。拉夫特里和豪特用个体对成本和收益的理性算计来解释这种差异的稳定存在，也就是说，不同家庭背景者在教育机会成本和效用收益的判断上存在着稳定差异，因此做出了不同的升学决策（Raftery & Hout，1993）。这种解释暗示，影响各个阶段升学决策的最关键因素其实是劳动力市场，西方国家劳动力市场的稳定，使得在那些未饱和的教育阶段上，即使教育不断扩张，家庭背景的差异也会持续存在。

"不平等最大化假设"包括两个命题。第一个命题是（在群体间关系不发生根本改变的前提下），教育扩张使各群体上学概率增加，但是群体间的比率比仍然保持不变。在他们使用的logisitc模型下，模型参数估计独立于边缘分布。只要假定潜变量服从logistic分布函数（这一点由研究者使用的logistic回归方法确定），假定教育扩展前后两个群体的禀赋和资源差异保持稳定，群体间的比率比就一定保持不变。在此前提下，我们的比率比测量才能揭示出群体间禀赋与资源差距的变化。当然，在多数社会结构相对稳定的情况下，群体间禀赋与资源差距不会发生剧烈变动，因此测量出的教育获得的"相对优势"也会保持不变。这是一个西方较为静态的社会中进行教育扩张的必然结果。要得到这样的结果，只要社会保持稳定和惯性不变就可以了，并不需要优势阶层强加外力。因此，在大多数社会结构较为稳定的社会当中的测量结果，都会表明比率比是保持稳定的或者略有波动也是极为正常的，这本身就是这种测量方式成立的前提。① 第二个命题是，教育扩张到一定程度之后，如果上层的教育需求饱和，则此时群体间的比率比会下降。然

---

① 拉夫特里和豪特自己也明确认为"不平等最大维持"只是一个描述，而根本不是一个解释，因此在阐述完此假设后又加入了一个理论选择模型来进行解释。

而，这里的饱和是难进行经验界定的。拉夫特里和豪特也没能提出一个测量，说明如何证明"上层饱和"了，而只是模糊地说接近100%，然而"接近"仍然是一个含糊的词，并无严格的理论与经验界定。在实质研究中，这种含糊的说法很容易滑向这样一种陷阱：如果发现用比率比测量的不平等程度下降了，研究者就说优势阶层达到饱和了；如果没有下降，研究者就说没有饱和。饱和命题其实成了一个"同义反复"：饱和了不平等才会下降；不平等下降了才能说明饱和。在某种程度上，甚至"不平等最大维持"假说的第一个命题和第二个命题也构成了一个彼此支撑的循环论证：如果发现比率比没有下降，则应用第一个命题说明；如果发现比率比下降，则应用第二个命题说明。需要特别说明的是，比率比形式的教育差异稳定存在，并不需要优势阶层处心积虑地在各种条件下不断使其继续占优，有意地维持不平等的现状。这种比率比形式的教育差异稳定存在并不需要如此强的前提存在。只要社会结构稳定，群体关系不发生根本改观，各群体按照自身原有逻辑行事，那么无论教育本身如何扩展，社会群体间在教育上的相对差异（以比率比来测量）都会稳定存在。从比率比这种测量方式背后的模型来看，不变才是常态，是最可能发生的事情，是不需要解释的事情；变化才是异常，是需要解释的事情。

布林（Richard Breen）和戈德索普（John Goldthorpe）同样用个体的理性决策来解释教育获得差异的稳定存在。他们的解释核心是"相对风险厌恶"机制，即个体的首要目标和偏好是获得足够的教育以避免阶层向下流动。[①] 布林和戈德索普的模型建立在理性决策的前提下，即在进行教育决策时，孩子或者父母的行为是基于成本、收益、成功可能性的考虑而做出

---

① Breen, R. & Goldthorpe, J. H., 1997, "Explaining Educational Differentials: towards a Formal Rational Action Theory", *Rationality and Society* 9 (3).

的。他们提出了三种机制来解释教育获得上的地位差异。第一个机制是"相对的风险规避",即假设每个家庭都会竭尽全力以确保他们的孩子所能够获得的阶层地位至少不劣于他们的出身,也就是说他们力图避免向下的代际流动。在这种情况下,处于上层的子女将会有更强的动因去获得高等教育,或者说高等教育对他们而言有着相对更高的效用。第二个机制是"能力和成功预期的差异"。如果上层的平均能力水平高于下层阶级,同时他们能力的方差相等,那么在上层中能够达到某一标准的比例将会超过下层,这进而会影响他们各自对于教育的成功预期,上层对于教育的成功预期将会超过下层。第三个机制是"资源的差异",即阶层结构中占据不同地位的家庭,为其孩子的教育所能支付的资源是不同的。上层学生中达到资源要求的人数比例要高于下层。总体而言,布林和戈德索普特别强调的是"相对的风险规避"机制,后两个机制在他们看来似乎是不证自明的。布林和戈德索普要证明的是,虽然看起来不同阶层出身者有着不同的志向,上层的志向一般更高,但其实他们的志向背后有着一个共同的理性逻辑,即要获得不低于其父母地位的位置,也就是说,要全力避免向下流动。但是这样一种理性逻辑的结果却是,对于下层来说,避免向下流动的最好策略并不是获取向上流动的最好策略,进而在教育决策中相较于上层者往往会做出保守的选择。这样一种逻辑同样是理性的,但却不是那种经济效用最大化的理性,而是一种更为宽泛意义上的理性。在一个经济稳定性和安全感较差的环境中,这样的行为策略更容易为人们所接受。因此,布林和戈德索普最终的政策性结论是,要减少教育上的代际不平等,只靠教育规模的扩展和内部的改革是远远不够的,更重要的是要提升下层的经济安全感和稳定性,这样才能使不同阶层出身在选择上的差异逐渐减少。布林和戈德索普的解释重点其实是一种身份认同,身份认同机制的稳定使得教育获得差异稳定存在。

"不平等最大化维持"理论和"相对风险厌恶"理论的共

同特点，是利用个体理性选择机制来解释不同阶层群体教育获得差异的稳定性，由此来建立教育决策的行为模型。它们虽然内在逻辑有所差别，但都内在地含有一个隐喻：教育获得过程似乎就是不同的教育消费者在同一个教育市场上进行的购买决策，在"不平等最大化维持"理论中购买的是抽象的"主观边际效用"，在"相对风险厌恶"理论中则更具体化为"阶层地位"。不同阶层作为行动者，有着不同的社会经济资料，有着不同的主观期望判断和不同的生活风险预期，结果导致了稳定存在着的教育获得差异。

上述解释框架也被广泛应用到中国教育获得差异的研究当中。对于中国教育不平等的研究在2005年后迅速增多，原因一方面在于1999年开始的高校扩招此时引发了众多批评，如教育质量下降、毕业生就业困难、教育市场化趋向严重，另一方面市场化改革的深入也使得社会公众对于阶层差距问题格外关切，如贫富分化加剧、社会阶层定型化等。教育社会学者面对这种社会舆论，自然有责任用经验研究来表明，上述社会舆论是否有其现实基础，教育的阶层差异就此成为重要的研究切入口。因此，中国学者研究的特点是描述与分析教育获得差异的变动性，并将这种变动性与结构变动因素或政策因素联系起来，这与西方学者的研究旨趣有所不同。详加分析，就会发现中国学者的研究中隐含着与前述解释框架不同的因素。这些研究几乎都会力图发现与西方经验不同的导致教育获得差异的原因与机制。[①] 李春玲认为，执政党及政府的社会经济目标的重大调整，对中国的教育选拔机制产生了根本性的影响。1978年

---

① 李煜：《制度变迁与教育不平等的产生机制——中国城市子女的学历达成（1966—2003）》，《中国社会科学》2006年第6期。郝大海：《中国城市教育分层研究（1949—2003）》，《中国社会科学》2007年第6期。吴愈晓：《中国城乡居民的教育机会不平等及其演变（1978—2008）》，《中国社会科学》2013年第3期。李春玲：《教育不平等的年代变化趋势（1940—2010）：对城乡教育机会不平等的再考察》，《社会学研究》2014年第2期。

以来实施的教育改革主要可以概括为两个方面的转变。一个是大众化教育模式向精英化教育模式的转变，具体措施包括：逐步建立了一套系统的、严格的逐级升学考试制度；对学校进行重点和非重点的等级划分等。另一个是由计划体制向市场体制转变，导致了地区之间和不同家庭经济背景的学生之间教育机会分配的不平等。因此，在受教育机会的获取上，家庭的社会资本、文化资本的影响力明显上升。总体而言，1978年以来教育已经从一种促进社会经济均等化的手段转变为促进社会经济分化的机制。[①] 李煜提出了三种理想类型来描述家庭背景对子女教育获得的影响模式，一是文化再生产模式，即拥有较高文化教育背景的父母，其子女在教育机会上享有优势；二是资源转化模式，拥有较多社会经济资源的父母，其子女在教育机会上有优势；三是政策干预模式，出于政策考虑，采取照顾劣势群体的政策，因此下层阶级的子女受益。他认为，在"文化大革命"时期（1966—1976）是典型的政策干预模式；在改革初期（1977—1991），文化再生产模式占主导，而资源转化模式也开始起作用；在改革深化时期（1992—2003），资源转化和文化再生产模式并存，但资源转化模式的作用要比文化再生产模式的作用更明显。他的基本结论也是基于家庭背景的整体教育不平等程度在近30年来是逐渐增加的。[②]

刘精明曾将影响教育获得差异的因素区分为家庭的先赋条件和非家庭的先赋条件，而家庭的先赋条件又可分为内生性资源和外依性资源两种。家庭内生性资源，是指通过改变儿童自身的学习能力进而导致儿童的教育机会不平等的资源（如家庭文化资本与家庭结构）；家庭外依性资源，是指通过对儿童教育机会予以结构性配置进而导致教育不平等的资源（如家庭阶

---

① 李春玲：《社会政治变迁与教育机会不平等——阶层地位与制度要素对学历达成的影响（1940—2001）》，《中国社会科学》2003年第3期。
② 李煜：《制度变迁与教育不平等的产生机制——中国城市子女的学历达成（1966—2003）》，《中国社会科学》2006年第6期。

层地位及经济社会资源);而非家庭条件则表现为一种"纯粹的结构效应"。① 刘精明又将其概括为"产生教育不平等的三个既相互交织又截然不同的路径",② 即儿童的能力分化、不同阶层的"理性"选择差异、户籍城乡等结构性差异。上述研究中已经包括着与"不平等最大化维持假定"和"相对风险厌恶"有所不同的理论解释。

通过中国学者的各项研究结果,可以发现其实那些诸如家庭结构、文化资本等家庭资源因素对教育获得并没有太大影响,但是社会阶层等因素对教育获得的影响有所扩大,尤其值得注意的是,城乡、户口、贫困地区等非家庭资源对教育获得的影响是最具变动性的。很多研究表明,在诸多升学决策中,父母受教育年限或家庭阶层地位的影响并没有发生太多变动,但是城乡或户口变量的影响往往变化幅度较大,且在不同教育阶段表现模式有所不同(刘精明,2008;吴晓刚,2009;吴愈晓,2013)。刘精明(2008)认为,如果"某种因素是通过对儿童教育机会予以结构性配置从而导致教育不平等的话,那么这类不平等就容易受到改变这种配置方式的力量的制约,并发生增强或减弱的相应变化"。因此,虽然在各个教育阶段户籍差异的变化趋势尚无定论,但是在中国教育获得研究中,城乡或户籍差异无疑应当成为最重要的一个独立分析维度。目前已经有学者在"工业化理论""阶层再生产理论""文凭主义理论"的框架下,将户籍作为独立维度对教育获得进行了分析和探讨,③ 结果发现"导致农村子弟上大学难的症结是在初中升高中阶段,而非考入大学阶段。由初中升高中阶段的城乡升学

---

① 刘精明:《中国义务教育领域中的机会不平等及其变化》,《中国社会科学》2008 年第 5 期。
② 刘精明:《能力与出身:高等教育入学机会分配的机制分析》,《中国社会科学》2014 年第 8 期。
③ 李春玲:《教育不平等的年代变化趋势(1940—2010):对城乡教育机会不平等的再考察》,《社会学研究》2014 年第 2 期。

概率差距持续扩大，才是导致农村家庭子女上大学相对机会下降的源头"。王晓兵等人（Wang, et al., 2011）对四所大学（西安交通大学、四川大学、安徽大学、西北大学）的新生进行了调查，发现虽然上学成本确实提高了，但是所有通过了高考的学生，即使家里较为穷困，也总是能够找到办法来筹措学费和生活费用。农家子弟上大学真正的障碍并不是高考时的学业或者上大学时的学费，而是在这之前教育系统中每一个节点上的不利因素的累加，如基础教育的低质量、营养的不足、教学质量的低下、高中学费的障碍等。要解决这一问题，单纯去支持大学学费是不够的，而是要追溯到教育的早期源头，如学前教育和小学教育中去下大力气。本研究希望在此基础上有所深入和拓展。

在此处，我们特别要强调与国外的教育配置研究相比，中国研究需要特别关注教育体系的城乡分割与阶段划分。首先，如许多研究者已经详尽论述的，中国基础教育体系存在着城乡分割，这在改革开放之后不仅并未取消甚至在某些方面还有所加强。教育的城乡分割导致的教育配置差异，其来源不仅仅是父母或家庭因素的差异，而且包括国家或政府的资源导向和学校制度的机制安排。这尤其表现在不同户籍者的教育获得差异上。中国的教育扩展中，如义务教育"普九"和高校"扩招"过程，国家作为供给方起了至关重要的作用。我们有理由认为，教育供给者的导向和教育实施者的偏好变迁，可能使得教育获得的户籍差异在过去30年间有所变化，而不是完全稳定的。

其次，中国教育的阶段性划分也是极其明显的。小学与初中为义务教育阶段，高考升学导向使得高中成为特殊的另一个阶段。虽然其他国家也存在类似的阶段划分，但是中国的这种阶段划分具有更为深刻的社会意义。此外，教育体系的城乡分割与阶段划分之间又存在着互动关系：在不同的教育阶段，城乡教育体系分割的程度和形式是有所差别的。在小学和初中阶段，城乡学校体系基本上是分立的，农村户口的学生基本上在村校和乡镇中心学校接受教育，而非农户口的学生则在县城或城市学校接受教育。到了高中阶段之后，县域内的高中大部分是面向全县招生，这意味着农村户口者与城市户口者在高中阶段在学校上逐渐并轨。教育远远不是如西方理论所抽象的那样是统一的供需市场。国家教育政策，不仅仅是教育供给的量上进行扩招，而且还通过差异化供给与种种制度设置在质上改变着教育资源的配置结构。要描述和解释中国城乡教育获得的差异，应当正视中国教育体系的这种特殊之处。

要深化对于教育获得的户籍差异研究，首先需要利用多种数据对其在不同升学决策中的作用进行描述，在事实层面上取得共识。教育获得的户籍差异变动趋势，首先是一个描述问题，其次才是解释问题。在事实的描述尚未有定论前，获得合理的解释是很困难的。教育获得的主要研究工具——升学模型，主要是一种描述工具，其描述功能是第一位，这是迈尔本人所一直强调的。[①] 谢宇在对迈尔模型的评述中，也指出统计模型作为描述工具的重要性。[②] 因此，首要目标是对教育获得的户籍差异变动进行清晰的描述和呈现。由于在这之前梁晨等[③]使用大学生源比例来讨论教育获得问题，因此本书也试图推算大学生源比例，与之进行验证。

其次，在分析教育获得的户籍差异时，还应该关注升学模型的核心出发点。升学模型的核心要点在于，认为个体是通过一系列升学决策（如进入小学、小学毕业、升入初中，等等）来累积性地获得教育的，发生在某一时期的每个升学决策，是

[①] Mare Robert D., 2011, "Introduction to Symposium on Unmeasured Heterogeneity in School Transition Models". *Research in Social Stratification and Mobility* 29 (3).

[②] Xie, Y., 2011, "Values and Limitations of Statistical Models". *Research in Social Stratification and Mobility* 29 (3).

[③] 梁晨、张浩、李兰、阮丹青、康文林、李中清：《无声的革命：北京大学、苏州大学学生社会来源研究（1949—2002）》，生活·读书·新知三联书店 2013 年版。

受到当时的学校特征、劳动力市场、政治环境等因素影响的，因此需要描述和分析教育获得过程中的每个升学决策，而不能只关注其最终结果（如上学年数或受教育程度）。相比于以往对上学年数和受教育程度的分析，迈尔的升学模型的优点很明显，它能够揭示哪个升学决策中家庭背景导致的差异最大，能够更细致地将每个升学决策与特定时期的社会结构因素联系起来进行描述与分析。不同阶段的升学决策的影响因素是有差异的，受教育过程是由这一系列具有质的差异的阶段构成的，而不仅仅是量的累加。户籍在每一个升学决策中所包含的意蕴是有差别的。在教育决策中，户籍可能意味着家庭资源和公共教育资源分配的差异，也可能意味着不同的自我身份认定与发展期望，它同时还意味着一系列的制度约束和文化安排。虽然在不同阶段的升学决策定量分析中，"户籍"是以同样一个变量出现的，但可能它在其中包含的意蕴是不同的，所发挥的功能是不同的。户籍到底意味着什么，这取决于不同的教育阶段决策。有学者强调要去理解教育获得过程中"影响个人或家庭教育决策的微观机制"。[①] 就此而言，户籍既是一种宏观的结构性因素，但同时它又切实而微观地影响着每一个升学决策。理解了户籍的内在意蕴差异，可能有助于我们理解教育获得户籍差异的变化趋势。

最后，通过描述与分析教育获得的户籍差异，理解其变动过程，本书希望能够有助于理解教育不公平感的变化。教育获得研究的动因之一，是人们主观层面教育不平等感受的加强。主观层面的感受是否有客观基础和内在逻辑，还仅仅是对部分客观事实的扭曲与放大？在不同升学阶段，户籍差异的变动趋势是不同的，有的在缩小，有的在扩大。然而，与此同时民众的教育不公平感受却变得非常强烈。上述现象

---

① 吴愈晓：《中国城乡居民的教育机会不平等及其演变（1978—2008）》，《中国社会科学》2013 年第 3 期。

可能既无法用教育投资的成本—收益来解释,也无法用布林等人提出的"相对风险厌恶"来解释,甚至也不仅仅是"不平等的最大化维持"。如果不平等程度仅仅得到了"维持",那么为什么公众的不平等感受会加剧?本研究试图通过统计描述,推断教育获得的户籍差异不仅仅是在程度上得到了"维持",而且在性质上发生了"转变",这可能是教育不平等感受加剧的缘由之一。

第二节 不同阶段教育的扩展过程

中国教育扩展的成就令人瞩目。图 5-1 中是历届人口普查数据显示的 6 岁以上人口的受教育程度。[①] 我们可以看到人口教育结构的巨大变迁。在 1964 年时中国还有超过 60% 的人没有上过学,到了 20 世纪 80 年代这一比例就下降到 30% 以下;在 2000 年之后,基本在 10% 左右,略有下降。初中和高中的比例自 20 世纪 70 年代起就一直在稳步增加。大学人口比例的显著增长则是在 1990 年后,尤其是在 2000 年后大学人口比例的增长速度明显加快。

---

① 1953 年举行的第一次全国人口普查没有调查受教育程度。1964 年举行的第二次全国人口普查,每 10 万人中 416 人具有大学文化程度;1319 人具有高中文化程度;4680 人具有初中文化程度;28330 人具有小学文化程度。1982 年举行的第三次全国人口普查,每 10 万人中 599 人具有大学文化程度;6622 人具有高中文化程度;17758 人具有初中文化程度;35377 人具有小学文化程度。1990 年举行的第四次全国人口普查,每 10 万人中 1422 人具有大学文化程度;8039 人具有高中文化程度;23344 人具有初中文化程度;37057 人具有小学文化程度。2000 年举行的第五次全国人口普查,每 10 万人中 3611 人具有大学文化程度;11146 人具有高中文化程度;33961 人具有初中文化程度;35701 人具有小学文化程度。2010 年举行的第六次全国人口普查,每 10 万人中 8930 人具有大学文化程度;14032 人具有高中文化程度;38788 人具有初中文化程度;26779 人具有小学文化程度。

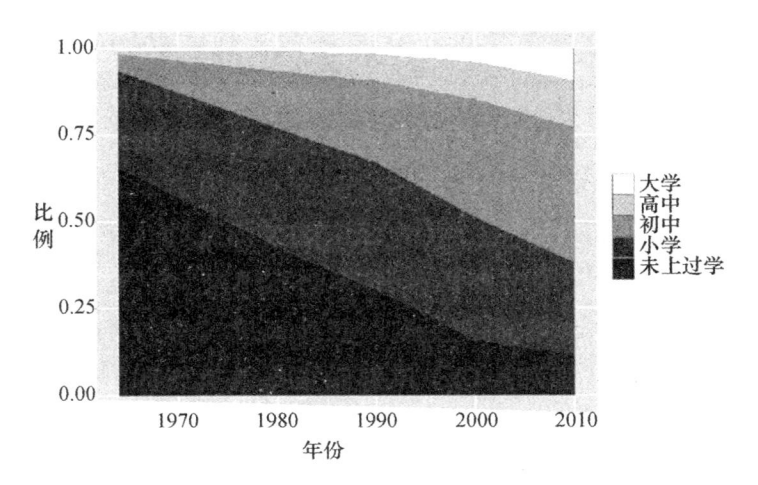

第五章　教育获得差异的机制变迁　　　　117

图 5-1　人口教育结构的变化（普查数据）

数据来源：历次全国人口普查公报。以上各种受教育程度的人包括各类学校的毕业生、肄业生和在校生。

教育扩展不只是一个量的扩展过程，它也使得社会在教育层次上的异质性增强。① 在教育未扩展前，大多数社会成员都没有接受过教育或者只接受过很少教育。教育是少数文化精英分子的垄断物，它承担着重要的政治功能和文化功能，但是在非精英分子的社会生活中并不具有重要区分性。在教育扩展过程之后，多数成员都接受了一定程度的教育，在是否接受过教育上，同质性是增强了；但是另外，大众的教育层次上却开始出现了区分性，它的社会功能日益增强了，大众在教育层次上的异质性增强了。从图5-1中同样可以看出伴随着教育扩展而来的教育层次异质性的增强。在 1964 年，90% 的人口是小学或以下文化程度，因此人口主体在教育程度方面是相对同质的。到了 20 世纪 80 年代，教育结构的主体变成了未上过学

---

① Fischer, Claude S. & Hout, Michael, 2008, *Century of Difference: How America Changed in the Last One Hundred Years*, New York: Russell Sage Foundation.

者、小学文化程度者和初中文化程度者，异质化加大了。异质性增强的趋势延续到了20世纪90年代。到了2000年之后，未上过学者仍然占到10%左右，小学文化程度者占到27%，初中文化程度者占到39%，高中文化程度者占到14%，大学文化程度者占到9%。可以说，每种文化程度者都占到一定比重，教育程度上的异质性达到了非常高的水平。如果教育程度是决定个体社会态度、生活机会、生活方式的重要因素，那么教育程度上的异质性必然也会带来个体社会态度、生活机会、生活方式的异质性和多样性。以往人们论述社会异质性和多元性时，多会从经济社会结构变迁等外生因素来考虑问题，但教育作为一种既受经济社会结构制约，同时也反过来对经济社会结构产生重要影响的内生因素，它的异质性与整体社会生活异质性也存在着密切的关系。

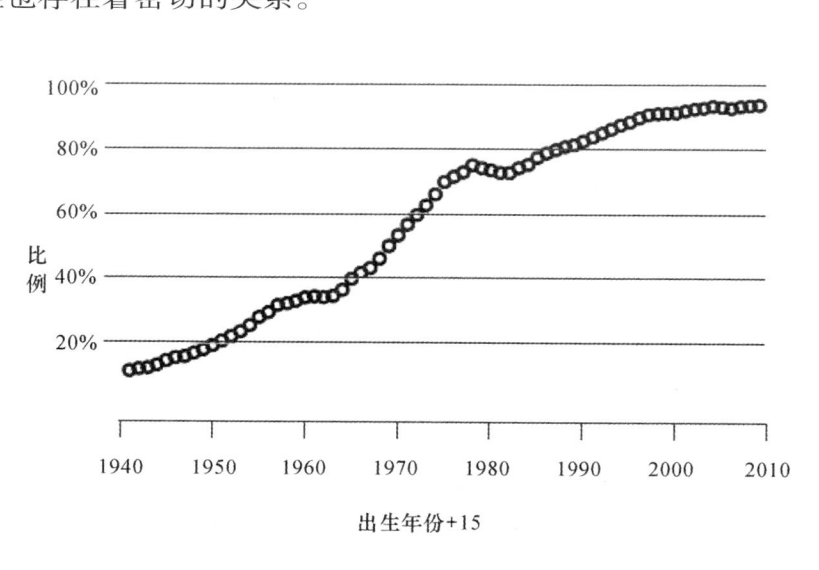

图 5-2　初中教育的普及

数据来源：国家统计局，《中国2010年人口普查资料》表4-1。

图 5-2 是我们根据2010年全国人口普查数据绘制的，描述了不同年龄人口中教育程度为初中以上的比例。图 5-2 的

横坐标需要加以一些说明：我们先根据其年龄估算出其出生年份，然后再加上15，以更直接地显示个体应当接受初中教育时的年代。某一年龄组初中教育接受率的计算方法是，该年龄组初中及以上教育程度者除以该年龄组的总人口。此外，这里的受教育程度包括了辍学、肄业等多种情况，也就是说，只要上过初中者都算接受过初中教育，无论其毕业与否。因此，如果严格地按照初中毕业来算，相应的数据会比图5-2中显示的更低一些。2010年人口普查表中涉及具体的学业完成情况（包括在校、毕业、辍学、肄业等），通过计算我们发现不同年龄段中的初中毕业率变化不大，因此对此问题可以暂时忽略。我们只计算了2010年时年龄为16岁及以上者的初中教育获得情况，因为16岁以下者很可能还没有进行初中升学决策。

我们发现，初中教育的基本趋势是在不断扩张的。这种扩张趋势可能早在民国初年就开始出现，一直以基本稳定的态势发展。这种基本趋势基本上不因政治形势或经济波动而有重大变化。即使在20世纪60—80年代，虽然政治历经数次动荡，虽然知识分子被打成了"臭老九"，虽然教育在社会晋升的阶梯上可能也不是主要因素，但是这却并没有影响初中教育的扩张，甚至成为初中教育扩张速度最快的时期。从1941年到1960年，接受初中教育的比例从11.75%上升到34.22%，上升了23个百分点；从1961年到1980年，接受初中教育的比例从34.56%上升到73.41%，上升了39个百分点；从1981年到2000年，接受初中教育的比例从72.61%上升到91.22%，上升了19个百分点；从2001年到2009年，接受初中教育的比例从91.82%上升到93.65%，只上升了不到2个百分点。可以看出，接受初中教育的比例在超过90%以后，进一步扩张的速度明显降低了。

5-2中可以看出的停滞期只有短暂的两次：一是1960年前后，这可能与当时严峻的经济形势下进行的一系列调整措施有关；二是1980年前后，这与当时教育政策的调整有关。20

世纪 80 年代初中教育的停滞很容易被归咎于农村的新责任制和非集体化使得农民家庭宁愿让子女工作也不去上学。虽然不能排除这种可能，但初中教育规模的停滞甚至缩减与"文化大革命"之后拨乱反正过程中教育政策的重大调整关系更大。新政策更加强调教育的质量，许多中学被关闭。"新政策于1978—1979 学年开始实行，仅 1980 年一年里，就造成 2 万多所中学关闭，到 1982 年，整个中学招生名额减少了 2000 万人……初中一年级的入学人数从 1979 年的 1770 万人减少到 1981 年的 1410 万人。总的中学入学人数从 1979 年的 4610 万人减到 1982 年的 3880 万人"。① 在这一过程中，大量的队办小学和公社兴办的中学被裁减。根据苏珊娜·佩珀的观察，当时农民不仅没有强烈的辍学意愿，相反对于学校的减少表达了不满情绪。

初中教育的扩张基本上保持了稳定的发展速度，只有两个短暂的停滞期。我们由此猜测，教育扩张的主因并不是个体的教育需求，而是国家的教育供给。② 如果教育扩张的主因是个体的教育需求，那么这种需求一定会随着政治生态和经济形势的变动而有明显波动。但事实并非如此，甚至在政治生态最不

---

① 苏珊娜·佩珀：《新秩序的教育》，载麦克法夸尔、费正清编，《剑桥中华人民共和国史》，中国社会科学出版社 1990 年版，第 581—582 页。

② 费希尔和豪特指出，美国教育扩展不是由于学生的需求，而是来自公共机构政府供给的扩大及其要求。美国在 1940—1980 年，私人大学的招生数增长只略高于可行人选人口增长；但公立大学的招生数增长极其快速。(Fischer, Claude S. & Hout, Michael, *Century of Difference*: *How America Changed in the Last One Hundred Years*, New York: Russell Sage Foundation) 在美国，高中毕业比例迅速上升，原因即在于地方政府积极地兴建高中并且花力气保证入学率，其动机一方面力图驯化管教年轻人（特别是移民子女），另一方面力图训练出有学习能力的合格工人来适合变迁的经济环境。(Fischer, Claude S. & Hout, Michael, *Century of Difference*: *How America Changed in the Last one Hundred Years*, New York: Russell Sage Foundation) 教育扩张的动力并不主要来自学生或者家长的教育自发需求，而是与国家在某一特定发展时期的战略有着密切相关。郑也夫指出，教育扩张并不是社会需求拉动的，而是与大学机构和政府战略以及意识形态有着密切关系（郑也夫，2014）。

利于教育价值实现的20世纪60—80年代，初中教育的扩张速度是最快的，实现了从40%左右到80%左右的关键扩张期。这种扩张也不因经济波动而有波动，至少在图5-2中我们看不到经济周期的明显痕迹。教育扩张背后最核心的原因在于国家的教育战略以及深入人心的教育意识形态，这些更为深层的东西，是不会因为政治生态和经济形势的一时变动而变动的。

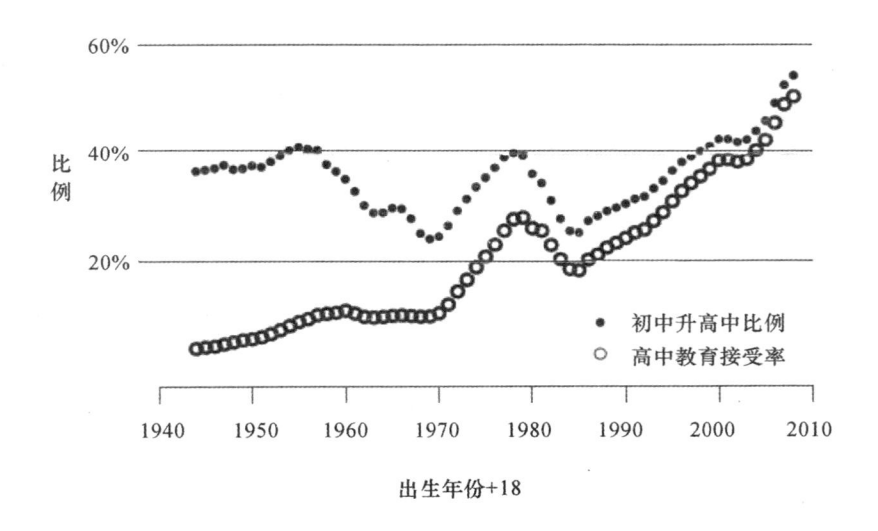

图5-3 高中教育的扩展

数据来源：国家统计局，《中国2010年人口普查资料》表4-1。

图5-3则显示了高中教育的扩展情况。横坐标是我们估算的出生年份再加上18，以更直接地显示个体应当接受高中教育时的年代。我们显示了两种指标，一个是初中升高中比例，算法是人口普查资料中某一年龄组高中及以上受教育程度人数除以该年龄组的初中及以上教育程度人数；另一个指标是高中教育的总接受率，算法是人口普查资料中某一年龄组高中及以上受教育程度人数除以该年龄组的总人数。我们只计算了2010年时年龄为20岁及以上者的高中教育获得情况，因为16岁以下者很有可能还没有进行高中升学决策。

从图 5-3 中可以看到，高中教育的接受率经历了三个不同的发展阶段。在 1970 年之前，高中教育接受率增长缓慢甚至很长时间内停滞不前，在 10% 左右徘徊。从 20 世纪 70 年代到 80 年代初期，高中教育接受率的发展经历了一个倒 U 形波浪，先是迅速上升到 27.99%，然后又迅速从下滑到 18.55%。这样的发展过程与当时国家教育政策是有密切关系的。80 年代初期之后，高中教育接受率开始稳步上升，从 1985 年的 18.55% 上升到 2000 年的 38.80%。到了 2008 年，高中教育接受率已经达到 50.70%。在这一时期，高中教育的扩展是超过了初中教育规模扩展速度的。

初中升高中比例也呈现出相同的趋势。在 1970 年之前，初中升高中比例大幅下降，从 1955 年的 41.27% 下降为 1970 年的 24.86%。这一时期高中教育整体是停滞的，大大落后于同一时期初中阶段的规模扩张速度。有更多的人进入初中教育，但他们多数在初中教育完成后即中止学业，并没有继续升入高中教育。20 世纪 70 年代到 80 年代中期，初中升高中比例迅速上升到 40.13% 之后又陡然跌落到 25.57%。这一时期由于教育政策的原因，不仅初中教育规模在下降，而且高中教育规模缩减的程度远远超过了初中教育规模的缩减。从 80 年代中期之后，初中升高中比例稳步上升，从 25.57% 上升到了 54.54%。与初中教育相比，高中教育获得的扩展轨迹明显波动更大。国家战略与宏观意识形态决定了其扩展的总体趋势；具体情境下的政策选择和导向决定了这一轨迹的波动与变化。

图 5-4 显示了大学教育的扩展，其数据资料与作图方法跟图 5-2、图 5-3 基本相同，不再赘述。从图中可以看出，大学教育的扩展以 1980 年为界，基本可以分为两个阶段。在 1980 年之前，高中升大学比例基本上是不断停滞甚至下降的。总体上来说，从 1960 年到 1980 年，高中升大学的比例从 40% 下降到了 20% 左右。从 1980 年开始，高中升大学比例出现了 V 字形反转，到 1990 年已经恢复到了 40% 的水平，在 20 世纪

90年代继续提升。1999年高等教育扩招之后，高中升大学比例迅速提高，但到2005年左右又有所调整，到2010年，这一比例达到60%。在此意义上说，1999年的扩张并不是突然到来的，而是早有铺垫和序曲，1999年的扩张只是某一进程发育成熟之后的跃升。如果从长时段来看，1999年之后大学扩招的影响也许被夸大了。教育扩张的结构性动因主导了其长期趋势，短期政策的影响只是影响其短期的波动。①

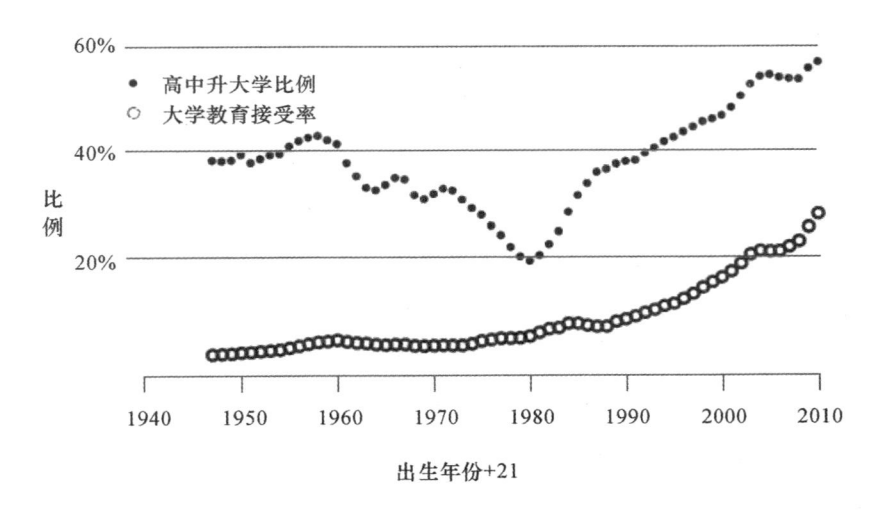

图 5-4 大学教育的扩展

数据来源：国家统计局，《中国2010年人口普查资料》表4-1。

接受大学教育的总比例也以1980年为界，分为两个阶段。在1980年之前，接受大学教育的总比例几乎没有变化，一直在3%—5%浮动，1980年接受大学教育的比例达到了

---

① 1999年后扩张的影响，除了高中升大学比例的提升外，更直接的后果是普通高校数量的迅速增加。后一方面的改变比前一方面还要剧烈。1985年后中国的普通高校数量基本保持在1000所左右，到了2000年后迅速增加，到2007年已经接近2000所，到2012年为2442所。

5%。1980年之后，随着高中升大学比例的提升，接受大学教育的总比例也一路攀升，1990年达到8%，2000年这一比例达到16%，2010年大学教育接受率已经达到28%，这已经接近于发达国家水平。① 大学教育的扩张与中学教育的扩张并不同步。

第三节　教育获得差异的不同测度

教育总量的扩展未必意味着教育机会的获取更为公平。后一个问题属于教育获得研究的范畴，是社会分层流动领域的经典主题。教育获得研究起始于20世纪60年代至80年代逐渐成熟。早期的代表人物包括邓肯（Beverly Duncan）和布东（Raymond Boudon），前者使用线性模型分析了美国社会中家庭背景对于教育获得的影响，后者利用模拟数据分析了阶级流动中教育的作用（Duncan, 1967; Boudon, 1973）。这些早期研究提出了重要的问题，探索了基本的描述和分析工具。豪泽（Robert M. Hauser）和费瑟曼（David L. Featherman）用不同出生组（cohort）的比较来刻画家庭背景对教育获得影响的变化趋势。② 在此基础上，迈尔（Robert Mare）提出了升学模型（school transition models），为以后的教育获得研究提供了基本的分析范式。③

迈尔指出，教育的不平等有两个层面的问题：一是分布

---

① 美国大学毕业生的比例在20世纪70年代达到30%左右后即一直保持浮动，没有太大变化，虽然大学教育回报本身在增加。（Fischer, Claude S. & Hout, Michael, 2008 Century of Difference: How America Changed in the Last One Hundred Years, New York: Russell Sage Foundation.）根据UNESCO的在线数据库，2000年全球范围内接受高等教育的比例占相应年龄组的20%左右。

② Blau, P. M., 1977, *Inequality and Heterogeneity*, New York: Free Press.

③ Mare, Robert D., 1980, "Social Background and School Continuation Decisions". *Journal of the American Statistical Association* 75 (370).

(distribution)；二是配置（allocation）。① 比如说，情况 A 下 50% 的人只能念到初中，50% 的人可以念到高中；情况 B 下 10% 的人只能念到初中，90% 的人念到高中，哪一种情况更平等？当然是情况 B，这里的平等是指分布上的平等。但同样是 50% 的人念到初中，50% 的人念到高中，情况 X 下可以念到高中的人都是富人，而只能念到初中的人都是穷人；而情况 Y 下可以念到高中的人一半是富人一半是穷人，只能念到初中的人也是一半是富人一半是穷人。那么哪一种情况更平等？一般人会认为是情况 Y，这里的平等是指分配上的平等。这是两个有区别的概念，前者指的是教育分布的异质性程度，后者指的是个体分配到分布位置上的原则。迈尔认为 20 世纪以来，美国发生的就是在分布上越来越平等的同时，分配上的不平等持续存在。具体而言，美国 20 世纪以来人均受教育水平已经大幅增加，教育程度的分布越来越集中，同时在种族、地区间的差异也日渐缩小，但是不同社会经济背景间的差异却并没有呈现出缩小的趋势。

教育"分布"（distribution）的不平等视角视教育为一种权利或福利，某种教育只有少数人获得，而非多数人获得，就是不平等。测量方式可以用某一时期某种教育在相应人群中的比例 p_{jt}（其中的下标 j 代表某种教育类型，t 代表某一时期）来表示。p_{jt} 越高，则代表教育越平等。这种视角并不考虑人的多样性（diversity），而是将人视为同质的潜在受教育者。另一种对于教育分布的测量方式可以用教育年数的基尼系数来表示。

教育"配置"（allocation）的不平等视角视教育为一种资源，教育过程是具有多样性和差异性的人群利用自己的先天禀赋或后天资源获取资源的一个过程。如果不同人群获取教育资

---

① Mare, Robert D., 1981. "Change and Stability in Educational Stratification", *American Sociological Review* 46（1）.

源的先天禀赋或后天资源差距加大了，无论教育规模有多大（无论前一种"分布"情况如何），我们都认为其教育配置的趋向是不平等的。

麦尔用比率比来测量"配置"不平等，从数理上说明了这一测量的优越性在于不受边缘分布影响，即不受前一种分布不平等的影响。为了简化分析，我们假定只有两个群体：群体 1 和群体 2。他们在教育上的先天禀赋或后天资源的累积分布服从不同的 logistic 分布函数：$1/(1+e^{-r})$ 和 $1/(1+e^{-r+D})$，其中 $D>0$。这里的含义在于，每个群体内部的先天禀赋或后天资源均存在差距，极优势者和极劣势者皆是少数，多数集中于平均水平；但是两个群体的先天禀赋或后天资源是有差距的，这种差距体现为函数中的 D 参数。$D>0$ 的条件下，群体 2 优于群体 1。这种差距如何进行测量呢？假如教育资源会根据个体的先天禀赋或后天资源来进行配置，如大于 C 者可以进入某教育层级当中，则群体 1 上大学的概率 P 为 $1/(e^{C}+1)$，比率为 $P/(1-P)=e^{-C}$；群体 2 上大学的比率为 $P/(1-P)=e^{-C+D}$，由此群体 2 和群体 1 上大学的比率比为 e^{D}。因此，我们完全可以通过测量两个群体上大学的比率比来估计出参数 D。

在此模型前提下，比率比参数 D 有如下重要的特性：①如果不同人群获取教育资源的先天禀赋或后天资源差距加大了，那么测量出来的两个群体的比率比就会加大；②如果不同人群获取教育资源的先天禀赋或后天资源差距没有变动，只是教育规模扩大了，或者群体规模扩大了，那么测量出来的两个群体的比率比就不会变动。在前述例子中，假如教育规模扩大，这意味着上大学的标准降低，从 C 变到 $C-\Delta C$。此时两个群体的先天禀赋或后天资源水平不变，则群体 1 上大学的比率为 $P/(1-P)=e-(c-\Delta C)$，群体 2 上大学的比率为 $P/(1-P)=e-(c-\Delta C)+C$。两者的比率比仍然为 e^{D}。

因此，比率比就成了这种视角下最主要的测量工具。在多个群体、多个变量进行比较时，研究者通常会使用 logistic 回归来测量和估计不同群体间的比率比。logistic 回归可以用潜变量的方式进行理解。① 我们可以将潜变量理解为个体的先天禀赋与后天资源 u，如果 c 代表上大学的标准，则有 u>c，则因变量为 1，上大学；如果 u<c，则因变量为 0，即上不了大学。迈尔提出的升学模型实际是对不同升学决策进行的 logit 回归，模型参数估计独立于边缘分布，因此其系数刻画的教育获得差异具有比率比意义，不受教育规模扩张的影响。这种方式的巧妙之处在于通过模型假定与统计工具我们可以从配置结果中测量出背后的机制性力量。这是一种极其巧妙的揭示方法。它试图将教育规模因素排除出去，而去揭示背后各个群体或阶层在教育方面的先天禀赋、后天资源、教育偏好等方面的差异和变动。采用"比率比"测量方法的大多是社会学者。② 这固然与不同学科在研究方法上的"路径依赖"有关，但更重要的原因在于社会学者"通过教育看社会"的关切点。他们希望通过"教育"这面镜子，过滤掉教育规模扩张带来的影响之后，看出社会群体彼此关系的变迁。

除了上述两种视角和测量方式，现实研究中还存在着第三

---

① 鲍威斯、谢宇：《分类数据分析的统计方法》，任强等译，社会科学文献出版社 2009 年版。

② Mare, Robert D., 1980, "Social Background and School Continuation Decisions". *Journal of the American Statistical Association* 75 (370). Mare Robert D., 1981. "Change and Stability in Educational Stratification", *American Sociological Review* 46 (1). Raftery, Adrian E., Michael Hout, 1993, "Maximally maintained inequality: Expansion, reform, and opportunity in Irish education, 1921–75". *Sociology of Education* 66 (1). 李煜：《制度变迁与教育不平等的产生机制——中国城市子女的学历达成（1966—2003）》，《中国社会科学》2006 年第 6 期。郝大海：《中国城市教育分层研究（1949—2003）》，《中国社会科学》2007 年第 6 期。刘精明：《高等教育扩展与入学机会差异（1978—2003）》，《社会》2006 年第 3 期。李春玲：《高等教育扩大与教育机会不平等——大学扩招的平等化效应的考察》，《社会学研究》2010 年第 3 期。吴晓刚：《1990—2000 年中国的经济转型，学校扩招和教育不平等》，《社会》2009 年第 5 期。吴愈晓：《中国城乡居民的教育机会不平等及其演变（1978—2008）》，《中国社会科学》2013 年第 3 期。

种视角和测量方式，我们称其为教育"构成"（composition）的不平等。这种视角视教育由不同生源构成的整体，如果优势群体在其中的生源构成比例上升了，那么无论教育规模如何变动，无论比率比如何变动，教育都是趋向不平等的；如果没有变动，那么就是保持稳定的；如果下降，则是趋向平等的。相应的测量方法就是大学不同生源所占比例或辈出率（杨东平，2012；梁晨等，2013）。

采用教育"构成"不平等视角的大多是教育学者或历史学者，他们的关切重点是教育本身的"生源多样性"或"生源构成"。在某些使用"大学不同生源所占比例或辈出率"测量方法的研究文献中，这种对"生源多样性"的关切表达得比较明显（梁晨等，2013）；有些虽然对"生源多样性"的关切并不明显，但教育本位的立场明显有异于使用"比率比"测量的学者。这种对于"生源多样性"的关切是极其重要的。生源多样性是否能够保证教育本身的多样性呢？如郑也夫所提示的，在某种社会安排与教育安排下，可能来自不同家庭出身的学生在性情与兴趣上趋向单一化（郑也夫，2014）。默顿的"参照群体"理论也提示我们，个体完全可能在价值取向上选择"非隶属群体"作为自己标杆式的"参照群体"（默顿，2006）。有关"生源多样性"与"教育质量"及其社会后果的研究，目前仍然不多。

这种测量方法与前两种测量方式是什么关系呢？如果前述模型成立，则两个在教育上的先天禀赋或后天资源的累积分布服从不同的 logistic 分布函数：$1/(1+e^{-r})$ 和 $1/(1+e^{-r+d})$。教育资源根据个体的先天禀赋或后天资源来进行配置，如大于 C 者可以进入某教育层级当中，群体 1 和群体 2 的人口规模分别为 N_1 和 N_2。那么群体 1 上大学的人数为 $N_1/(e^C+1)$，群体 2 上大学的人数为 $N_2/(e^{C-d}+1)$，群体 2 所占比例与群体 1 所占比例之比为：

$$\frac{N_2\left(e^C+1\right)}{N_1\left(e^{C-D}+1\right)}$$

可以看出，两个群体在大学中比例差异取决于以下三个因素：①两个群体的人口规模分别为 N_1 和 N_2；②两个群体的先天禀赋或后天资源差异 D；③进入某教育层级的门槛高度 C。因此，两个群体在大学中比例是上述三个因素的综合结果，两个群体在大学中比例变动，可能是上述三个因素之一发生变动，而不能简单地一定归因于其中之一。

除此之外，我们还可以看出，如果两个群体在先天禀赋或后天资源上的差异不变，群体规模比例不变，但教育门槛 C 降低（教育规模出现扩张），那么原本处于优势的群体在大学中的生源比例就一定会降低（两个群体在先天禀赋或后天资源上的差异越大，原本处于优势的群体的比例下降幅度越大）。反之，如果群体规模比例不变，在教育规模出现扩张的过程中，原本处于优势的群体在大学中的生源比例没有出现下降而是保持不变，那么这恰恰证明了两个群体在先天禀赋或后天资源上的差异在扩大。

教育获得的基尼系数、比率比、生源比例，哪一种测量方式是更合理的？对此并无绝对正确的答案，测量方式合理与否要取决于其测量目标。孰是孰非，并不是一个数理问题，而是涉及测量者关切的理论问题。每一个测量行为在背后都有隐含着的关切和因果关系的考量，而不仅仅是单纯的测量行为。对于教育不平等问题的测量同样如此，并不存在最优或最正确的模型或测量。不同的测量隐含着不同的不平等概念和理解，每个人的测量与模型都应该吻合自己对于平等理念的理解。另外，我们应该清晰地认识到不同理解之间和差异，以及与测量方式之间的对应关系。如果学者在概念理解和关切上的差异被某些过于宏大的词汇（如"不平等"）所掩盖和模糊，不进行清晰表述和辨识，而是根据各自不同的技术策略和测量结果进行争论，那么就可能出现形形色色的误解，甚至对同一种客观情况，不同角度、不同测量方式给出的判断可能完全不同。明白了这一点，方能避免许多无谓的争论。例如，如果手头的资料和数据是"大学生生源比例"，那么用来说明教育"构成"结构的变动就是十分合适的，但是用来说明教育"配置"结构的变动时就需要多加小心了。因为，如前所述，优势群体在大学中的生源比例下降，并不能证明其在"配置"中的资源禀赋降低了，而是教育规模扩大的正常现象；反之，优势群体在大学中的生源比例保持不变，在教育规模扩大的背景下，恰恰是其在"配置"中的资源禀赋增加的有力证据。下面我们还会结合具体数据回到这个问题的讨论上来。

第四节　不同教育阶段户籍差异的变化趋势

以下分析主要基于"中国家庭动态跟踪调查"2010年成人问卷的全国再抽样数据。中国家庭动态跟踪调查（以下简称CFPS）是一项全国性的综合社会跟踪调查项目，旨在通过跟踪收集个体、家庭、社区三个层次的数据，反映中国社会、经济、人口、教育和健康的变迁，为学术研究和公共政策分析提供数据基础。[①]

CFPS2010年成人问卷的全国再抽样数据样本共有21752人。我们只选取了1965—1992年出生人群进行分析，因为他们的教育经历主要是在改革开放之后，数据中这一人群共有10398人。根据其出生年份，再将其分为六组：1965—1969年出生组；1970—1974年出生组；1975—1979年出生组；1980—1984年出生组；1985—1989年出生组；1990—1992年出生组。通过对不同出生组升学率的考察，可以刻画出教育获得中户籍差异的演变

---

① 关于CFPS调查的设计理念、抽样方案、实施过程等，请参看谢宇、胡婧炜、张春泥《中国家庭追踪调查：理念与实践》，《社会》2014年第2期。

趋势。

为了反映其在受教育时的户籍状况，我们对于户籍的测量是被访者12岁的户口类别（农业户口/非农户口）。被访者在调查时的户口与其12岁的户口并不完全一致。① 数据中提供了被访者非常详尽的教育史数据，如是否上过小学、是否小学毕业等。我们据此计算出了每个出生组中分城乡的进入小学的比例、小学毕业的比例、小学毕业生中进入初中的比例、进入初中者中初中毕业的比例、初中毕业者中进入高中的比例、进入高中者中高中毕业的比例、高中毕业者中进入大学的比例。②

图5-5用比较直观的形式显示了计算结果，其中实线表示非农户口者在该教育阶段的升学率或毕业率的变动趋势，虚线表示农业户口者的相应趋势。由于1990—1992年出生组在调查时可能还没有完成高中教育，因此图5-5中的"高中毕业"和"升入大学"阶段中不包括1990—1992年出生组。

---

① 被访者12岁的户口类别与其现在户口类别之间差异很大。CFPS2010年成人问卷全国再抽样数据的1965—1992年出生人群中，12岁时为农业户口现在仍为农业户口的有7454人（占72%），12岁时为非农户口现在仍为非农户口的有1668人（占16%），12岁时为农业户口现在转为非农户口的有1175人（占11%），12岁时为非农户口现在转为农业户口的有28人（占0.27%）。

② 计算过程中不包括成人教育和网络教育的情况。进入小学只计算"普通小学"，"成人小学"和"扫盲班"不计入；进入初中只计算"普通初中"和"职业初中"，"成人初中"不计入；进入高中只计算"普通高中"、"普通中专"、"职业高中"和"技工学校"，"成人高中"和"成人中专"不计入；进入大学只计算"普通本科"和"普通专科"，"成人本科"、"网络本科"、"成人专科"和"网络专科"不计入。此外，数据中有部分个体没有上过小学但上过初中，或未获得小学毕业证书但上过初中，对于此类被访者皆修正为"进入小学"；在初中升高中和高中升大学阶段，也与类似情况，都作同样处理。对于正在上学者，其"已完成的最高学历"往往并不是其正在经历的"最高教育等级"，因此又根据其正在上学的阶段对于前述学业经历进行再次修正。

```
              ——— 非农户口
              ······ 农业户口
```

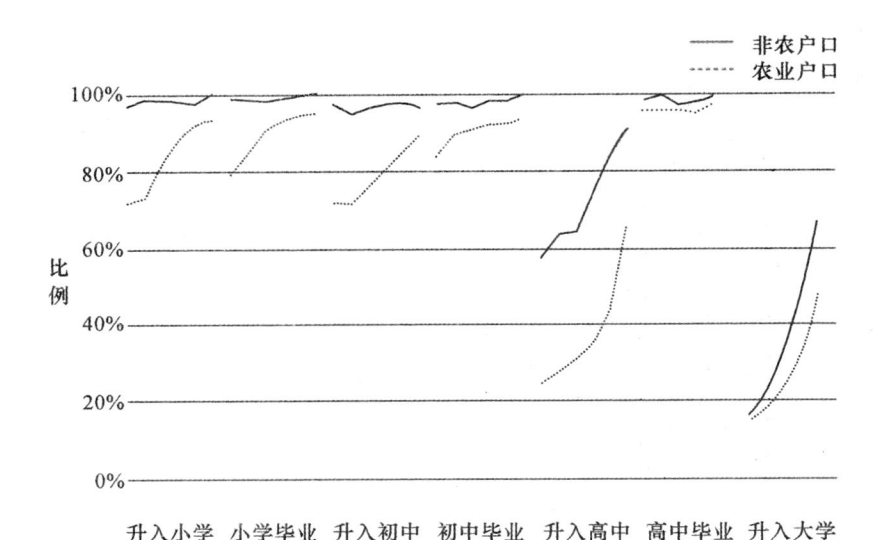

图 5-5 各个教育阶段上户口差异的变动情况

一 义务教育阶段户口差异在缩小

非农户口者的小学入学率、小学毕业率、初中入学率、初中毕业率在1965—1969年出生组中就都已经接近100%了，因此在随后的年份中也几乎没有变化。但是，农业户口者的小学入学率和初中入学率在1965—1969年出生组中都仅有72%，小学毕业率仅有79%，初中毕业率也仅有84%。经过30年的发展，农业户口者的入学率和毕业率都迅速提高了。到了1990—1992年出生组时，小学入学率上的户口差异从最初的25个百分点缩小到7个百分点；在小学毕业率上，户口差异从20个百分点缩小到5个百分点；在升入初中的比例上，户口差异从25个百分点缩小到6个百分点；在初中毕业率上，户口差异从14个百分点缩小到6个百分点。但是，在农村户口者的小学毕业率和初中毕业率上，后期的提升速度明显放缓。这说明，农村地区义务教育普及的任务仍然非常艰巨。此外，虽

第五章 教育获得差异的机制变迁

然农村户口者的小学入学率、小学升学率、小学毕业率、初中毕业率均有大幅度提升,但是 4 个阶段累积起来看,即使是在 1990—1992 年出生组中,能够成功初中毕业的总比例仍然只有 74%。义务教育阶段的户口差异虽然已经有所缩小,但仍然不容忽视。

二 初中升高中阶段户口差异一直很大

在初中升入高中阶段,户口差异一直都是最大的。在 1965—1969 年出生组中,非农户口者升入高中的比例为 58%,农业户口者升入高中的比例为 25%,户口差异为 33 个百分点。在随后的 20 年间,非农户口者和农业户口者升入高中的比例都大幅提升,表现在图 5-5 中,相应的折线非常陡峭。到了 1985—1989 年出生组时,非农户口者升入高中的比例已经达到 84%,农业户口者升入高中的比例提高到 44%。[①] 但与此同时,这一阶段的户口差异并未缩小,甚至有所拉大:从最初的 33 个百分点增加到 40 个百分点。只有在 1990—1992 年出生组时,农业户口者升入高中的比例才迅速提升到 64%,此时非农户口者升入高中比例提升到 91%,两者的比例差距才缩小到 27 个百分点。为什么与前几个教育阶段相比,初中升入高中的比例会出现如此大的落差?为什么城乡差异会突出地表现在初中升高中这一阶段?这是因为教育过程的一系列节点上,初中之后的选择具有特殊性:它不只是一个是否接受更进一步的人力资本培养的决策,而且是对于自身身份的确认,是对于未来身份和生活道路的确立。

三 无论城乡,高中毕业率一直很高

高中毕业率上的户口差异一直非常小。无论城乡,早在义

---

① 1985—1989 年出生组初中毕业的年份大致是在 2000—2004 年。《中国教育统计年鉴》中显示,2000 年初中升高级中学的比例为 51.2%,2005 年这一比例为 63.8%。我们的估计值略低于《中国教育统计年鉴》显示的数据。

务教育尚未普及的时期，高中阶段的毕业率就非常高了：即使是1965—1969年出生组中的农村户口者，只要进入高中阶段，其毕业率就已经达到了96%。这和义务教育阶段农村户籍者的高辍学率形成了鲜明对比。这反映了高中阶段的特殊性：它是通向高等教育的桥梁。人们只要上了高中，无论如何都会坚持到高等教育的入口，以便等待筛选。高中成了"大学预科"，这是一种特殊的国情。人们只要上了高中，就一定要坚持上完，不会轻易放弃。如果估计自己很难进入高等教育，那么他们也就不会进入高中教育当中。这里人们的预期起着重要的"自选择"作用。李宏彬等通过双子生数据发现，中国的高中教育回报率几乎为零。[①] 但也正是在这一教育回报几乎为零的阶段，人们的坚持率最高，由此也可窥见中国教育体系的特色。

四 高中升大学阶段的户口差异从无到有

高中升大学阶段的户口差异开始很小，但在随后的发展过程中迅速拉大。在1965—1969年出生组中，非农户口者高中升大学的比例为16%，农业户口者高中升大学的比例为15%，户口差异仅有1个百分点。与义务教育阶段相比，高中阶段教育有着更为严格的分数门槛。那些迈过了高中入学分数门槛的少数农村户口者，在当初的表现并不比非农户口者差，升大学的比例相差无几。这说明，高中入学的分数门槛已经是一道公平的预选机制；另外，高中学校能够创造和施加自己的影响力，从而削弱了学校之外的各种因素对学生教育成功的影响。在随后的20年中，高中升大学比例迅速提升，相应的折线成为图5-5中最为陡峭的线条。到了1985—1989年出生组时，非农户口者高中升大学的比例为67%，农业户口者高中升大学

---

① Li, Hongbin, Pak Wai Liu, and Junsen Zhang, 2012, "Estimating Returns to Education Using Twins in Urban China." *Journal of Development Economics* 97 (2).

的比例为48%。① 但是，高中升大学阶段的户口差异也从1个百分点上升到19个百分点。大学规模的扩大与大学入学的户口差异拉大是并行不悖的。高中学校通过分数门槛建立的筛选机制和各种学校制度已经不能再抵挡各种社会因素的影响了。

上述分析表明，义务教育阶段（小学和初中）升学率和毕业率的户口差异已经大大缩小，但在绝对差异量上仍然非常显著；初中升高中阶段的户口差异一直非常大，在过去数十年间基本保持不变；高中升大学阶段的户口差异在最初非常小，但在过去数十年间迅速扩大。总之，不同教育阶段上户口差异的演变态势是非常不同的。

梁晨等②利用北京大学和苏州大学的学籍卡资料分析了其多年间的生源变动情况，发现大学生源比例一直保持基本稳定。③ 他们发现，"1980年代是北大农村学生比例最高的时期，除了特殊年份，一直保持在10%以上，在1980年代中期更一度接近20%"；但是到了20世纪90年代，北京大学农村学生比例开始下降，从1990年的17.7%下降到1999年的12%。考虑到全国人口中农村人口比重的下降，实际北京大学"农村生比重下降的幅度在3%左右"。但另外，苏州大学的分析结果则略有不同：20世纪80年代苏州大学农村学生始终保持在40%

---

① 《中国教育统计年鉴》中高中升高等教育的比例在2005年为76.3%，在2009年为77.6%，显著高于我们的计算结果。究其原因，主要是统计口径不同，《中国教育统计年鉴》中的高中升学率为普通高校招生数与普通高中毕业生数之比，其基数并不包括职业高中、技工学校、普通中专学生，但在我们的计算基数中是包括的。在1985—1989年出生组中，职业高中、技工学校、普通中专占到高中阶段教育者的28.30%，据此估算下来，如果计算基数中不包括职业高中、技工学校、普通中专，则我们的计算结果与《中国教育统计年鉴》中的结果相差无几。

② 梁晨、张浩、李兰、阮丹青、康文林、李中清：《无声的革命：北京大学、苏州大学学生社会来源研究（1949—2002）》，生活·读书·新知三联书店2013年版，第83—85页。

③ 必须指出的是，梁晨等人的研究并不是采用户籍作为区分个人城乡属性的标准，而是采用学生填写的家庭地址信息来进行城乡判断，最终分为城市、乡镇、农村三类，因此与本书分析结果只能在近似意义上进行比较。

以上,在20世纪90年代,苏州大学农村学生比例从1990年的47.54%下降到2000年的42.09%;但是如果考虑到同一时期江苏农村人口比重从78.76%下降到58.51%,那么苏州大学农村学生的人口比例实际上还提升了近7%。

梁晨等人的研究发表之后,引发了一系列相关争论。[①] 需要特别明确的是,争论者对于教育平等性采用的指标是不同的。大学生源比例的稳定与大学之前升学率差异的变动并没有直接矛盾,原因在于大学入学比例是之前一系列教育阶段的累积后果。如前所述,义务教育阶段的户口差异在缩小,但高中升大学阶段的户口差异在扩大,这两种趋势完全可能在最后的大学入学总比例上相互抵消。最后的结果如何,要看是义务教育阶段的户口差异缩小程度更大,还是高中升大学阶段的户口差异扩大程度更大。

从CHPS2010数据计算出来的1970—1974年出生组(大略对应于梁晨研究中的1990年考大学者)中农村户口者上大学的最终概率为 $73\% \times 84\% \times 71\% \times 90\% \times 28\% \times 96\% \times 18\% \approx 1.9\%$,而城市户口者上大学的最终概率为 $99\% \times 99\% \times 95\% \times 98\% \times 64\% \times 100\% \times 22\% \approx 13\%$。虽然在后面的高中或大学阶段的户口差异并不大(18%与22%),但是由于此前数个阶段差异的累积效应,在最终的上大学概率上,城市户口者是农村户口者的6.8倍之多,这说明教育过程中差异的累积效应是多么重要。

从CHPS2010数据计算出来的1980—1984年出生组(大略对应于梁晨研究中的2000年考大学者)中农村户口者上大学的最终概率为 $88\% \times 93\% \times 81\% \times 92\% \times 36\% \times 95\% \times 31\% \approx 6.5\%$,而城市户口者上大学的最终概率为 $99\% \times 99\% \times 97\% \times 98\% \times 75\% \times 97\% \times 49\% \approx 33\%$。虽然在高中升大学阶

---

① 杨东平:《"寒门贵子"研究被媒体断章取义了吗?》,《教育研究与评论》2012年第4期。

段的户口差异上有所扩大（31%与49%），但是由于之前义务教育阶段的差距缩小，这一出生组城市户口者的最终上大学概率是农村户口者的5.1倍，比起1970—1974年出生组反而有所缩小。

如果1970—1974年出生组农村户口者比例为80%，则我们可以算出大学生源中农村户口者约占37%，城镇户口者约占63%。如果1980—1984年出生组中农村户口者比例降低为70%，则我们可以算出大学生源中农村户口者约占31%，城镇户口者约占69%。这样估算下来，则大学生源中农村户口比例在20世纪90年代略有减少，考虑到同一时期农村人口比重的变化，农村户口比例仅仅下降1.4个百分点。这与梁晨等人的研究结果是基本一致的。大学生源比例的稳定性和教育不同阶段入学概率的变动性并没有任何矛盾之处。入学概率在不同教育阶段的变化趋势相互抵消，使得大学生源比例保持在比较稳定的水平上。

"大学生源比例"的关怀角度和测量方式有重要的意义，例如考察生源多样性对于学生性情与兴趣多样性的影响、对于学生价值观和包容性的影响等。有关"生源多样性"社会后果的研究，目前仍然不多。但是用大学生源比例来探讨教育获得差异，则会忽视教育是一系列累积过程这样一个特征。测量方式合理与否要取决于其测量目标，取决于测量者关切的理论问题。不同的测量隐含着不同的不平等概念和理解，每个人的测量与模型都应该吻合自己对于平等理念的理解。另外，我们应该清晰地认识到不同理解之间的差异，以及与测量方式之间的对应关系。如果对此不进行清晰表述和辨识，就可能出现形形色色的误解和不必要的争论。大学生源比例没有发生巨大改变，并不能说明教育获得的户籍差异没有发生重要改变，两者并不是在指涉同一个事实。过去数年间大学生源中农村户口者比例仅有较低幅度的下降，这实际上是义务教育阶段户口差异缩小和随后教育阶段户口差异扩大抵消之后的结果。

描述教育获得的户籍差异还可以使用正规模型方法，即迈尔升学模型。我们采用拉夫特里和豪特改造过的迈尔模型来进行模型设定。① 拉夫特里和豪特的模型不是对每个教育阶段分别进行一个 Logit 回归，而是用单个 Logit 回归来描述全部教育阶段的升学率和毕业率。这要求进行数据变换，从个体数据变成个体——教育阶段记录（person–transition records）数据，每条记录代表个体有资格参与的每一项教育转换。② 模型的基本设定如下：

$$Y_{ik} = ln\left(\frac{\rho_{ik}}{1-\rho_{ik}}\right) = \beta_{ok} + \Sigma_k \beta_{jk} X_{jk}$$

其中 i 代表个体，k 代表教育阶段。模型中涉及的三个核心自变量为户口、出生组、教育转换阶段。户口分为农业户口与非农户口两类别，变量参照组为非农户口。出生组分为 1965—1969 年、1970—1974 年、1975—1979 年、1980—1984 年、1985—1989 年五组。不同的出生组在不同时点进入教育体系之中，比较不同出生组的教育经历，我们就可以透视出教育获得的户籍差异随时间而发生的变化。教育阶段分为七类：升入小学、小学毕业、升入初中、初中毕业、升入高中、高中毕业、升入大学。比较不同教育阶段中的户籍差异，可以使我们了解户籍差异在哪个阶段最为显著。

这种模型用一个方程来考察多个教育转换阶段的教育获得差异，关键之处在于数个交互作用的设置。户口与出生组之间的二阶交互作用显示了户籍差异是否随时间而变大。户口与教育转换阶段的二阶交互作用显示了户籍差异在哪个教育转换阶段中更大。出生组与教育转换阶段的二阶交互作用显示了哪个教育转换阶段的扩张程度更大。户口、教育转换阶段与出生组的三阶交互作用显示了户籍差异在某一个教育转换阶段中的变动趋势。

---

① Raftery, Adrian E., Michael Hout, 1993, "Maximally Maintained Inequality: Expansion, Reform, and Opportunity in Irish Education, 1921–75". *Sociology of Education* 66 (1).

② 由于 1990—1992 年出生组在调查时可能还没有完成高中教育，以下模型分析中不包括此出生组的数据。

我们依次加入各个变量及其交互作用，共设定了 9 个模型。各个模型设定及其拟合优度统计量显示于表 5-1 中。

表 5-1　　　　各个模型的设定及拟合优度比较

模型	AIC	BIC	对数似然	自由度	N
1 S + G	35692.01	35760.93	-17838.01	8	40737
2 S + C + G	34822.75	34926.13	-17399.37	12	40737
3 S + CL + G	34827.61	34905.14	-17404.80	9	40737
4 S + CL + CLS + G	34709.62	34838.85	-17339.81	15	40737
5 S + CL + CLS + H + G	32853.98	32991.76	-16410.99	16	40586
6 S + CL + CLS + H + HS + G	32679.22	32868.67	-16317.61	22	40586
7 S + CL + CLS + H + HS + HCL + G	32680.81	32878.87	-16317.41	23	40586
8 S + CL + CLS + H + HS + S4HCL + G	32673.22	32897.11	-16310.61	26	40586
9 S + CL + CLS + H + HS + S3HCL + G	32672.23	32887.51	-16311.12	25	40586

注：S 代表教育阶段；C 代表出生组；CL 代表将出生组间的变动视为线性变动；H 代表户口；S4 代表教育阶段的四分类（义务教育、升入高中、高中毕业、升入大学）；S3 代表教育阶段的三分类（义务教育、高中阶段、升入大学）；G 代表性别。

模型 1 的预测变量只包括教育阶段和性别，即假定不同教育阶段的入学率和升学率有所不同，但是它在各出生组间并无差异，也无户籍差异。这明显是不符合实际情况的，我们只是将其作为一个基准模型。

模型 2 和模型 3 引入了出生组，出生组的差异是明显的。模型 2 用离散变量来表达出生组，模型 3 中尝试将出生组进行线性处理，即假定教育获得概率的变化在上述出生组中是线性平滑的，因此就可以将出生组转换为定距变量（五个出生组分别赋值为 0—4）。这是一个非常强的假定，优势在于可以大大简化模型，有利于描述长时段中的变化趋势。似然比检验表明，两个模型的差异是不显著的（$Chi^2 = 5.43$，$d.f = 3$），BIC 指标上模型 3 也优于模型 2。因此我们决定用线性趋势来表示出生组间的发展差异。模型 4 引入出生组与教育阶段之间的交互作用，因为可能在某些教育阶段上，入学率和升学率的进步更大；而另一些教育阶段上，入学率和升学率的进步较小。从AIC和BIC指标上看，模型的拟合都有所提高。

模型5引入户口变量，效果显著。模型6引入户口变量与教育阶段的交互作用，用于检验"教育阶段越高，户籍差异越小"这一命题。结果模型的拟合有大幅度改进。

模型7到模型9用于考察户籍的效应在过去30年间的变化趋势。模型7引入户口变量与出生组的交互作用，检验是否在所有教育阶段中，户口变量的效应都有共同的变化趋势。结果不仅似然比检验是不显著的，而且AIC和BIC指标也不支持这一结论。模型8中将原本七类的教育阶段分为四类（义务教育、升入高中、高中毕业、升入大学），引入这四分类的教育阶段、户口、出生组的三阶交互作用，分别考察这四个层级中户籍差异的变动趋势。拟合结果优于模型7，但是模型6与模型8之间的似然比检验仍然不显著。模型9将教育阶段进一步分为三类（义务教育、高中阶段、升入大学），来考察三个层级中户籍差异的变动趋势。模型6与模型9之间的似然比检验是显著的，而且在AIC指标上模型9优于模型6，虽然在BIC模型上模型9仍然劣于模型6。通过对似合优度指标的考察以及我们的理论关怀，我们选择模型9作为最优模型。

表5-2显示了模型9的系数估计结果。在前面的模型分析中，我们没有控制被访者的家庭背景，如父亲职业与父亲教育。在CHPS2010年成人问卷的全国再抽样数据中，被访者父亲职业和父亲教育信息有一部分是缺失的。数据中属于我们模型分析范围的1965—1989年出生者共有10398人，其中只有6893人有父亲职业信息。如果模型中包括父亲职业与父亲教育，可能会对分析形成一定偏差。但是，表5-2中也列出了在模型9基础上加入父亲职业和父亲教育之后的分析结果，以备参照。从表5-2中可以看出，加入父亲职业和父亲教育之后的系数估计结果和模型9是基本近似的。

表 5-2　　　　　　　　　　　最终模型的系数估计

	模型 9	模型 9 + 父亲职业 + 父亲教育
教育阶段（进入小学为参照组）		
小学毕业	0.51 (0.30) *	0.88 (0.56)
进入初中	-0.30 (0.23)	-0.58 (0.39)
初中毕业	0.09 (0.26)	0.06 (0.45)
进入高中	-3.33 (0.22) ***	-3.42 (0.39) ***
高中毕业	0.25 (0.36)	-0.03 (0.60)
进入大学	-5.41 (0.25) ***	-5.86 (0.42) ***
出生组（线性假定）	0.37 (0.02) ***	0.34 (0.04) ***
教育阶段 * 出生组		
小学毕业 * 出生组	0.04 (0.04)	-0.06 (0.06)
进入初中 * 出生组	-0.15 (0.03) ***	-0.16 (0.05) **
初中毕业 * 出生组	-0.15 (0.04) ***	-0.27 (0.07) ***
进入高中 * 出生组	-0.14 (0.03) ***	-0.14 (0.06) *
高中毕业 * 出生组	-0.31 (0.09) ***	-0.19 (0.14)
进入大学 * 出生组	0.10 (0.05) *	0.23 (0.08) **
户口（非农户口为参照组）		
农业户口	-2.74 (0.21) ***	-2.43 (0.36) ***
户口 * 教育阶段		
户口 * 小学毕业	-0.02 (0.30)	-0.34 (0.56)
户口 * 进入初中	0.28 (0.23)	0.37 (0.39)
户口 * 初中毕业	0.83 (0.25) **	0.94 (0.44) *
户口 * 进入高中	1.30 (0.23) ***	0.91 (0.40) *
户口 * 高中毕业	1.99 (0.36) ***	1.43 (0.59) *
户口 * 进入大学	2.55 (0.29) ***	2.10 (0.48) ***
户口 * 教育阶段 * 出生组		
户口 * 进入大学 * 出生组	-0.15 (0.07) *	-0.02 (0.11)
户口 * 高中 * 出生组	-0.07 (0.05)	0.08 (0.07)
户口 * 义务教育 * 出生组	0.17 (0.06) **	0.12 (0.10)
性别（女性为参照组）		
男性	0.29 (0.03) ***	0.24 (0.05) ***
家庭背景		

续表

	模型9	模型9 + 父亲职业 + 父亲教育
父亲职业 SEI 指数		0.01（0.00）***
父亲受教育年数		0.11（0.01）***
截距项	3.43（0.21）***	2.65（0.36）***
N	40586	16575

注：***p < 0.001，**p < 0.01，*p < 0.05。

从模型系数估计中可以得到如下结论：

第一，户口变量的效应独立而持续。

我们最为关心的是与户口变量相关的系数估计值。无论在哪一个教育阶段，无论在哪个出生组中，户口差异都极为明显。尤其是，即使在加入父亲职业和父亲教育变量之后，户口的系数估计值仍然显著，而且与未加入之前的系数估计值相差无几（从 -2.74 变为 -2.43）。户口变量的影响无法用父亲职业和父亲教育程度来加以解释，它具有独立而持续的作用。从系数规模上看，父亲职业 SEI 指数提升 100 的效应（0.01 × 100）也无法与户口变量相比；父亲教育程度提升 10 年的效应（0.11 × 10）也无法与户口变量相比。在中国过去的 20 余年中，户口是不可忽视的制度设置与身份认同机制。

第二，户口的效应随着教育阶段的提升而降低。

在迈尔提出其升学模型时，他就发现家庭背景的系数在教育的早期阶段更大。[1] 这一命题被许多学者用不同国家的数据加以证明。[2] 拉夫特里和豪特对爱尔兰的研究中，也发现家庭背景对于进入中等教育有着较强影响，对于完成中等教育有着

---

[1] Mare, Robert D., 1980, "Social Background and School Continuation Decisions". *Journal of the American Statistical Association* 75 (370).

[2] Shavit, Yossi, Hans-Peter Blossfeld, 1993, *Persistent Inequality: Changing Educational Attainment in Thirteen Countries.* Boulder: West View Press.

中等影响，但对于进入大学没有显著影响。①

至今为止，对于这一现象的原因仍有争论。迈尔早年认为这是"选择性淘汰"的结果，因为家庭出身的影响是通过认知水平、教育期望等中间变量起作用的，能够坚持到较高教育阶段就必须接受上述因素的"选择性淘汰"（selection attrition），在较高教育阶段这些因素越来越趋同，家庭出身的因素也因此消减了。也有研究者（如经济学家卡梅伦和赫克曼）认为，上述现象的出现与迈尔模型本身的设定有关：其潜在因变量的方差或者说尺度是不清晰的，是不可识别的，模型系数的大小会受到未测量的异质性因素方差大小影响，因此出现了前述现象。② 但是在试图考虑异质性方差因素之后，豪泽等人提出了新的模型，发现这一规律仍然成立。③ 针对诸多批评，迈尔强调上述规律至少在描述意义上是成立的，在解释层面上则需要进行更多探索。

表5-2中显示，户口变量的效应是随着教育阶段的上升而逐渐削弱的。越是在义务教育阶段，户口差异越明显，效应越明显；教育阶段越高，户口差异就变得越小。值得我们注意的是，这种随教育阶段的上升削弱的趋势具有极强的规律性，在进入小学、小学毕业、进入初中、初中毕业、进入高中、高中毕业、进入大学的户口差异系数分别为：-2.74、-2.76、-2.46、-1.93、-1.44、-0.75、-0.22，依次降低。对于1965—1969年出生组来说，进入小学阶段中非农户口者的比率

---

① Raftery, Adrian E., Michael Hout, 1993, "Maximally Maintained Inequality: Expansion, Reform, and Opportunity in Irish Education, 1921–75". *Sociology of Education* 66 (1).

② Cameron, Stephen V., and James J. Heckman, 1998, "Life Cycle Schooling and Dynamic Selection Bias: Models and Evidence for Five Cohorts of American Males." *Journal of Political Economy* 106 (2), p. 110.

③ Hauser, Robert M., Megan Andrew, 2006, "Another Look at the Stratification of Educational Transitions: The Logistic Response Model with Partial Proportionality Constraints." *Sociological Methodology* 36 (1).

是农业户口者的 15.49 倍（$e^{2.74}$）；在进入高中阶段，这一优势降低为 4.22 倍（$e^{2.74-1.30}$）；在进入大学阶段，这一优势更进一步降低为 1.20 倍（$e^{2.74-2.55}$）。但是如前所述，这种现象不能理解为一种因果效应，而只是一种描述：在义务教育阶段中，辍学者绝大多数是农业户口者；而到了高等教育阶段中，未升学者中也有相当比例的非农户口者。

第三，不同教育阶段中户口效应的变化趋势不同。

户口、教育阶段、出生组的三维交互作用揭示了户口变量的影响在不同教育阶段中呈现出的变化趋势。不同教育阶段中，户口效应的变化趋势是不同的。在义务教育阶段，户口差异在逐渐降低（三维交互作用的系数为 0.17），1985—1989 年出生组中进入小学的非农户口优势比已经从原先的 15.49 倍降低为 7.85 倍（$e^{2.74-0.17\times4}$）。高中阶段的三维交互作用是负向的且不显著，说明这一阶段的户口差异基本保持不变。但是在进入大学阶段，户口差异确实在逐渐上升（系数为 -0.15）。如果如前所言，在 1965—1969 年出生组中，进入大学阶段的非农户口优势比为 1.20 倍，那么在 1985—1989 年出生组中，进入大学阶段的非农户口优势比就达到了 2.20 倍（$e^{2.74-2.55+0.60}$）。近 30 年中，义务教育的户籍差异有下降趋势，高中教育的户籍差异保持不变，改革开放之初高中升大学阶段的户籍差异非常小，但之后呈现上升趋势。

第五节 不同教育阶段中户籍的不同意蕴

与其他国家的教育获得的阶层差异相比，中国教育获得的户籍差异具有几点独特之处：第一，与前几个教育阶段相比，初中升高中的比例出现非常大的落差，城乡差异突出表现在初中升高中这一阶段，一直没能降低；第二，改革开放之初，在义务教育以及初中进入高中的户籍差异极大的情况下，高中升大学的户籍差异几乎不存在；第三，在义务教育阶段户籍差异降低的同时，高中升大学的户籍差异不断拉大。

在不同的教育阶段，教育获得的户籍差异并未呈现出相同的趋势，而是走势各不相同。定量描述为我们呈现出了多少有些矛盾或悖论的图景。对于上述结果提出严格的机制解释并进行统计验证，需要更丰富的数据和更复杂的分析，这并非本书的目标。然而，面对定量描述提出的悖论，研究者可以转而反思模型中所使用变量的意蕴，从而挖掘出背后丰富的制度情景。① 这样一种在实证方法与阐释方法之间的穿梭，能够拓展前述定量分析的深度，为进一步的分析奠定基础。

在这样一种方法指引下，我们认为要解释前述现象，就需要理解不同教育决策阶段中户籍的不同意蕴。如前所述，以同一个变量名称出现的"户籍"，其实在不同教育决策阶段中所发挥的功能是不同的。在义务教育阶段的上学决策中，户籍主要意味着家庭资源和公共教育资源分配的差异，因此随着经济水平的提高、公共资源分配的调整、上学直接成本和机会成本的降低，这种户籍差异就会逐渐减小。布东指出，教育获得的差异来源可以区分为两种效应：第一种是不同家庭背景者无论由于遗传也好还是社会文化因素也好，他们的学业成绩有差异；第二种是即使之前的学业成绩相同，不同家庭背景者也往往会作出不同的教育决策。② 这种区分的重要性在于，教育获得的差异不仅仅存在量的多少，还可能存在质的不同。不同性质的教育获得差异，不仅原因机制不同，而且解决途径也不同。布东将上述两种效应称为"首属效应"和"次级效应"。在义务教育阶段，户籍所起的作用，类似于布东所指出的"首

---

① Abbott, Andrew, 2004, *Methods of Discovery: Heuristics for the Social Sciences*. New York: Norton, pp. 168–169.
② Boudon, Raymond, 1973, *Education, Opportunity, and Social Inequality: Changing Prospects in Western Society*. New York: John Wiley.

属效应"。① 在这一阶段，个体进行的决策也非常类似于一般的"成本—收益"算计，也往往服从所谓的"饱和法则"：教育扩展一直达至饱和，同时教育差异得以降低。

在中国现行的教育体系中，初中升高中阶段是非常重要的一次筛选：这种筛选既是学业成绩上的筛选，同时更是前途选择上的筛选。那些学业成绩不合格者被淘汰掉，那些并不决心上大学者也会自觉退出。在这个阶段，教育获得差异的主导机制类似于布东所说的"次级效应"，这种效应的顽固性可能远远超过"首属效应"。此时，户籍除了其家庭资源差异外，更多地意味着不同的自我身份认定与发展期望。初中升高中阶段差异的持续存在既不受经济发展以及劳动力市场的波动影响，也不因大学收费等教育政策因素而有变化，这证明它不仅仅服从于一般性的经济收益计算，不仅仅是一种可得资源的差异，还与自我身份认定及其背后的制度安排密切相关。此时的机制类似于布林等人提出的"相对风险厌恶"：农村户籍者倾向于认为上高中的不确定性更大，边际效用下降，从而放弃上高中。这一阶段的教育获得是不太可能一直达至饱和同时差异降低的，它更倾向于会持久存在。

高中升大学是较为严格的学业筛选，能够决定升学与否的关键并不在于学生及家庭，而是学生能否通过入学考试。因此在这一阶段，必须看到教育决策中除了家庭外，还有另外一个重要的主体——学校。不能把教育与学校仅仅视为不同群体争夺优势资源的场所，视为完全服从于外部社会逻辑与规则的场

---

① 许多经验研究证明在教育不平等的形成中，不仅存在着第一效应，而且存在第二效应。第二效应不仅存在，而且其影响程度可能比第一效应还要大。艾里克森和琼森对于瑞典的研究就表明，即使在平均成绩相同的情况下，不同阶级出身的子女也往往会选择不同的教育路径，出身管理层的子女会更多地选择学术路径，而出身工人的子女会更多地选择接受职业教育。(Erikson, R. & Jonsson, J. O., 1996, *Can Education Be Equalized*, Boulder：West View) 第二效应受到学者们的关注，还因为它是公共政策介入教育改革的良好入手点。

域，它有着自身独立的发展逻辑。在小学和初中阶段城乡学校体系基本上是分立的，农村户口的学生基本上在村校和乡镇中心学校接受教育，非农户口的学生则在县城或城市学校接受教育。高中教育则有所不同，根据梁晨等人①的研究，"重点中学主要分布在城市和县镇，农村很少设立。城市重点中学招生主要针对本城市，很少对农村学生开放，但是县镇的重点中学通常是面向本县域内的所有学生招生的，这就使得乡村的优秀学生有机会凭借其成绩得享重点中学的优势资源"。在高中阶段，虽然不同户籍的学生都已经在学业成绩上经过了层层筛选，也大多具有上大学的志向选择，但是差异的最终消除还需要一个前提，即学校能够作为一种独立制度有效地屏蔽掉来自社会差异的干扰。如果这一前提得到满足，那么不同背景者的升学概率差异可能保持在较低水平，甚至几乎消失。反之，如果社会身份的力量已经渗透到学校的制度设置与学生的日常生活当中，学校制度设置乃至价值取向上都已经不能再独立于甚至日益附属于社会层级差异之时，尽管不同背景者能够同处一校，但是其升学概率的差异仍然会显现，甚至不断加大。在这里，户籍的意蕴不再是家庭资源差异，不再是志向选择，而是体现在学校的制度设置与种种微观机制中②。改革开放之初，大学入学率远低于今天，但是在高中升大学阶段并没有出现优势地位者占先的局面，只要能够同处一校，那些已经冲过数重障碍的农村户籍者考取大学的概率并不低于非农户籍者。其原因，另一方面在于中考对于学业成绩与志向的双重筛选，另一方面在于高中学校本身的制度设置与价值取向使其能够成为社会差异的调节者，而不是附属于社会差异。同样的逻辑也可以解释

---

① 梁晨、张浩、李兰、阮丹青、康文林、李中清：《无声的革命：北京大学、苏州大学学生社会来源研究（1949—2002）》，生活·读书·新知三联书店 2013 年版。

② 诸如高考加分、高考移民、保送、艺考、复读、择校、重点班等微观机制，可以参看郑也夫编《科场现形记》，中信出版社 2014 年版。

当今高中升大学阶段户籍差异的拉大,不完全是因为城乡差异变得比20年前、30年前更大了,而是学校作为一种重要的制度对于社会差异的独立性降低了。这无疑是中国教育的深层隐忧。①

第六节 结语:教育获得差异的机制与教育不平等感

总体而言,教育获得的户籍差异在不同教育阶段上是有升有降。由于义务教育的重要基础地位,我们甚至可以说,教育获得的户籍差异总体上还是在下降的。但是为什么与此同时,人们的教育不公平感会更为强烈?这同样要从教育获得差异的性质上来理解。在小学和初中阶段的户籍差异,在很大程度上要归因于城乡分立的教育体系中的资源差异。农村学校和城市学校,无论在硬件还是在师资上都存在很大差异,这一点已经被许多研究重复证实。但这种差异是彼此隔离的不同性质学校之间的差异,而高中及大学阶段的教育差异,却可能是在同一场域当中渗透于日常生活中的差异。当教育差异的性质从义务教育阶段"配置隔离"式的差异演变为同处一个场域但却渗透于其中的"日常渗透"式差异的时候,人们对于不平等的感受就会更加强烈。当城乡小学间存在巨大的资源差异时,这种差异固然令人痛心疾首,但对当事人而言却往往是抽象而遥远的;但是当身处一校却能亲身感受到渗透于日常生活和未来预期的差异时,这种差异就是具体而触动情感的。另外如前所述,目前教育获得差异的来源正在发生变化:教育差异的来源不仅仅是学生家庭资源与志向选择的差别,而且也来源于学校

---

① 关于各个教育阶段城乡差异来源的上述推测,同样可能适用于各个教育阶段中的阶层差异;前述关于高中升大学阶段城乡差异的分析,同样可能适用于大学通向职业路径过程的分析。当然,这些命题只是逻辑的推断与猜测,尚待进一步的经验材料支持。

在制度设置与价值功能上的变迁。因此,在对教育不平等的强烈感受中,人们更是痛心于学校这样一种在传统价值观念中具有神圣独立性的制度设置被社会差异所日益侵蚀,更是忧患于一种重要的社会平衡机制在权力与财富的进逼下节节败退。中国发展的不平衡性又使得我们在面临日常渗透式的差异来源时,资源配置和志向选择上的差异又未完全消失。例如义务教育中城乡入学率差异缩小的同时,质量的差异可能仍然存在,初中升高中阶段入学率的城乡差异也未见缩小。多种差异效应叠加在一起,无疑促使人们有了更强烈的不公平感。

客观数据中显示,在义务教育阶段城乡差异与阶层差异都有所缩小,大学生源比例上的差异也变动不大,[①] 但是社会感受有着其独立的自身逻辑。教育获得的差异在不同教育阶段上是有升有降,这种升降在大学入学率上可以实现彼此的抵消,但是在人们的主观感觉上,却不仅无法抵消,甚至进行了彼此的放大。人们主观层面的教育不平等感受绝非空穴来风。在准确地把握客观数据变动和深刻领悟社会主观感受的上述逻辑之后,我们就能够理解社会心态的变迁绝对不是脱离客观社会变迁的现实的,而是客观社会变迁现实在其逻辑层面上的更深刻反映和洞察。

中国教育获得的户籍差异在未来将会更加复杂化。城乡学校分立体系内部的资源差异尚未消除的同时,与身份认同和志向选择有关的差异仍然根深蒂固,与此同时在同一学校同一场域中通过种种微观机制渗透到日常生活中的差异又在日益萌生。上述各种来源的差异的相互叠加,会对中国教育领域的发展和改革形成障碍。因此,教育社会学面临的任务也是多重的,既要研究在资源分配上的差异,也要研究志向选择上的差

---

① 梁晨、张浩、李兰、阮丹青、康文林、李中清:《无声的革命:北京大学、苏州大学学生社会来源研究(1949—2002)》,生活·读书·新知三联书店2013年版。

异；既要研究不同教育场域分立的不平等，也应当关注那些同处一个教育场域当中的日常渗透式不平等。这既需要更详细的量化分析，也需要更丰富的教育民族志作品，以便丰富我们的认识与理解。

对教育获得差异问题的研究中应当有教育与学校的分析维度。一方面教育与学校当然不可避免地受到社会阶级结构和权力关系的影响，但是另一方面它可能也应当具有在社会功能的运行中屏蔽上述影响的独立性作用。将学校与教育制度设置同家庭出身的阶层关系结合起来，可能会获得更贴近现实的解释思路。尤其在考察"户籍差异"这样一种具有中国制度特色的问题时，单纯沿用西方社会的分析逻辑可能既无法解释客观事实层面上变迁趋势的诸多细节，更无法解释民众感受层面上的教育不平等感加剧的事实。

第六章

参与行为的驱动机制转变

第一节 问题：参与行为与政府信任的关系

当前的社会建设实践中，"促进公众参与"的重要性毋庸置疑。在政策层面，"公众参与"早已被纳入社会管理新格局的表述当中；在实践层面，不乏以公众参与为名义的种种地方创新。① 加强公众参与，内在的动因之一在于提升政府与公众的沟通协作，增强民众对政府的信任感，提升民众对政府的心理认同。那么在实践中，种种参与行为有没有促进社会的自主活力，进而增进民众对政府的信任？不同情境下的案例分析得出了不同的结论。② 通过调查数据对此问题进行的经验分析仍然不多，其中的难点之一在于如何辨别参与行为和政府信任之间的因果关系方向。

政府信任是政治信任中的一个重要维度。政治信任有两个重要维度，一是对现任政府以及在任政治权威的信任，一般称

---

① 贾西津：《中国公民参与：案例与模式》，社会科学文献出版社2008年版。
② 杨敏：《公民参与、群众参与与社区参与》，《社会》2005年第5期。伯兰德、朱健刚：《公众参与与社区公共空间的生产——对绿色社区建设的个案研究》，《社会学研究》2007年第4期。闵学勤：《社区自治主体的二元区隔及其演化》，《社会学研究》2009年第1期。王名编：《中国民间组织三十年》，社会科学文献出版社2008年版。

为政府信任;二是对政府体制和政治制度的信任,一般称为政体信任或政制信任。① 本书只讨论政府信任。虽然人们对于政府信任的兴趣由来已久,但是用经验调查数据来研究和分析政府信任主要源于20世纪60年代的美国政治学界。在早期的研究中,政府信任和政治效能感被作为政治疏离(political allienation)的两个维度,学者们主要从政府绩效方面来解释政府信任的变动趋势。米勒(Arthur H. Miller)发现美国政府信任在20世纪60年代出现了显著下降,并且认为主要原因在于社会对各种议题的看法日益两极化,在政策方案上政府日益"左右为难",不得已走向"中间化",结果丧失了多数公民对于政策方案的信任。② 西特林(Jack Citrin)同样持有"绩效论"观点,认为政府官员和制度的绩效决定了他们的合法性和被信任程度。③ 不同于米勒的是,他认为此时政府信任的下降并非是对于整个政治体系的支持率下降,而只是对政治领导人绩效的支持率下降。最能代表其"绩效论"的,莫过于西特林的如下论断:"用棒球来做类比,政治系统就像棒球队,会状态低迷,也会连续获胜。在经历了连续几个赛季的失败后,当主队出场时,美国人会对他们发出嘘声。但球迷们往往是变幻无常的,胜利很快就会引来喝彩。"④ "绩效论"学者沿着这一方向进行了诸多深化,如分析经济绩效、政治绩效、腐败治理等对于政府信任的具体影响。

政府信任研究摆脱"绩效论"、寻找新解释范式的努力与帕特南以"社会资本"概念为基础的一系列著作密不可分。帕

---

① 李连江:《差序政府信任》,《二十一世纪》2012年第6期。
② Miller, Arthur H., 1974, "Political Issues and Trust in Government: 1964–1970." *American Political Science Review* 68 (3).
③ Citrin, Jack, 1974, "Comment: The Political Relevance of Trust in Government." *American Political Science Review* 68 (3).
④ 西特林:《政府信任的政治重要性》,周朗生译,《经济社会体制比较》2012年第10期。

特南承续了西方历史悠远的共和主义传统,坚称政府的成功运转必须以社会中的共同体精神为基础,这种建立在权利平等和团结信任基础上的共同体精神不仅仅是一种价值理念和规范,同时也体现于社会结构和社会实践中。帕特南考察了意大利20个地方政府的发展状况,编制了"政府绩效"和"公共精神"的测量指标,结果发现两者之间有着密切关系,公共精神强的地区,其政府绩效也更高。在此基础上,帕特南提出了影响广泛的"社会资本"概念。① 之后,帕特南又将考察范围扩展到美国的50个州,编制了符合美国特点的"社会资本指数",同样发现了这一指数和各州在教育、儿童福利、社会安全、健康水准、幸福感、治理水平等方面都有密切关系。② 受到帕特南研究的启发,除了政府绩效外,学者们开始关注社会信任和公民参与网络对于政府信任的影响,因为一个很少参与市民活动的人很可以对政府机构产生负面印象,一个不信任社会上任何人的人也不太可能会信任政府。③ "社会信任"因素受到普遍重视,政府信任甚至被认为社会信任在政治领域中的一个投射。面对"社会资本"论提出的挑战,诸多强调"绩效论"的学者进行了积极回应。④ 如米施勒(William Mishler)和罗斯(Richard Rose)就利用10个国家的数据试图证明,在影响政府信任方面,个人对政治和经济绩效的评价远比社会信任或教

---

① Putnam, Robert D., 1993, *Making Democracy Work: Civic Traditions in Modern Italy*. Princeton, NJ: Princeton University Press. 帕特南:《使民主运转起来》,王列、赖海榕译,江西人民出版社2001年版。

② Putnam, Robert D., 1993, *Making Democracy Work: Civic Traditions in Modern Italy*. Princeton, NJ: Princeton University Press.

③ 布兰登、佩里·K.:《在21世纪建立政府信任——就相关文献及目前出现的问题进行讨论》,庞娟译,《经济社会体制比较》2008年第2期。

④ 很多学者也将两者称为政府信任的"文化解释"与"制度解释",但事实上"文化解释"中纳入了更多的价值观内容。

会出席率等因素重要得多。① 牛顿（Kenneth Newton）考察了二者之间的关系，他利用欧洲调查数据表示，社会信任与政治信任二者之间并不存在密切关系，公民参与网络（如志愿组织）与政府信任间也不存在密切关系。②

帕特南的"社会资本"概念，在理论维度上包括了社会信任、互惠规范、参与网络等内容，在测量操作上包括了政治投票率、公共关切度、社团组织参与率等方面。能够用"社会资本"将上述方面加以统一涵盖的前提是，上述维度之间是高度相关统一的：那些有着众多社会团体和组织的地区，必然也是公众对于公共事务最为关切的地区，必然也是那些社会互助和社会信任最高的地区，从历史来看它们都是有着所谓"公民传统"的地区。如果这一前提成立，就没有必要去严格区分"社团参与""社会信任""社会互助"等不同维度，因为它们只不过是同一个单维度概念的不同测量而已，是必然高度相关的。然而，许多研究者认为这一前提假设并不成立。费希尔（Claude S. Fischer）就指出，帕特南的"社会资本"中涵盖了至少三种不同的参与内容：政治性参与、组织性参与、社会交往参与。③ 如果如帕特南所言，投票、参加组织、朋友聚会、志愿活动、社会信任等都反映了一个名叫"社会资本"的实质存在，那么我们就可以期待参与其中一种活动的人也会参与另外一些活动。但事实并非如此，费希尔利用美国 GSS 的数据发现，个体层面上这些指标之间的相关度是非常低的（最高只有 0.27，最低是 -0.01）。这说明，可能并不存在着"社会资本"

---

① Mishler, William & Richard Rose, 2001, "What are the Origins of Political Trust? Testing Institutional and Cultural Theories in Post – Communist Societies." *Comparative Political Studies* 34 (1).

② Newton, Kenneth, 1999, "Social and Political Trust in Established Democracies." In Pippa Norris (ed.), *Critical Citizens: Global Support for Democratic Government*. Oxford: Oxford University Press.

③ Bjornskov, Christian & Sonderskov, 2012, "Is Social Capital a Good Concept." *Social Indicators Reaearch* 114.

这样一个"实体"。这样一个概念甚至可能导致许多混淆和误解，因为不同参与形式的机制和决定因素完全不同，如政治的日益脱魅使政治参与下降、时间压力增大使社会交往参与下降等。但是"社会资本"分析范式却诱导人们不去关心这些外部结构性因素，而只去关注人们内在偏好层面的"公民性"的变化。费希尔的批评固然有道理，但是他的分析也有一点疏漏。帕特南的分析和测量都是集体层面的，而费希尔的数据却是个体层面的：不同参与形式可能是个体层面上并不相关，但同时可能在集体层面上是相关的。总去投票的人可能并不一定参与志愿活动，但是这一事实并不能用来证伪投票率高的城市中志愿活动率也高这一命题，因为两者并不是在同一层面上。伯琼斯科夫（Christian Bjørnskov）和桑德斯科夫（Kim Sønderskov）的研究弥补了前述缺陷。他们的研究指出，"社会资本"这一概念只有在满足单维度假定时才有意义。他们通过一系列检验说明，"社会资本"的单维度假定不仅在个体层面不成立，在集体层面也不成立。[1]

另外一些比较政治学家对于社会资本理论也提出了批评。他们认为，如果放到更宽广的历史情境和制度背景中来看，社会资本促进政府绩效的结论并不能够得到支持。参与并非一定是一种正面的"公共物品"，在特定情境下甚至可能有负面的"外部性"。尤其是以结社形式表现出来的参与对政府绩效的影响是非常复杂的。如果政治参与的制度化程度不足，社会组织的繁盛并不一定会促进社会整合和社会凝聚，并不一定能够改善社会治理。例如，贝尔曼（Sheri Berman）认为，社会资本理论对于社会和文化因素的强调固然有道理，但是却不能忘记更宽广的历史制度背景。他以德国魏玛共和国为例，指出由于政治制度化的虚弱，尽管当时德国结社行

---

[1] Fischer, Claude S., 2005, "Bowling alone: What's the Score." *Social Networks* 27 (2).

为盛行，组织参与程度很高，但是这一切却未使民主治理走上正途，反而加剧了社会意见的割裂，社会矛盾日益不可调和，最终导向了专政之途。① 因此，他主张把社会和文化因素分析同具体的历史情景和制度背景研究结合起来。② 中国学者的研究也表明了参与本身的效用要取决于其具体性质。如陈捷与卢春龙认为有必要区分两种社会资本：共通性社会资本和特定性社会资本。③ 共通性社会资本包括开放性的社会网络、包容性的社会信任；特定性社会资本包括排他性的社会网络、局限性的社会信任。他们通过对 144 个社区数据的分析，发现共通性社会资本对社区居委会的治理产生了显著的积极作用；特定性社会资本则有显著的负面作用。此外，共通性社会资本和特定性社会资本之间不存在相关关系，确实是两种不同形态的资本。

近期的研究日益走向"绩效论"视角和"社会资本论"视角的调和。基尔（Luke J. Keele）认为绩效论与社会资本论皆有可取之处，政府绩效、社会信任、公共参与都是影响政府信任的重要因素。④ 但是政府绩效的影响大多是迅速而即时性的，社会资本的影响则是循序渐进的；政府绩效影响着政府信任的短期波动，而社会资本影响着政府信任的长期走势。基尔认为，在某种意义上讲社会资本的影响比政府绩效的影响更为有力，因为政府信任的长期走势根本上是由社会资本因素推动的。马得勇对亚洲 8 个国家和地区的数据分析也表明，绩效论与社会资本论在实证分析中并不排斥，而是相互补充的；他更

---

① Berman, Sheri, 1997, "Civil Society and the collapse of the Weimar Republic." *World Politics* 49.

② 同上。

③ 陈捷、卢春龙：《共通性社会资本与特定性社会资本——社会资本与中国的城市基层治理》，《社会学研究》2009 年第 6 期。

④ Keele, Luke J., 2007, "Social Capital and the Dynamics of Trust in Government." *American Journal of Political Science* 51 (2).

强调政治权威主义价值观对于政府信任的重要影响。① 胡荣等人从厦门市的调查数据也发现，社会资本和政府绩效对于城市居民的政府信任都有积极正面的影响，改进政府工作和建构社会资本均可增进政府信任。② 孟天广和杨明从"绩效论"的角度出现，发现经济增长绩效仍然是政府信任的重要来源，但民生福利和纯公共产品方面的绩效正赶上并超越经济增长，成为政府信任的新源泉。③ 游宇与王正绪的研究认为，制度主义和文化主义都可用于解释政府信任的来源，当代中国政府信任的主要影响因素仍然是绩效的评价与认识，但是文化主义解释因素（尤其是价值观）的作用也在逐渐增强，人际信任也是影响政治信任的重要来源。④

当前的政府信任研究逐渐聚焦于三个影响因素：政府绩效、社会信任、社会参与行为。前一种来自"绩效论"视角，后两者来自"社会资本论"视角。本书尤其关注社会参与行为对于政府信任的影响。在帕特南的研究中，公民参与行为不仅在客观层面提升了地方政府的运行绩效，而且也提升了公众对地方政府的信任。"我们……请他们评判他们地区的政治是否比一般的地区更诚实或更腐败。与公民性强的地区相比，公民性弱的地区的领导人更多地认为他们地区的政治是腐败的。"⑤ 公民参与的作用尤其表现在社团的功能上，其效用可以从内部效应和外部效应两个方面去考察："从内部

---

① 马得勇：《政治信任及其起源——对亚洲8个国家和地区的比较研究》，《经济社会体制比较》2007年第5期。
② 胡荣、胡康、温莹莹：《社会资本，政府绩效与城市居民对政府的信任》，《社会学研究》2011年第1期。
③ 孟天广、杨明：《转型期中国县级政府的客观治理绩效与政治信任——从"经济增长合法性"到"公共产品合法性"》，《经济社会体制比较》2012年第4期。
④ 游宇、王正绪：《互动与修正的政治信任：关于当代中国政治信任来源的中观理论》，《经济社会体制比较》2014年第2期。
⑤ 帕特南：《使民主运转起来》，王列、赖海榕译，江西人民出版社2001年版，第128页。

效应上看，社团培养了其成员合作和团结的习惯，培养了公共精神。……从外部效应上看，大量的二级社团组成的密集网络增进了 20 世纪政治学家所说的利益表达和利益集结。"① 社会参与促进了公共精神，增进了利益表达和利益集结，因而改善了地方社会治理，提升了政府绩效与政府信任。

　　值得注意的是，在帕特南对于意大利的经典研究中，社区组织生活与公共事务参与等仅是他用来测量"公共精神"的经验维度。何种参与活动能真正体现出"公共精神"，这要取决于具体情境，取决于当地的政治制度和社会生态。指标的设计不能只考虑"是否参与"，而且也必须去认真地辨析"如何参与"。例如，帕特南认为，在意大利加入政党比例并不能反映人们的结社精神，因为在意大利的具体社会情境中，加入政党既可能是一种公共参与的方式，也可能是一种庇护—附庸政治的工具，甚至后者可能性更大。同样是加入党派讨论政治，但反映的并不一定是"公共精神"，甚至可能是公共精神的反面。再如在意大利的研究中，宗教团体的参与也被排除在"公共参与"测量之外，因为帕特南认为以纵向权威关系构建的天主教会的宗教情感与公民参与是互不兼容的。投票也被加以认真辨析，在意大利很多人的投票行为并不是出于"公民"的心理，而是与即时的个人庇护利益交换有关，与政党组织力量和组织活动有关，而和投票人自己的公民意识无关，因此只有全民公决的投票率而不是普遍选举中的投票率才能刻画一个地区的"公共精神"。此外，帕特南对美国的测量指标与对意大利的有明显偏重与差异。帕特南对于公民性测量指标的精心选择，启发我们必须对不同政治制度、具体社会生态下的公民性体现途径进行细心辨识。表面看来皆是属于参与行为，但在不同社会情境中体现的既可能是公民性的积极心态，也可能是庇护关系下的利益交换。因此，在对公共参与进行分析和测量时，应当

---

① 帕特南：《使民主运转起来》，王列、赖海榕译，江西人民出版社 2001 年版。

加以认识谨慎的分析。只有认识到参与行为中内含的复杂性与多维性，才可能在此基础上进行清晰的分析，不至于丧失对研究对象本质特点的敏感。

与西方学者有所不同的是，中国学者大多更为关心具体的政治参与途径（如上访、村民选举等）与政府信任之间的关系。① 胡荣发现，农民上访的直接结果是造成了各级政府在农村的信任流失，农民上访走访过的政府层级越高，对基层政府的信任度越低；随着上访层次的提高，上访也对高层政府的信任产生了显著的负面影响。② 李连江发现，上访行为成为政治信任转换的重要机制：较高的政府信任导致上访，但上访过程的受挫导致政府信任的流失，进而导致激进行为；换言之，高信任导致了"忠诚反对者"出现，进而导致"异己反对者"出现。③ 在最近的研究中，李连江进一步讨论了中央政府信任度保持较高水平的两个原因：一是人们会重新界定政府层级，一旦人们发现哪些政府官员或政府层级是不值得信任的，他们就会将之从"中央"层级中排除出去；二是重新界定信任的内涵，人们会区分政府的意愿和政府的能力，在对中央的能力有所怀疑的同时，对中央的决心和意愿仍然保持信任。④ 除此之外，研究者们还发现了中国政府信任

---

① 胡荣：《农民上访与政治信任的流失》，《社会学研究》2007 年第 3 期。孙昕、徐志刚、陶然、苏福兵：《政治信任、社会资本与村民选举参与》，《社会学研究》2007 年第 4 期。Li, Lianjiang, 2008, "Political Trust and Petitioning in the Chinese Countryside." *Comparative Politics* 40 (2). Li, Lianjiang, 2013, "The Magnitude and Resilience of Trust in the Center: Evidence from Interviews with Petitioners in Beijing and a Local Survey in Rural China." *Modern China* 39 (1). 李连江：《差序政府信任》，《二十一世纪》2012 年第 6 期。

② 胡荣：《农民上访与政治信任的流失》，《社会学研究》2007 年第 3 期。

③ Li, Lianjiang, 2008, "Political Trust and Petitioning in the Chinese Countryside." *Comparative Politics* 40 (2).

④ Li, Lianjiang, 2013, "The Magnitude and Resilience of Trust in the Center: Evidence from Interviews with Petitioners in Beijing and a Local Survey in Rural China." *Modern China* 39 (1).

中存在着"差序信任"现象，即对较高行政级别的政府信任度高于对较低行政级别政府的信任度，对中央政府的信任度高于对地方政府的信任度①。总体而言，很多研究关注农村中政治参与途径与政府信任之间的关系，而对城市中的社区参与、社会组织参与和政府信任之间关系的研究仍然较为欠缺，较为深入的分析仅有胡荣等人利用厦门数据进行的研究。② 此研究对社团参与和政府信任的关系进行了深入分析，将各种社团参与形式用因子分析法区分为"业缘社团因子"和"地缘社团因子"，结果发现"地缘社团因子"对政府信任的影响不具有统计显著性，"业缘社团因子"虽然对因变量的影响具有一定的显著性，但回归系数是负的。传统"社会资本"论假设两者存在正向关系，但统计结果却表明两者之间不存在关系或存在负向关系。

数据与假设之间的"不相符"和"例外"往往是重要的理论生长点，需要认真加以研究。从社会资本论视角来看，参与行为与政府信任之间应当具有较强的关系。从经验数据中得到的结论多数也支持上述观点，但同时也有部分数据与此并不完全相符。此外，从人们的直接感受来看，两者之间的关系也并非完全线性的。表面的组织参与率提升了，但却并不能实质性地改变人们的公共关切程度，不能实质性地提升社会凝聚力和社会自治力，这种情况在现实上并不鲜见。因此，在分析社会参与和政府信任的关系时，必须具体地考虑"如何参与"和"信任什么"的问题，必须剖析社会参与行为背后的不同驱动机制。

---

① 胡荣：《农民上访与政治信任的流失》，《社会学研究》2007年第3期。李连江：《差序政府信任》，《二十一世纪》2012年第6期。
② 胡荣、胡康、温莹莹：《社会资本，政府绩效与城市居民对政府的信任》，《社会学研究》2011年第1期。

第二节 吸纳式参与和关切式参与

下面我们将辨析了两种不同的参与驱动机制：吸纳式参与和关切式参与。前者以吸纳积极分子、动员现有的高信任者为特征。由于被吸纳进入参与活动中的都是对政府持有高信任者，因此即使参与并未真正促进政府信任，两者之间在数据上也会呈现出密切的相关关系。后者以参与者的公共关切驱动为特征，参与者未必对政府持有高信任态度，甚至可能对政府运行中的问题存在更多洞察和关切。但是这种参与可能会整体性地提升政府运行绩效和治理水平，进而提升当地的政府信任度。这种情况也可能使参与行为与政府信任在数据上呈现相关关系。但是，两种驱动机制下参与行为与政府信任在个体层面与城市层面上的关系模式有所不同，故而可以利用多层次模型来对两种不同参与形式背后的主导驱动机制进行辨析。

一 两种驱动机制

对于中国社会参与的许多研究指出，实践中存在不同的参与机制。杨敏指出，公众参与策略呈现出多元化取向，不同居民阶层的参与模式有所差异，包括依附性参与、志愿性参与、权益性参与等多种形态。① 朱健刚指出，在社区组织化参与中，存在着权威型参与机制、授权型参与机制、内生型参与机制、外入型参与机制并存的局面，各种参与机制背后的逻辑和公民性意蕴都是有所不同的。②

在探讨西方国家政府信任的下降趋势中，诺瑞斯（Pippa

---

① 杨敏：《公民参与、群众参与与社区参与》，《社会》2005 年第 5 期。
② 朱健刚：《社区组织化参与中的公民性养成》，《思想战线》2010 年第 2 期。

Norris）提出了"批判性公民"（Critical Citizens）的概念。①受到英格尔哈特（Ronald Inglehart）的"后物质主义理论"启发，诺瑞斯认为，发达工业社会中年轻一代中涌现出了越来越多的"批判性公民"，他们自我表达和政治参与的愿望在上升，对于传统权威的支持在下降，对于政府机构的信任也有所流失。他们对于政府机构表现出一定程度的批判态度，但是对于政治共同体与政体原则仍然保持高度忠诚，因此他们并不是传统的"政治疏离者"，而是更加积极地参与到社会治理过程中，以改进和提升制度绩效。"批判性公民"的出现并不意味着绩效的失败和合法性危机，而是一种更为积极的趋向。帕特南对于意大利的研究也发现那些热心参与者往往更支持社会平等而厌恶等级型的权威模式，对于"强政府"的期待更低。这样一种参与行为背后是以公共关切和责任承担为驱动的，"共同体的联结纽带是互惠和合作的横向关系而不是权威和依附的垂直关系"。② 本书将上述以公共关切为驱动、更具"批判性公民"色彩的参与行动称为"关切式参与"。随着中国经济发展和社会结构的转型，"批判性公民"的趋势可能会日益明显，③ 上述"关切式参与"可能会越来越多地出现，尤其是在民间组织、志愿团体等组织性参与中表现得更为明显。④ 陈健民和丘海雄也指出，日益兴起的社团组织可以促进人际沟通与合作、缔造互惠互信的规范、减少机会主义行为，从而对政治和经济发展做出贡献。⑤

---

① Norris, Pippa, 1999, "Introduction: The Growth of Critical Citizens." *In Pippa Norris* (ed.), Critical Citizens: Global Support for Democratic Government. Oxford: Oxford University Press.
② 帕特南：《使民主运转起来》，王列、赖海榕译，江西人民出版社2001年版。
③ Wang, Zhengxu 2005, "Before the Emergence of Critical Citizens: Economic Development and Political Trust in China." *International Review of Sociology* 15 (1).
④ 王名编：《中国民间组织三十年》，社会科学文献出版社2008年版。
⑤ 陈健民、丘海雄：《社团、社会资本与发展》，《社会学研究》1999年第4期。

但是在实践情景中，社会参与除了上述动力机制外还有另一种机制。帕特南认为公民参与有助于解决"集体行动困境"问题，有助于公共物品的生产。但是问题在于，公民参与以及社会资本本身也是典型的公共物品，其产生同样需要破解"集体行动困境"，需要有规范和信任、制度等一系列条件的支持。面对此种困境，出于改善治理绩效的动机，政府出面进行参与动员和参与吸纳也就成为一种现实选择。杨敏指出，实践中的社区参与主要体现为一种地方性权威式动员，既借助政府赋予的行政权威，又利用地方性互动网络来动员部分居民参与社区事务与社区活动。① 在许多情境下，社区活动虽然强调以公共参与为核心，强调以志愿者为主力军，但是在实践中却必须依赖基层政府的努力，在效果上成为"表演性参与"。② 社区参与主要成为社区居委会及其积极分子网络形成的以感情、人情、互惠和信任为基础的地方性互动网络，目标是获取上级部门的认同。③ 在社区选举参与中，"高投票率"背后是大量的委托投票行为，"是否参与社区选举，首要的考量不是公民的权利与义务，而是私人利益与私人关系，社区选举成为私人关系再生产的一个环节"。④ 我们将上述这样一种以吸纳积极分子、动员现有的高信任者为特征的参与称为"吸纳式参与"。

值得注意的是，上述两种驱动机制都会在个体数据中呈现出"参与行为"与"政府信任"之间的相关关系。在公共关切的逻辑下，参与行动能够有效地提升政府绩效，从而促进人们对政府的信任，故而两者中呈现出相关关系。在吸纳动员的

---

① 杨敏：《公民参与、群众参与与社区参与》，《社会》2005年第5期。
② 伯兰德、朱健刚：《公众参与与社区公共空间的生产——对绿色社区建设的个案研究》，《社会学研究》2007年第4期。
③ 闵学勤：《社区自治主体的二元区隔及其演化》，《社会学研究》2009年第1期。
④ 熊易寒：《社区选举：在政治冷漠与高投票率之间》，《社会》2008年第3期。

逻辑下，那些能够和易于被政府吸纳动员的行动者一般而言都是"政府信任"度较高者，故而两者也具有相关关系。前者的逻辑是参与行动促进了政府信任；后者的逻辑是基于政府信任来选择参与者。两者的因果关系是相反的，但是从相关关系上来看是相类似的。如果单纯描述个体数据中的"参与行为"与"政府信任"之间的关系，是无法识别出上述两种驱动机制的。只从个体数据层面来观察参与行为和政府信任的关系，就会忽视上述两种驱动机制的本质区别，无法准确分析参与行为和政府信任之间的内在机制。

二 驱动机制的经验识别

如果加入集体（市区）层次的观察，我们就有可能识别出上述两种驱动机制。在公共关切驱动下的参与行为中，那些参与者未必是这个市区当中对政府最为信任者，他们的参与动机正是出于对政府运行过程中存在问题的洞察和关切。但是他们的参与行为会整体性地提升这个市区的政府运行绩效和治理水平，从而使得市区所有人对政府的信任度都得以提升。在这种逻辑下"参与行为"和"政府信任"之间的关系可以用图6-1中左侧的假想模式来表示。图中的不同符号代表着假想中的不同城市。图6-1中左上图表示，如果不分城市来看，个体的社会参与和政府信任存在较为密切的关系；左中图表示如果分城市来看，每个城市内部个体参与和政府信任却不存在关系甚至存在负向关系，因为这种公共关切驱动下的参与者往往是问题的发现者与批评者；左下图表示城市之间比较的话，会发现参与率和政府信任之间的清晰关系，参与率高的城市所得到的信任度也更高。[①]

[①] 在"关切式参与"的某些特定情况下，甚至可能会出现不分城市来看，社会参与和政府信任之间不存在密切关系，但城市进行比较时，却能发现两者之间存在密切关系。事实上，这正是后面数据中所揭示的"社会组织参与"的情况。

关切式参与　不分城市　　　吸纳式参与　不分城市

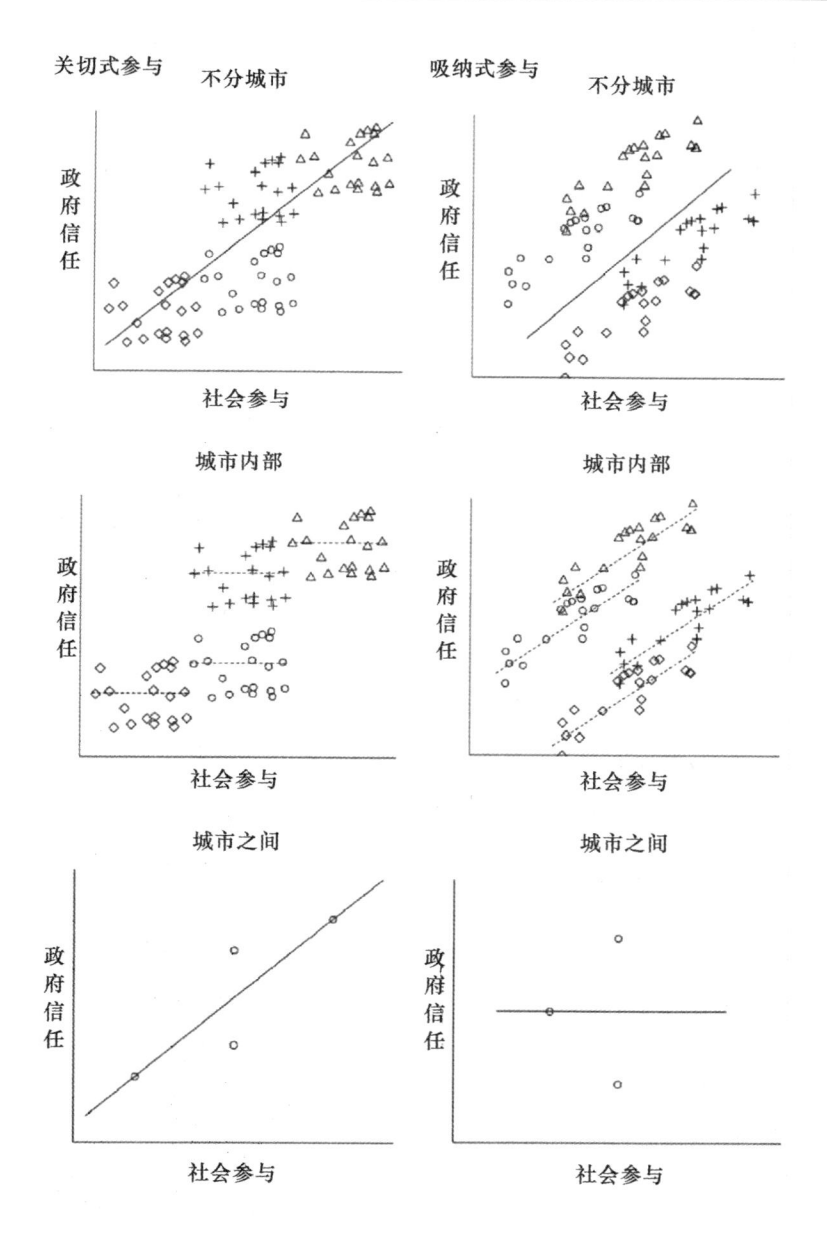

城市内部　　　　　　　　　城市内部

城市之间　　　　　　　　　城市之间

图 6-1　社会参与和政府信任的两种关系模式（假想数据）

在政府动员和吸纳驱动下的社会参与，则会有"形同质异"的表现模式。在政府动员驱动下的社会参与者是有选择性的，一般而言那些对政府更为信任者会自觉参与或被动吸纳到这种参与活动中。但是，这样的参与活动却并不能够提升城市的整体运行绩效，因此参与率高的城市得到的整体信任度未必能够高于那些参与率低的城市。在政府吸纳和动员驱动下的"参与行为"和"政府信任"之间的关系可以用图6-1中右侧的假想模式来表示。图6-1中右上图表示，如果不分城市来看，个体的社会参与和政府信任存在较为密切关系；右中图表示如果分城市来看，每个城市内部个体参与和政府信任亦存在清晰的关系，因为每个城市中都是那些对政府信任者被吸纳和动员到参与活动中；右下图表示城市之间进行比较，参与和政府信任之间的关系却消失了，那些参与率高的城市得到的信任度未必高于参与率低的城市。注意图6-1中左上图和右上图的模式是相当类似的，我们看不出两者的区别；只有引入"城市"的分析层次后，两种模式间的区分才变得明显。在中国社会参与的现实情境中，忽视政府吸纳驱动这样一种逻辑机制，无疑会扭曲对真相的洞察。因此，本书将同时把"个体"与"城市"两个分析层面引入，以区分上述两种驱动机制。

三 研究假设

在中国的实践中，在社会转型中整体结构分化的背景下，社会参与呈现出参与途径多元化和参与主体分殊的态势。社区居委会和群团组织在社会生活中仍然起着重要的作用，但同时种种社会组织作为新的参与途径在吸引着新的参与主体，创造着新的参与形态。

虽然在部分情境中，社区参与已经表现出了一定的公民性因素，但是总体而言其主要驱动力仍然来自政府动员。那些被吸纳进入社区参与活动的人一般都是对政府较为信任者，因此在城市内部，政府信任与社区参与之间呈现出较强相关关系。社区参与度高的城市中，政府的吸纳动员能力可能更强，但是在社会多元化的治理背景下这并不一定等同于更高的治理能力，也不一定能够帮助其获得更高的信任，因此它获得的整体信任度未必高于社区参与度低的城市。在城市之间，社区参与率与政府信任率并不一定存在强相关关系。

相对而言，社会组织参与（包括社会团体、民间组织等）的主要驱动来自公共关切。虽然社会组织仍然面临着诸多发展障碍，但是其发展过程中对于自主性和公共性的强调和体现较为明显。那些对社会问题具有公共关切者往往会参与其中，他们并不一定是对政府最为信任者，因此在同一城市内部，这种参与活动与政府信任之间的关系并不明显。但是，这种行为能够在整体上改善社会治理，更为适应社会多元化的治理背景，使城市整体的信任度得以提升。因此在城市之间，那些社会组织参与率更高的城市获得的整体信任率可能更高。基于上述分析，本书提出假设1和假设2。

假设1：社区参与的主要驱动来自政府的吸纳和动员，因此在每个城市内部，社区参与行为与政府信任都具有密切关系；但在城市之间进行比较，社区参与率与政府信任率没有关系。

假设2：社会组织参与的主要驱动来自公共关切，因此在每个城市内部，社会组织参与行为与政府信任之间不存在密切关系；但是在城市之间进行比较时，社区参与率与政府信任率将有密切关系。

许多研究者都指出政府信任内部存在着多种维度，[1] 尤其是李连江指出，在中国背景下应当区分对政府能力（competence）的信任和对政府意愿（commitment）的信任，前者指对政府代表公众利益的意愿和决心的信任，后者指对政府处事能

---

[1] Citrin, Jack, 1974, "Comment: The Political Relevance of Trust in Government." *American Political Science Review* 68 (3). Norris, Pippa, 1999, "Introduction: The Growth of Critical Citizens." In Pippa Norris (ed.), *Critical Citizens: Global Support for Democratic Government*. Oxford: Oxford University Press.

力的信任。① 遵循上述区分，如果社区参与行为的主导驱动机制是吸纳式参与，那么被吸纳者应该对政府能力与意愿均有信任；如果社会组织参与行为的主导驱动机制是关切式参与，那么这种参与既能够提升对政府能力的信任，也能够提升对政府意愿的信任。故此假设。

假设3：在每个城市内部，社区参与行为与对政府能力和政府意愿的信任均有明显密切关系。

假设4：在城市之间进行比较，社会组织参与率与政府能力和政府意愿的信任率均有密切关系。

除了公共参与行为，"政府信任"的相关研究大多认为政府信任受到"政府绩效"和"社会信任"两个因素的共同影响，本书希望利用数据对此加以进一步验证。此外，如果按照"批判性公民"的逻辑，随着社会发展和多元化程度的提升，批判性公民的比重将会增多，那么教育程度较高的城市中政府信任水平应当更低。因此我们提出如下假设：

假设5：除了参与行为外，政府信任受到政府绩效和社会信任的共同影响。

假设6：教育程度较高的城市对政府信任水平更低。

第三节 参与行为和政府信任的基本情况

上一节我们辨析了"关切式参与"与"吸纳式参与"两种不同的参与机制。本节中利用"中国社会态度与社会发展"调查数据，通过对参与者特征与不同城市参与模式的分析，对参与行为和政府信任的基本情况进行展现。"中国社会发展和社会态度问卷调查"由中国社会科学院社会发展战略研究院组

---

① Li, Lianjiang, 2008, "Political Trust and Petitioning in the Chinese Countryside." *Comparative Politics* 40 (2). Li, Lianjiang, 2013, "The Magnitude and Resilience of Trust in the Center: Evidence from Interviews with Petitioners in Beijing and a Local Survey in Rural China." *Modern China* 39 (1).

织实施，拟推论的总体是中国城镇地区居住的 16 岁及以上的人口，具体操作定义为中国大陆直辖市、地级市、县级市中居住在社区（居委会）辖区中的 16 岁及以上人口。抽样方法采取四阶段（市辖区、县级市—居委会—家庭户—个人）复杂抽样设计，调查在 2013 年 4—5 月实施。①

一 社区参与的基本情况

数据表明，19.8% 的调查者在过去一年中参加过社区居委会举办的活动；20.4% 的被访者为社区居委会提过建议或反映过问题；28.0% 的被访者和邻居面对面谈论过社区事务；8.1% 的被访者在网上与业主或邻居交流过本社区问题。

哪些人在积极地参与社区活动呢？一种假设认为，参加社区活动是公共参与的一种形式，公共参与意识与教育程度具有较为密切的关系。因此，教育程度较高的人往往会积极地投入公共参与当中，也因此会更多地参与社区活动。但是数据却并不支持这一假设。不同教育程度者在社区活动参与情况上的差别微乎其微。在受教育程度为初中及以下的被访者当中，过去一年中参与过社区居委会举办的活动的比例为 20.1%；在受教育程度为高中中专的被访者中，这一比例为 19.2%；在受教育程度为大学及以上的被访者中，这一比例为 20.0%。

另一种假设认为在当下社会现实中，社区参与除了公共参与的内涵之外，还包括社会动员的内涵。杨敏指出，实践中的社区参与主要体现为一种地方性权威式动员，既借助政府赋予的行政权威，又利用地方性互动网络来动员部分居民参与社区事务与社区活动。② 在许多情境下，社区活动虽然强调以公共参与为核心，强调以志愿者为主力军，但是在实践中却必须依

---

① 关于此次调查抽样设计的更多细节，请参看李汉林主编《中国社会发展年度报告（2013）》，中国社会科学出版社 2013 年版。

② 杨敏：《公民参与、群众参与与社区参与》，《社会》2005 年第 5 期。

赖基层政府的努力。① 社区参与主要成为社区居委会及其积极分子网络形成的以感情、人情、互惠和信任为基础的地方性互动网络，目标是获取上级部门的认同。② 根据这种假设，那些原本"政府信任"度较高者，更能够和易于被政府动员，更可能成为社区活动的积极参与者。从政治身份来看，党员就比非党员更可能成为社区活动的积极参与者。数据中显示，党员中有34.4%在过去一年中参与过社区居委会组织的活动；非党员中有18.4%在过去一年中参与过社区居委会组织的活动。党员中的社区活动参与比例几乎是非党员的两倍，两者的差异极其显著。这显示了现阶段社区活动参与的重要特征：政府动员在其中起到了非常关键的作用。

此外，从年龄结构上来看，老人的社区活动参与比例相对更高。16—30岁的被访者中17.5%参与过社区居委会组织的活动；31—45岁的被访者中18.8%参与过社区居委会组织的活动；46—60岁的被访者中22.4%参与过社区居委会组织的活动；60岁以上的被访者中25.8%参与过社区居委会组织的活动。其原因在于老人有充足的时间来参与活动，参与成本更低。参与成本是决定参与的一个重要因素，参与成本高昂的活动无法确保其广泛的覆盖面。此外，女性的参与比率显著高于男性，这也与以往研究一致。

我们根据统计年鉴得到了调查涉及的所有城市2012年城镇家庭人均可支配收入数据（以下简称"人均年收入"）。结果发现，那些人均收入更高的城市的社区活动参与比例更高。在人均年收入为20000元以下的城市中，社区活动参与比例为16.4%；人均年收入为20001—25000元的城市中，社区活动参与比例为17.7%；人均年收入为25001—35000元的城市中，

---

① 伯兰德、朱健刚：《公众参与与社区公共空间的生产——对绿色社区建设的个案研究》，《社会学研究》2007年第4期。
② 闵学勤：《社区自治主体的二元区隔及其演化》，《社会学研究》2009年第1期。

社区活动参与比例为 25.2%；人均年收入为 35000 元以上的城市中，社区活动参与比例为 27.5%。

由此看来，人均年收入和社区参与之间存在着密切的关系，在人均年收入较高的城市中，社区参与比例更高。但是，对于上述关系可以有两种不同的解释。第一种解释认为，伴随着经济水平提升和教育程度的提高，人们公共参与意识也会逐渐提高，进而更为积极地参与各种社区活动。人均年收入较高的城市中，个人收入、受教育水平也较高，这些人具有更高的参与意识和参与热情，因此社区参与活动比例更高。第二种解释认为，社区参与背后的关键动力在于政府的动员能力和动员资源。也就是说，现阶段决定社区参与水平的关键因素不在于需求因素（人们的公民参与意愿水平），而在于供应因素（政府的制度提供与动员方式）。人均年收入较高的城市中，政府也更有资源和能力来进行参与动员和提供参与所需要的资源。结果导致了城市的人均年收入与其社区参与比例之间存在着一定的相关关系。

要想判断上述假设哪一种更有解释力，就需要进一步考察不同人均年收入水平的城市内部个体收入和社区参与行为之间的关系。如果社区参与的动力来自人们随着收入增长而增进的参与需求，那么在城市内部，高收入者会具有较高的社区参与水平，收入与社会参与将具有密切关系。如果公共参与的动力来自政府动员能力与动员资源，那么在城市内部，收入与社区活动参与之间的关系将会呈现出更为复杂的图景。图 6-2 显示了不同经济发展水平的城市内部个体的家庭月收入与社区活动参与比例之间的关系。总体而言，图中显示的信息更支持后一种假设，即社区活动参与的主导动力是政府的动员能力和动员资源，而非个体的主动参与需求。虽然收入较高的城市拥有较高的社区参与比例，但是在城市内部，较高收入者未必有较高的社区参与水平。从图 6-2 中可以看到：

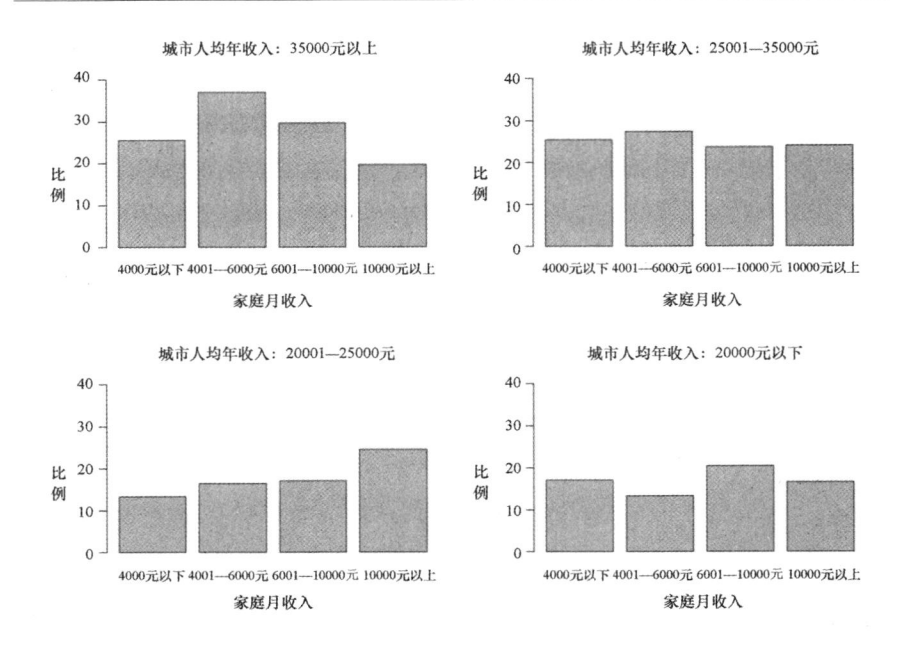

图 6-2　不同经济发展水平城市中家庭月收入与社区活动参与的关系

- 在人均年收入在 35000 元以上的城市中，呈现出的基本趋势甚至是家庭月收入较低者的社区活动参与率更高；
- 在人均年收入为 25001—35000 元的城市中，家庭月收入各个层级的社区活动参与率基本相同，没有显著的差别；
- 在人均年收入为 20001—25000 元的城市中，趋势则成为家庭月收入较高者的社区活动参与率更高；
- 在人均年收入在 20000 元以下的城市中，家庭月收入层级与社区活动参与之间的关系基本上不存在明显的趋势。

另外，如果社区活动参与的主要驱动力是政府动员和政府资源，则上述结果更容易有合理的解释。相对而言，政府动员的效果对于中低收入群体更为有效，而对于高收入群体效果则相对有限。因此，高收入群体的参与比例在经济发展程度较低的城市中和经济发展程度较高的城市中相差不大，但是中低收入群体的参与比例在经济发展程度较低的城市中和经济发展程度较高的城市中就会相差很大。因此，最终的结果是在经济发展程度较低的城市中，低收入群体的参与比例低于高收入群体；而在经济发展程度相对较高的城市中，低收入群体的参与比例高于高收入群体。

由此可以推论，经济发展程度较高的城市之所以社区活动参与比例更高，主要是由于政府有充足的动员动力和动员资源，成功地动员和吸引了中低收入者参与到社区活动当中。有研究指出，现阶段中国社区参与具有明显的"吸纳式参与"特色，即主要以吸纳积极分子、动员现有的高政府信任者为特征。上述分析进一步验证了这一结论。这种"吸纳式参与"的优势在于，能够满足中低收入者的参与需求和福利供给，同时确保基层参与的政治稳定性。但是这种方式也有其弊端，即不太容易充分发挥参与者的能动性和主体性，对于教育程度较高、收入较高者的吸引力有限，那些更具有自我表达意愿、对社会问题更加关切的公民难以被吸纳到这种参与模式当中。社区参与在参与范围上的扩展和在参与层次上的深入，都需要在进一步的基层治理改革探索中加以重视。

公共参与对社会信任和政府信任的影响一直是政治社会学关注的重要问题。那么现阶段社区活动参与对社会信任和政府信任的影响如何呢？如上一节所揭示的，要回答这个问题，不能仅仅考察个体的政府信任与社区活动参与之间的关系。因为在"吸纳式参与"的逻辑下，那些能够和易于被政府吸纳动员的行动者，一般而言都是"政府信任"度较高者。因此相关关系的背后逻辑可能并非参与行动促进了政府信任，而是基于政府信任来选择参与者。数据表明，在个体层面，两者之间确实存在一定的相关关系。但是，要想真正了解公共参与和政府信任之间的关系，需要在城市层面上考察那些社区参与率高的城市是否其政府信任程度也更高。

我们分别计算了调查所涉及的各个城市的社区活动参与率，其中位值为15.9%。基于中位值，我们将所有城市分为两组：中位值及以下的城市为"低社区参与城市"，中位值以上的城市为"高社区参与城市"。这两组城市的比较结果如下：

● 在低社区参与城市中，55.4%的人认为当前社会是和谐的；在高社区参与城市中，56.8%的人认为当前社会是和谐的。两者的差异不足2个百分点。

● 在低社区参与城市中，53.2%的人信任当地政府；在高社区参与城市中，47.4%的人信任当地政府。高社区参与城市中的信任比例反而更低。

● 在低社区参与城市中，35.0%的人认为政府处理事情公道；在高社区参与城市中，34.0%的人认为政府处理事情公道。两者的差异仅有1个百分点，在统计上也并不显著。

从上述情况来看，在社会和谐程度认知、政府信任度等问题上，社区活动参与比例不同的城市并没有显著差别。上述现象提示我们，确实存在一种可能性，即社区参与活动并没有能够显著地改善人们对社会和谐程度的感知，没有显著地提升人们对政府的信任程度。如果社区参与活动吸引的是原有的高政府信任者，那么它的效应可能就是局限于少数参与者当中，无法显著地提升社会的整体治理绩效，无法有一种"外溢效应"而影响那些非参与者，从而也就无法对于人们的政府信任和社会感知形成整体性的影响。

二 "政府信任"的基本情况

对于政府信任的测量有多种方式。有的先测量被访者对不同机构（对法院、警察、社保等）的信任，然后提取公共因子；[1] 有的先测量被访者对不同层级政府（如中央、省区级、地市级）的信任，然后提取公共因子；[2] 有的测量被访者对政

---

[1] Mishler, William & Richard Rose, 2001, "What are the Origins of Political Trust? Testing Institutional and Cultural Theories in Post‐Communist Societies." *Comparative Political Studies* 34 (1). 马得勇：《政治信任及其起源——对亚洲8个国家和地区的比较研究》，《经济社会体制比较》2007年第5期。

[2] 胡荣、胡康、温莹莹：《社会资本，政府绩效与城市居民对政府的信任》，《社会学研究》2011年第1期。

府不同维度（如代表意愿、执政能力等）的信任，然后提取公共因子。本次调查数据中包括了这三种测量方式。参与行为对政府信任的影响，并不是针对某个政府机构的，而是一种弥散性信任（diffused trust），因此本书没有采用机构信任测量结果。对于不同层级政府信任的考察，对于研究中国独特的"差序政府信任"现象非常重要。但是验证性因子分析结果表明，这三者构成一个单独因子的效果并不好，三者都具有各自独特的维度。因此本研究最终也未采用层级信任测量结果，而是采用了对政府不同维度的信任测量。

我们在问卷中询问了被访者对下列六项陈述的态度：政府愿意听取老百姓意见；现在政府主要还是为老百姓考虑的；现在老百姓的利益可以得到切实保护；政府处理事情是公道恰当的；政府能够处理好各种突发事件；政府工作人员的能力比较强。选项为完全赞同、比较赞同、说不清、比较不赞同、完全不赞同。其中前三项内容主要涉及政府对于民意的听取与考虑，后三项内容涉及政府及其工作人员本身处理事情的能力。李连江强调应当区分政府信任中的能力信任和意愿信任，上述测量中的前三项对应于意愿信任，而后三项对应于能力信任。这六个题项的总体回答情况如表6-1所示。

表6-1　　　　"政府信任"各题项的频数分布　　　　单位：%

题项	完全赞同	比较赞同	说不清	比较不赞同	完全不赞同
愿意听取老百姓意见	10.2	39.1	31.4	15.3	3.9
政策为老百姓考虑	15.5	44.6	26.0	10.7	3.2
老百姓利益得到保护	11.9	39.9	32.3	12.9	3.1
处理事情公道恰当	10.8	36.1	35.2	13.8	3.9
能处理好突发事件	19.3	41.4	26.8	9.6	2.9
工作人员能力比较强	10.3	35.7	35.8	14.1	4.1

对于上述测量题项进行验证性因子分析的结果如图6-3

所示。从拟合指数来看，因子模型和数据拟合较好，TLI 指数为 0.992，RMESA 指数为 0.06。此外，每个题项在各个因子上的负荷都比较大。"政府能力信任"与"政府意愿信任"两个维度之间的关联度较高，达到 0.95。我们据此提取出两个因子"政府能力信任"与"政府意愿信任"，作为研究的依变量。

```
愿意听取老百姓意见    0.72
政府为老百姓考虑      0.71  →  政府意愿信任
老百姓利益得到保护    0.80
                                          0.95    n=6305
处理事情公道恰当      0.80                          TLI=0.992
能处理好突发事件      0.67  →  政府能力信任          RMESA=0.06
工作人员能力比较强    0.71
```

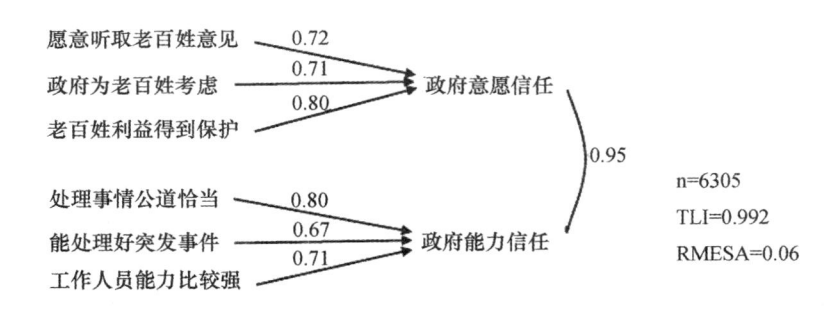

图 6-3　"政府信任"题项的验证性因子分析结果

在以往的调查数据分析中，人们往往会注意到社会态度和评价在各种人口变量和社会属性之间的差异，如性别、年龄、教育程度、职业、阶层、收入等，但是对于社会态度在具体地区（如市区一级）的差异却着墨不多。社会态度和评价在具体地区的差异状况事实上是一个极其有理论意蕴和分析潜力的问题。我们可以想象数据可能会呈现出的两种极端情况：一种情况是各个地区之间没有什么差异，数据差异主要来自各个区域之内的不同人群，每个地区中都有一些人的评价很高，一些人评价很低（其原因可能是阶层差异、教育水平差异、不同政治倾向甚至人的不同心理禀性），但各个地区皆是如此，没有太大不同；另一种情况是各个地区之间差异很大，数据差异主要来自区域之间的差异，在某个地区之内，无论其阶层、教育水平、政治倾向甚至于心理禀性，与其他地区相比，社会态度都呈现出向上或向下的态势。前一种情况中，每个区域内部的社会态度都高度分散，差异度很大，结果区域之间差异反而很小；后一种情况中，同一区域内部的社会态度趋向于极端一致和收敛，结果区域之间差异变得很大。当然，在这两种极端情况之间，一定还存在着多种中间形态，社会态度在区域内和区域间的差异会呈现出程度的不同，而非这种两极化的趋势。但是，这两种极端情况对于理解社会态度的变迁却是极富启发意义的。两种极端情况下的利益格局和社会冲突态势，必然有着根本的不同。科塞指出："一个沿多种对立方向发展的社会可能比仅沿一个方面发展的社会被暴力分裂或肢解的危险要少。"① 现代社会中的利益分化也使得成员彼此依赖增强，进而形成一种平衡机制，这些群体的互相依赖和多种冲突的内部交叉，往往可以通过持续不断的调适来解决，而不致导致根本性的社会冲突，把有损核心价值观念的冲突减少到最小程度。

在对政府的评价中，人口中变量或一般的社会属性变量一般并不能起到很好的预测作用。情况更可能是，在某些地区，无论性别、年龄、收入、受教育程度如何，大多数人们都对政府给予较高评价；而在另一些地区，多数人都会给予较低评价，真正的原因超越了个体属性或传统的标准分类。社会态度与评价不是个体属性的产物，也不是固定的社会分类所能决定的，它是社会状况和社会情境的产物。真正需要关注的焦点，应当回到社会状况和社会情境当中，应当回到对地区层面的分析当中。"中国社会态度与社会发展（2013）"数据证实了我们的上述判断。以"政府愿意听取老百姓意见"题项为例，男女两性对此表示肯定的比例差异仅为 2 个百分点（男性 43%，女性 45%）；农业户口和非农业户口对此表示肯定的比例差异为 5 个百分点（农业户口者 47%，非农业户口者 43%）。而在各个城市间对此表示肯定的比例就相差甚远，最低的市区仅有 11% 持赞同态度；最高的市区有 79% 持赞同态度。各市区对此表示肯定的比例数的标准差达到了 15 个百分点，四分位数也

---

① 科塞：《社会冲突的功能》，孙立平译，华夏出版社 1989 年版。

达到了 10 个百分点。再以"政府的服务贴近我的需要"题项为例,最低的市区仅有 20% 持赞同态度;最高的市区有 91% 持赞同态度,市区之间的比例差异很大。

公众对政府的信任与公众的社会感受应当具有一定的相关关系。两者并不完全等同,政府行为与政策是"输入",而社会状况是"输出"。社会状况这一输出受到政府行为与政策之外诸多因素的影响。以环境政策为例,环境政策一定会影响到空气质量,但是空气质量本身会受到产业结构、人口规模、气象条件等诸多因素影响,它的变化并不一定可以直接归因于政策行为与政策本身。但是两者间一定存在着密切关系,如果上述指标是有效的,那么无论是在个体层面还是在群体层面,政府评价与社会感受都应当呈现出比较强的相关。在调查中,我们问及被访者认为社会是否和谐,测量也是五级量表。总体而言,在那些公众对政府信任度较高的市区中,认为社会和谐的比例也较高,两者之间的相关系数为 0.62。这说明,人们的社会感受与政府信任度有着非常高的相关程度。

第四节　参与行为与政府信任的关系模式辨析

在本节中,我们将利用统计模型来进一步对政府信任与社会参与的关系模式进行辨析。在下面的统计模型分析中,依变量为"政府信任",前面已经介绍过其构建方式。统计模型中的解释变量包括两类变量:第一类是个体层面的解释变量,第二类是城市层次的解释变量。

一　个体层面的解释变量:政府绩效、社会信任与参与行为

第一,政府绩效。问卷中分别询问了被访者对于经济发展水平、社会发展水平、环境质量的满意程度(选项为很满意、较满意、一般、较不满意、很不满意)。按照政府信任研究的惯例,此类满意度测量被视为政府主观绩效的测量。有研究者

发现，目前经济增长绩效仍然是政府信任的重要来源，但民生福利和纯公共产品方面的绩效正赶上并超越经济增长，成为政府信任的新源泉。① 因此，本研究并未对上述测量进行因子分析，提取单一的因子得分，而是将三项满意度近似作为定序变量引入模型当中，借此考察主观绩效的不同维度对政府信任的不同影响。②

第二，社会信任。问卷中询问了被访者对下列两项陈述的态度：现在很难找到真正可信赖的朋友；社会上的是非标准变得很模糊。这两项测量分别指向社会信任的人际维度与道德维度。对于社会的信任不仅仅是基于人际基础的，而且更基于社会整体的道德基础，区分这两者有助于拓展对社会信任的理解。原始数据中，上述测量为定序的（选项为完全赞同、比较赞同、说不清、比较不赞同、完全不赞同）。以下统计模型分析中，为了更简洁起见，将上述测量转化为二分变量，即将持完全赞同、比较赞同、说不清态度者归为"不信任"类，将持比较不赞同与完全不赞同者归为"信任"类。

第三，参与行为。社区参与以"过去半年中是否参加过社区举办的活动"为指标；社会组织参与以"过去一年中是否参加过社会组织的活动"为指标。问卷中分别询问了被访者过去一年中是否参加过社会团体（如协会、学会、联合会）活动；是否参加过基金会或民办非企业单位活动；是否参与过其他民间组织和公益组织的活动。最后指标由上述三个问题综合而成：只要被访者参与过上述三项活动之一，我们即认为他过去一年参加过社会组织的活动。

---

① 孟天广、杨明：《转型期中国县级政府的客观治理绩效与政治信任——从"经济增长合法性"到"公共产品合法性"》，《经济社会体制比较》2012 年第 4 期。
② Mishler, William & Richard Rose, 2001, "What are the Origins of Political Trust? Testing Institutional and Cultural Theories in Post – Communist Societies." *Comparative Political Studies* 34 (1). Keele, Luke J., 2007, "Social Capital and the Dynamics of Trust in Government." *American Journal of Political Science* 51 (2).

在社区居委会参与的题项上，仅有20%的人过去半年中参加过社区举办的活动。反过来讲，社区生活至少在近4/5的公众那里是根本缺失的。如何有效提升公众的社区生活参与，目前来讲仍然是实践中的一个难题。公众对社会组织活动的参与比例更低，只有9%。考虑到社会组织的发展基础，其参与比例已经有了显著提升。在CGSS 2006年调查中参加了某个协会、社团、俱乐部或其他组织的比例只有1.39%，[①] 因此与以往数据对比，中国城市公众参加社会组织活动的比例有了较大幅度的提高，虽然从绝对数量来看仍然不高。

控制变量包括户口（是否本县市）和受教育程度（初中及以下；高中中专；大学及以上）。以往研究发现，中国受教育程度较高者对于政府信任度低于受教育程度较低者。[②] 除了受教育程度影响外，户口也可能是影响政府信任的重要因素。我们没有引入性别作为控制变量，主要原因是无论从理论上还是从以往的经验分析上，都没有充分理由认为性别与政府信任有着密切关系。控制变量也没有包括被访者的个人收入，因为收入数据缺失值较多，如果包括进来必然会造成样本量的损失。权衡利弊，控制变量中没有包括被访者个人收入。

二 城市层次解释变量：参与率、人口结构、人均收入

如前所述，我们希望同时把"个体"与"城市"两个分析层面引入，以区分上述两种不同驱动机制的参与行为。本书使用的数据中共包括了51个县级市或地级市的区。[③]

第一，社区参与率与社会组织参与率。我们对社区参与和

[①] 中国人民大学中国调查与数据中心：《中国综合社会调查报告（2003—2008）》，中国社会出版社2009年版，第245页。

[②] 胡荣、胡康、温莹莹：《社会资本、政府绩效与城市居民对政府的信任》，《社会学研究》2011年第1期。

[③] 原始数据来自57个市区，但是经过数据清理后发现江苏省6个市区数据在相关指标上存在异常，故本书分析中只涉及其余51个市区数据。

社会组织参与在城市层面进行汇总，得到了每个城市的总参与率。在参与社区居委会活动的比例上，最低的城市仅为2%，而最高的城市这一比例达到近60%（中位值为14%）；在参与社会组织活动的比例上，城市间的差异接近40个百分点（最低为2%，最高为45%，中位值为13%）。城市之间在参与率上有着较大差异。我们没有对政府绩效的主观满意度和社会信任因素进行城市层面的汇总，这是因为分析的重点在于参与行为。

第二，人口结构。城市层面的变量还包括了"城市中大学以上教育程度者比例"和"城市人口中外县市户口比例"，这两项变量来自本次调查数据的城市汇总。

第三，人均收入。城市层面的变量还引入"城市人均收入"，此项数据来自《中国区域经济统计年鉴2012》。[①] 作为一个必要但不充分的测量指标，"城市人均收入"一定程度上代表了政府客观绩效，分析中以此来考察客观绩效与政府信任之间的关系。

如果一般最小二乘回归的自变量中既包括个体层次变量，同时也包括城市层次变量，就成了脉络最小二乘回归（Contextual OLS Models）。这种方法没有考虑到个体是嵌套于城市的这一事实：同一城市个体所处的背景是相同的，因此不可能彼此独立，这违背了统计模型中关于误差项独立同分布的基本假设，往往会低估回归系数的标准误差。在这种情况下，更合适的统计模型工具应当是多层次分析模型（Multilevel Analysis Models）。

因此，我们设定两类模型来检验前述研究假设。第一类模型为只考虑个体层面解释变量的一般最小二乘回归模型；第二类模型为同时考虑个体与城市层面解释变量的多层次随机截距模型。一般最小二乘模型所揭示的内涵类似于图6-1中的上图；多层次模型揭示的内涵类似于图6-1中的中图和下图。

---

① 国家统计局：《中国区域经济统计年鉴2012》，中国统计出版社2012年版。

模型 1：一般最小二乘回归模型

$$y_{ij} = \alpha + \delta B_{ij} + \beta X_{ij} + e_{ij}$$

其中 y_{ij} 表示第 j 个城市中第 i 个被访者的政府信任得分。B_{ij} 表示被访者是否参与社区活动与社会组织活动的向量，δ 是相应的回归系数向量；X_{ij} 表示政府信任的其他决定因素（政府绩效、社会信任）及控制变量（户口、教育程度）的向量，β 是相应的回归系数向量；e_{ij} 为回归方程中的随机扰动项。在这个模型中，我们最关心的系数为 δ，它类似于图 6-1 中左上图和右上图的斜率项。

模型 2：多层次随机截距模型

$$y_{ij} = \alpha_{oj} + \delta B_{ij} + \beta X_{ij} + e_{ij} \tag{1}$$

$$\alpha_{oj} = \gamma_{oo} + \Delta B_{oj} + \Gamma Z_{oj} + u_{oj} \tag{2}$$

模型 2 是一个多层次随机截距模型。方程（1）为个体层面方程，其中的 α_{oj} 表示第 j 个城市的截距项，下标表明不同城市中的个体其截距项是不同的，除了个体层面变量外，被访者的政府信任得分还取决于他所在的城市。方程（2）为城市层面方程，其中的 B_{oj} 代表第 j 个城市的社区参与率和社会组织参与率，城市层面的控制变量向量 Z_{oj} 代表第 j 个城市的大学以上教育程度者比例、外县市户口比例、人均收入数据，上述变量用来解释不同城市间截距项之间的差异。将方程（2）代入方程（1），即可得到：

$$y_{ij} = \gamma_{oo} + \delta B_{ij} + \beta X_{ij} + \Delta B_{oj} + \Gamma Z_{oj} + e_{ij} + u_{oj} \tag{3}$$

方程（3）中既包括了个体层面变量，也包括了城市层面变量，它们共同构成了多层次模型中的固定效应。城市层面变量用来解释不同城市间政府信任水平的差异，而个体水平变量用来解释同一城市中个体间信任水平的差异。随机扰动项（随机效应）也相应有两项：政府信任在各个城市之间的随机扰动 u_{oj}，政府信任在同一城市不同个体之间的随机扰动 e_{ij}。这个模型中，我们最关心的系数是 δ 和 Δ，前者代表了在同一城市内部参与行为与政府信任之间的关系，类似于图 6-1 中左中图和右中图的斜率项,后者代表了不同城市之间参与率与政府信任程度之间的关系,类似于图 6-1 中左下图和右下图的斜率项。

表 6-2 显示了统计模型的估计结果。模型 1 和模型 2 都分别对"政府意愿信任"和"政府能力信任"进行了估计,因此共有 4 个模型估计结果。[①] 在每个模型估计结果中,政府绩效和社会信任因素的系数都是极其显著的。这验证了假设 5,政府信任受到政府绩效和社会信任的共同影响。具体来看,经济、社会、环境维度的主观绩效都有其独立作用,经济维度的系数值低于社会和环境维度的系数值,但系数值差异在统计上并不显著。在社会信任因素上,道德信任的系数值显著高于人际信任的系数值。以往对于社会信任的研究中,多数偏重于人际信任维度,但是道德信任对政府信任的影响明显更大。

表 6-2　　　　　　　　　　模型估计结果

	OLS 模型:政府意愿信任	OLS 模型:政府能力信任	多层次模型:政府意愿信任	多层次模型:政府能力信任
固定效应				
截距项	-1.78*** (0.06)	-1.81* (0.06)	-4.84*** (1.60)	-5.11*** (1.65)
主观绩效(经济)	0.13*** (0.01)	0.13*** (0.01)	0.11*** (0.01)	0.11*** (0.01)
主观绩效(社会)	0.17*** (0.02)	0.17*** (0.02)	0.14*** (0.01)	0.15*** (0.02)
主观绩效(环境)	0.17*** (0.01)	0.17*** (0.01)	0.18*** (0.01)	0.18*** (0.01)

---

① 政府意愿信任的城市间方差为 0.13,城市内个体间方差为 0.69,组内相关系数(ICC)为 0.13/(0.13+0.69)≈0.16。政府意愿信任的城市间方差为 0.14,城市内个体间方差为 0.68,组内相关系数(ICC)为 0.14/(0.14+0.68)≈0.17。组内相关系数都相当高,这也从另一个侧面说明了进行多水平分析的必要性。

续表

	OLS 模型：政府意愿信任	OLS 模型：政府能力信任	多层次模型：政府意愿信任	多层次模型：政府能力信任
人际信任	0.07**	0.06**	0.07***	0.06***
	(0.02)	(0.02)	(0.02)	(0.02)
道德信任	0.24***	0.26***	0.22***	0.24***
	(0.03)	(0.03)	(0.03)	(0.03)
个体是否参与社区活动	0.10***	0.11***	0.09***	0.10***
	(0.03)	(0.03)	(0.03)	(0.03)
个体是否参与社会组织活动	0.03	0.01	0.00	-0.01
	(0.04)	(0.04)	(0.04)	(0.04)
户口（是否外市县）	0.22***	0.21***	0.10***	0.10***
	(0.03)	(0.03)	(0.03)	(0.03)
教育：大学以上（参照组：初中及以下）	-0.09***	-0.09***	-0.04	-0.04
	(0.03)	(0.03)	(0.03)	(0.03)
教育：高中中专（参照组：初中及以下）	0.00	0.01	0.01	0.02
	(0.02)	(0.02)	(0.02)	(0.02)
城市社区参与率			-0.33	-0.29
			(0.36)	(0.37)
城市社会组织参与率			1.58*	1.45*
			(0.67)	(0.69)
城市人口外市县户口比例			0.38	0.36
			(0.26)	(0.27)
城市大学以上教育程度比例			-1.03***	-1.06*
			(0.41)	(0.42)
城市人均收入（对数）			0.32*	0.35*
			(0.16)	(0.17)
随机效应				
组间变异			0.07	0.08
残余组内变异			0.60	0.59
R^2	0.17	0.18		
BIC			14548.81	14452.73
Log Likelihood			-7195.95	-7147.91
N	6063	6063	6063	6063

我们最为关心的是参与行为与政府信任之间的关系。从最小二乘回归结果来看，参与社区活动者的政府信任程度更高，参与社会组织活动者的政府信任程度则与不参与者没有显著差别。但是我们不能就此得出结论，认为参与社区活动更能促进政府信任，而社会组织参与没有这种效应，因为这种关联并不能够澄清背后的运作机制。

多层次模型给出了更多的信息。在同一城市内部，参与社区活动和政府信任有着密切的关系（对政府意愿信任和能力信任的系数分别为 0.09 和 0.10，均非常显著）；但是在城市之间进行比较，社区参与率更高的城市并未得到更高的政府信任（城市层面上社区参与率对政府意愿信任和能力信任的系数甚至均为负值，但在统计上不显著）。这表明，社区参与和政府信任之间的关系可能更类似于图 6–1 中的"吸纳式参与"模式。两者之所以存在关系，更主要的原因可能是对政府高信任者更容易被吸纳到参与活动当中，而不是参与行为本身促进了政府治理水平进而提升城市整体的政府信任水平。

与之形成对照的是社会组织参与。在同一城市内部，参与社会组织活动与政府信任没有密切关系（相应系数并不显著），参与社会组织活动者并不必然对政府持有高信任态度；但是在城市之间进行比较，那些社会组织参与率更高的城市明显得到了更高的政府信任评价（城市层面上社会组织参与率对政府意愿信任和能力信任的系数高达 1.58% 和 1.45%，均非常显著）。社会组织参与和政府信任之间的关系应当更类似于图 6–1 中的"关切式参与"模式。那些对政府持中立甚至怀疑态度者出于公共关切而进行的制度化参与行为，促进了政府治理进而提升了城市整体的政府信任水平。假设 1 和假设 2 得以验证。此外，从表 6–2 中可以看出分别针对政府意愿信任和能力信任的估计结果非常相似，并没有显著区别，因此假设 3 和假设 4 也得到了数据的支持。

控制变量的系数估计也提供了有趣的信息。最小二乘回归结果显示,受教育程度与政府信任之间存在着显著的负向关系。但是如何解释这一结果呢?是否文化程度越高,对政府的态度就越疏离而负面呢?多层次模型的分析结果说明这一解释并不完全:同一城市当中教育程度与政府信任之间的负向关系在统计上并不显著;但是在城市之间进行比较,大学以上教育程度者比例更高的城市得到的政府信任度明显更低(系数分别是 -1.03 和 -1.06)。这暗示,处在教育程度较高的城市中,即使教育程度较低者也会对政府评价更低。因此,教育程度与政府信任之间的负面关系并不是个体层面的心理机制使然,而是社会发展的宏观机制使然。随着社会多元性程度的加深,以及更重视"自我表达"的价值观出现,诺瑞斯所述的"批判性公民"机制的作用将会越来越明显。王正绪认为,在"批判性公民"出现之前,经济发展是影响政府信任的关键因素,但长期来看,经济发展终将引发价值观的变迁。① 假设6也得到了有效支持。

对数化后的城市人均收入对于政府意愿信任和能力信任的影响也是显著的(系数分别为0.32和0.35)。数据中最低的市人均收入为12789元;最高为37746元。可以算出,收入会使得两个城市在政府信任得分上相差0.4左右。人均收入对于政府信任具有明显的促进作用,这说明客观绩效(尤其是经济发展水平)仍然是决定政府信任的重要因素之一。此外,同一城市中外地户口者的政府信任低于本地户口者;但是外地户籍人口较多的城市并不一定得到更低的政府信任。这无疑与当前政府提供公共服务和进行社会管理时的户籍分割制度有着密切关系。

---

① Wang, Zhengxu, 2005, "Before the Emergence of Critical Citizens: Economic Development and Political Trust in China." *International Review of Sociology* 15 (1).

第五节 利益受损感的影响

社会发展不仅仅是 GDP 的增长或者物质财富的增加，而是包含着福祉、公平、包容、可持续多个维度的实质性进步。在当前的社会发展进程中，人们的利益诉求日益多元化，公众权利意识不断增长，权益保护已经成为社会发展过程中不容忽视的一个重要问题，也成为影响政府信任的一个重要因素。"中国社会发展和社会态度（2014）"调查对被访者的权益保护、权益救济等问题进行了询问。本节对利益受损与政府信任之间的关系进行分析。

一 总体情况

在本次调查中，我们询问了过去一年中被访人或其家人是否有各种权益受到侵害的经历。数据显示：有 6.3% 的人感觉到自身或其家人的权益受到了政府行为损害；有 8.3% 的人感觉到自身或其家人在工作单位受到了不公正对待；有 9.4% 的人认为自身或其家人的工资福利被克扣或拖欠；有 8.6% 的人感觉到其他个人侵害了自己或家人的权益。

要说明的是，这里测量的是被访者的主观感受，是被访者的"主诉"。什么是自己的权益，每个人有着不同的理解，统一的问卷对此不可能进行深入探究。什么样的行为就能叫作损害，被访者的理解也不可能完全相同。这里测量的更无关某一事实是否在法理上真的构成了一种损害，而仅仅是被访者的主观感受。但是这种主观感受并不因为其"主观"而丧失意义，相反，它也是一种社会事实，也在深刻地影响着人们对于社会"正义"和"公正"的感受。这里之所以询问范围不仅包括被访者个体的权益受损情况，也包括其家人的权益受损情况，也是因为很多情况下，家庭是一个权益的整体单位，家人权益受损对于个体的社会公正感的影响，是与自身权益受损没有太大区别的。这里也是一种社会本位视角的体现：社会感受从来都不是孤立的个体感受，而是处于家庭与社会网络结构中的个体感受。

有6.3%的人感觉到自身或其家人的权益受到了政府行为损害这一结果与其他调查数据结果基本上是一致的。例如，北京大学中国社会科学调查中心组织的"中国家庭追踪调查（2012）"中，有9%的被访者自陈受到政府干部的不公对待；有4%的被访者自陈与政府干部发生过冲突；有12%的被访者报告曾遇到政府办事拖延或推诿；有6%的被访者回答说曾被政府不合理收费。[1] 需要进一步说明的是，在社会生活当中，自身或其家人的权益受到了政府行为损害毕竟还是一个小概率事件，对于这一比例进行精确估计并非本次调查的目标。调查研究的根本目标在于通过研究变量间的关系对理论假设进行检验。[2] 因此，下面我们就转向探讨权益受损感与其他因素的关系。

二 影响因素

以下的分析重点关注其中一类特殊的权益受损感，即来自政府行为的权益受损（下文中的"权益受损感"如不做特殊说明，都是特指此类权益受损）。哪些人更容易感受到政府行为损害到自身或家人的权益呢？人们通常持有的一种假设是，那些相对弱势的、社会资源更少的人，如女性、在城市中的农村户籍者和外地户籍者、受教育程度较低者、收入较低者更容易感受到政府行为损害到自身或家人的权益。但是数据并不支持这一假设。数据显示，男性和女性在这一问题上的选项分布几乎相同；农业户口者并不比非农业户口者更

---

[1] 谢宇等：《中国民生发展报告2013》，北京大学出版社2013年版，第345—353页。
[2] 潘绥铭、黄盈盈、王东：《论方法：社会学调查的本土实践与升华》，人民大学出版社2011年版，第10—23页。

有权益受损感；户口在外县市者和本地户口者也没有显著差异；高中中专和大学及以上教育程度者甚至比初中及以下教育程度者的权益受损感更强，但也没有达到显著程度。将收入分为四等分，高收入组与低收入者也显示不出任何显著差别。不同年龄组的权益受损比例也大致相同，没有显著差异。数据并不支持权益受损感更集中于相对弱势的、社会资源更少者的假设。

另一种假设认为，权益受损感与个体自身的特征并没有显著关系，而在于个体所处的社会环境和社会发展阶段。我们从2013年统计年鉴中查到了调查涉及的各个城市2012年城镇居民人均可支配收入。城镇居民人均可支配收入大致可以反映一个城市的经济发展水平。在调查涉及的城市中，其人均可支配收入与权益受损比例是否有关系呢？数据显示：

● 在人均年收入为20000元以下的城市中，权益受损比例为5.7%；

● 在人均年收入为20001—25000元的城市中，权益受损比例为4.9%；

● 在人均年收入为25001—35000元的城市中，权益受损比例为10.1%；

● 在人均年收入为35000元以上的城市中，权益受损比例为7.3%。

从上面的数据来看，似乎在人均年收入更高的地区权益受损比例更高。但是对数据进行考察之后发现，上述结果其实是在"25001—35000元"组和"35000元以上"组中存在着三个权益受损比例极高的城市（超过18%）造成的。这三个离群值对于分析影响非常大。如果去除上述三个离群值之后，我们发现，那些人均可支配收入较低的地区中，既有权益受损比例较高的，也有权益受益比例较低的。在人均可支配收入较高的地区中也同样如此，两者之间很难找出一定的规律来。因此，权益受损感的产生原因是源于当时当地的具体社会环境和社会机制的,不能单单用经济发展水平等变量来进行解释。

三 外溢效应的存在

权益受损无疑会使得权益受损者对政府的信任度降低。这是一个基于常识的推断,数据证明这个推断是成立的。

- 权益受损者不信任当地县区政府的比例为 27.9%,而权益未受损者不信任当地县区政府的比例为 10.4%。
- 权益受损者认为政府处理事情不公道的比例为 44.7%,而权益未受损者认为政府处理事情不公道的比例只有 19.5%。
- 权益受损者认为当前社会不和谐的比例为 23.2%,而权益未受损者认为当前社会不和谐的比例为 10.6%。上述差异都是在统计上显著的。

值得注意的是,自感权益受到政府行为损害不仅降低了对政府的整体性信任,而且还进一步降低了对社会的整体性信任。

- 权益受损者中赞同"大多数人值得信任"的比例为 39.5%,而权益未受损者中赞同"大多数人值得信任"的比例为 54.1%。权益受损者的社会人际信任度要低 15 个百分点。
- 权益受损者中认为"社会上的是非标准变得很模糊"的比例为 60.8%,而权益未受损者中赞同"社会上的是非标准变得很模糊"的比例为 47.1%。权益受损者的社会道德信任度也明显更低,与权益未受损者相差 14 个百分点。

数据中显示出来的另一个有趣现象是,在那些权益受损比例较高的城市中,即使是那些自身或家人没有遭受过权益受损的被访者,与那些权益受损比例较低的城市中的同类人相比,对于政府和社会的信任度也会相对较低。也就是说,权益受损影响的不仅仅是权益受损者及其家庭,而且会形成一种更为广泛的"社会情绪",也影响那些自身权益未受损的社会成员。这同样是一个重要的社会命题,人并不是孤立的个体，而是处于社会网络与社会环境中的行动者。换言之，权益受损对于政府信任的影响范围不是权益受损者本人及其家庭成员（约占整体的6.3%），而且也包括那些同处一个社会环境当中的未直接受损者（社会整体）。这一点更为深刻地表明了权益受损存在的"社会"影响。总体数据中有6.3%的人感觉到自身或其家人的权益受到了政府行为损害。分析中以此为标准，所有市区被分为两组：受损感比例较高的城市（高于6.3%）和受损感比较低的城市（低于6.3%）。以下是这两组城市中自感权益未受损者的社会信任和政府信任的比较结果。

- 在权益受损比例较高的城市中，权益未受损者认为当前社会不和谐的比例为13.2%；在权益受损比例较低的城市中，权益未受损者认为当前社会不和谐的比例为8.7%。
- 在权益受损比例较高的城市中，权益未受损者不信任当地县区政府的比例为13.8%；在权益受损比例较低的城市中，权益未受损者不信任当地县区政府的比例为8.0%。
- 在权益受损比例较高的城市中，权益未受损者认为政府处理事情不公道的比例为23.3%；在权益受损比例较低的城市中，权益未受损者认为政府处理事情不公道的比例为17.2%。
- 在权益受损比例较高的城市中，权益未受损者认为大多数人是值得信任的比例为49.6%；而在权益受损比例较低的城市，权益未受损者认为大多数人是值得信任的比例为56.3%。上述差别在统计上均是非常显著的。

更进一步的分析发现，处在权益受损比例较高的城市中的权益受损者，与处在权益受损比例较低的那些权益受损者相比，其对于社会和政府的信任度要更低。也就是说，不仅权益受损的影响范围是"社会性"的，而且权益受损的影响程度也是"社会性的"。如果权益受损在一个城市中只是零散的、发生概率较低的，那些权益受损者也会将其归因为个体性（某个政府官员的问题）而不会影响对政府整体的判断,但是如果城市中权益受损的比例逐渐升高时,权益受损者的归因可能发生变动,权益受损对于社会信任和政府信任的影响也会更大。

- 在权益受损比例较高的城市中,权益受损者认为当前社会不和谐的比例为26.7%;在权益受损比例较低的城市,权益受损者认为当前社会不和谐的比例为18.3%。

- 在权益受损比例较高的城市中,权益受损者不信任当地县区政府的比例为29.0%;在权益受损比例较低的城市中,权益受损者不信任当地县区政府的比例为30.2%。在这点上,两者不存在显著差别。

- 在权益受损比例较高的城市中,权益受损者认为政府处理事情不公道的比例为49.3%;在权益受损比例较低的城市中,权益受损者认为政府处理事情不公道的比例为35.7%。

- 在权益受损比例较高的城市中,权益受损者认为大多数人是值得信任的比例为36.0%;在权益受损比例较低的城市中,权益受损者认为大多数人是值得信任的比例为42.4%。上述差别在统计上均是显著的。

四 救济方式

在个人或家人权益受到政府行为损害后,被访者的维护方式和应对之道是什么呢?数据显示,有48.2%的被访者去找政府相关部门申诉或投诉;有25.1%的被访者去法院打官司;有35.5%的被访者找私人关系解决。这一结果与以往的社会调查数据基本一致。如"中国综合社会调查"(CGSS)2006年调查数据表明,在遭到城市拆迁、土地征用、失业保障、企业改制等不公平对待时,人们首先去的仍然是政府,占43.4%,去法院的占16.5%。[①]

[①] 中国人民大学中国调查与数据中心:《中国综合社会调查报告(2003—2008)》,中国社会出版社2009年版。

在中国的社会情境中，一般而言在行政救济无法取得预想效果时，人们才会去诉诸法律救济手段。数据也表明，在那些权益受损比例高于平均水平的城市中，权益受损者最终诉诸法律救济手段的比例会更高，为26.1%；而在那些权益受损比例低于平均水平的城市中，这一比例明显更低，为19.2%。两者的差异在统计上是显著的。在权益受损比例较低的城市中，人们采用行政救济的比例更高，为51.2%，而这一比例在权益受损比例较高的城市中为44.2%。

各种救济方式的效果如何呢？在找政府相关部门申诉或投诉的人中，有43.5%认为有效果；有找法院打官司的人中，有44.0%认为有效果。在被访者的经历中，行政救济和法律救济的成功比率差不多，并不太高。值得注意的是，寻求行政救济和法律救济而无果，将会大大降低被访者对于政府的信任程度。在那些寻求了行政救济而最终没有效果的被访者中，认为政府处理事情不公道的比例高达60%；而寻求了行政救济而没有效果的被访者中，这一比例为43%。

这与许多学者对于上访现象的研究结论是一致的。如胡荣发现，农民上访的直接结果是造成了各级政府在农村的信任流失，农村上访走访过的政府层级越高，对基层政府的信任度越低；随着上访层次的提高，上访也对高层政府的信任产生了显著的负面影响。① 李连江也发现，上访行为成了政治信任转换的重要机制：较高的政府信任导致人们在遇到权益受损时去上访，但上访过程中的受挫则导致政府信任的流失。② 数据在这里显示的结果与上述逻辑有类似之处。

综上所述，分析表明权益受损确实对政府信任和社会信任

---

① 胡荣：《农民上访与政治信任的流失》，《社会学研究》2007年第3期。
② Li, Lianjiang, 2008, "Political Trust and Petitioning in the Chinese Countryside." *Comparative Politics* 40 (2).

均有较大影响。权益受损影响的不仅仅是权益受损者及其家庭,而是会形成一种更为广泛的"社会情绪",也影响那些自身权益未受损的社会成员。权益受损的影响随着权益受损比例而扩大,城市中权益受损比例较高,权益受损对于社会信任和政府信任的影响也越大。

第六节 结语:参与行为与公民性建构

很多社会调查数据表明,目前公众参与公共事务的意愿仍然不足。① 关于上海市居民社区参与意愿的分析指出,居民社区参与的基本状况可以概括为"总体参与意愿不强",仅有15.7%的被访者表示很想参与。一些研究表明,尽管现有社区选举中的投票率仍然很高,但是其中委托投票占有相当大的比重,"是否参与社区选举,首要的考量不是公民的权利与义务,而是私人利益与私人关系,社区选举成为私人关系再生产的一个环节"。② 人们一度对新生的中产阶级的公民性抱有厚望,认为中产阶级将会成为公民性生长的重要基础。但是也有研究者指出,虽然中产阶级的权利意识和行动能力都有提升,但是这并不一定能够促进他们参加公共行动,不一定能够决定公共行动的成功可能性。③ 首先,由于种种核心资源仍然是由政治权力控制的,市民对于政府权力仍然存在着较强的依存关系,因此那些有权利意识和行动能力的中产阶级可能根本不会参与到公共维权行动当中去,他们也许会选择中途退出。其次,即使他们参与到公共行动当中,权利意

---

① 马卫红、黄沁蕾、桂勇:《上海市居民社区参与意愿影响因素分析》,《社会》2000年第6期。
② 熊易寒:《社区选举:在政治冷漠与高投票率之间》,《社会》2008年第3期。
③ 陈映芳:《行动力与制度限制:都市运动中的中产阶层》,《社会学研究》2006年第4期。

识和行动力对于维权成功与否也不是那么相关。决定公共行动成功与否的是另外的因素，即涉及的权力意志和权力考量。不管权利意识、行动力与运动效果之间是否存在一定的相关性，外在社会机会结构的约束才是最终的决定因素。如果参与渠道的制度化建设不能跟上，如果外在的各种结构约束条件不变，公民性未来的成长空间也将是十分有限的。也有学者表示了谨慎的乐观态度，如朱健刚通过个案研究表明，现有的组织化参与过程越来越能够培育出居民的志愿参与精神、基于居住利益基础上的权利意识以及公共领域的交流和讨论习惯。在它们的相互作用中可以产生出不同的公民性出来，这类公民性虽然与西方情境中强调自由、独立以及民主的公民性不同，但是也同样表达出对权利的尊重、对平等的向往以及对社会公平的追求。这种公民性的形成与社会主义传统、传统的家庭伦理以及与全球权利价值观的传播息息相关，在它们的共同作用下，这类参与正使得社区发生意义深远的转型。①

随着社会变迁的加剧、社会形势的客观变化，社会管理领域中面临的挑战将会越来越多。在过去数年间，各级政府通过增加管理人员和资源、改善管理程序的精细化、提升技术手段增强效率等方式，在满足社会管理需求方面进行了有益的创新。但是，随着人员的增多、程序的精细化、技术手段的不断引入，上述思路用来改善社会管理问题的潜能也正趋向于释放完毕，其效果趋向于饱和。虽然有一些地方政府在社会参与方面进行了一些探索，但是认真考究起来就会发现，主要的工作仍然是由行政部门承担的，效果只是修辞性的而不是实质性的。更为重要的是，上述管理队伍扩大、管理程序精细化、技术手段提升固然有利于当下管理绩效的提升，但同时也使社会管理工作的科层化色彩更加浓重，更加拉大了群众对于社会管

---

① 朱健刚：《社区组织化参与中的公民性养成》，《思想战线》2010年第2期。

理工作的距离感，社会管理的整体生态改善程度并不显著。在社会异质性和流动性大大增加的当下，社会管理面临的问题极其复杂，问题的解决往往需要对当时当地具体情境的灵活把握。在这样的背景之下，提升公众参与的水平和绩效具有积极的意义。

对于参与绩效的考量，不能局限于举办了多少次活动、新建了多少组织，更为重要的是这些活动和组织对于公众生活有多大的实质性改变、多大程度上提升了公众福利和公众权力。唯有如此，才能调动人们对公共活动和社会组织的参与积极性。人们已经普遍认识对照了公共参与对于现代社会治理和政府管理绩效的作用，但是公共参与在其中的作用逻辑和影响机制还需要认真探究。在理想化的状态中，"组织参与""公共关切""社会互助""政府绩效"是密切关联的，组织参与是从社会互助和公共关切的社会土壤自然生发出来，进而又可以回馈和促进这种社会土壤，这样一种关系的制度化也会使得社会自治能力提升，国家和社会关系融洽，政府绩效也因此提升。但是在现实中，公共参与运作的上述几种因素并不一定是携手并进、密切关联的。在一些制度条件下，可能会出现组织参与提升了，但却并不能实质性地改变人们的公共关切和社会互助，不能实质性地提升社会凝聚力和社会自治力的情况。在另一些制度条件下，可能会出现组织参与和公共关切提升后，却无法在社会结构中在达到制度化平衡，反而出现社会凝聚力和自治力下降的情况[1]。在社会发展的进程中，如何解决公共参与问题是不可逾越而且十分关键的问题。在这个进程中，尤其应当注重参与的绩效，即参与对于社会生活和政府绩效的改善，而不能为了参与而参与，使得参与走向形式化，悬浮于社会生活之上。

---

[1] 亨廷顿：《变化社会中的政治秩序》，王冠华、刘为译，上海人民出版社2008年版。

本章通过区分"吸纳式参与"和"关切式参与"两种不同的驱动机制，试图更深入地探讨参与行为和政府信任之间的关系。要更清晰地刻画两者之间的关系，就必须把"参与"和"信任"两个概念内涵打开，讨论"如何参与"和"信任什么"的问题。李连江的研究表明了人们在回答政府信任问题时，其实对于"信任什么"的理解并不相同。不同的被访者在不同的情境中对"政府"范围的界定和"信任"内涵的理解是有差异的，[①] 因此有必要对"政府信任"的内涵丰富性保持敏感。那些在政府信任量表中打低分的被访者中，可能既包括对政治体系保持疏离态度者，也包括对当前具体政策持批评态度但积极投身社会活动者，也可能仅仅是在言辞上有消极论调但并不影响其真实行动者。"信任"与"不信任"的内涵往往是多重而丰富的，需要研究者在今后加以细心辨析。这也引出了另外一些需要思考的问题：是否更高的政府信任就一定代表着更好的治理，或者治理水平的提升是否必然会提升政府信任度？随着社会发展和价值观变迁，来自"批判性公民"的适度"不信任"是否更是治理的常态？[②] 澄清这些理论问题是经验探讨进一步走向深入的前提。

区分"吸纳式参与"和"关切式参与"两种不同的驱动机制仅仅是打开"参与"概念的初步尝试。个体层面的统计数据关系可能难以区分内在动力和实质后果可能大相径庭的参与行为。因此，研究者就需要对这些形同质异的参与行为的后果进行多个层面的、多个境遇上的推论，然后用经验数据一一检验。除了引入"个体"与"城市"两个分析层面外，还可能

[①] Li, Lianjiang, 2013, "The Magnitude and Resilience of Trust in the Center: Evidence from Interviews with Petitioners in Beijing and a Local Survey in Rural China." *Modern China* 39 (1).

[②] Norris, Pippa, 1999, "Introduction: The Growth of Critical Citizens." In Pippa Norris (ed.), *Critical Citizens: Global Support for Democratic Government*. Oxford: Oxford University Press.

细分不同的城市类型、不同的参与情境,这是未来研究拓展的可能方向之一。

在中国社会参与的研究中,西方理论尽管能起到他山之石的功效,但是毕竟产生语境不同,借用过程中难免有生硬之感。例如,多数西方研究都是研究在公民意识业已形成的前提下其功效与运作的问题,但中国面临的却是公民意识尚需培育的前提下如何促进其生成的问题;多数西方研究都是研究公共参与如何弥补"小政府"之不足的问题,而中国面临的却是公共参与在"大政府"的既有条件下如何成长的问题。因此,尽管多数研究者在当下"社会治理中行政色彩较强、公共参与需要加强"上已经达成共识,但是对于中国实践情境中培育公共意识、促进公共参与的现实途径,学界仍然没有明确而一致的看法。有学者将上述理论与实践的反差称为社会治理研究中的"认知瓶颈"。[①] 要突破这种"认知瓶颈",就需要在实践中分析具体的制度条件,分析不同参与形式的机会结构和运作空间,以及参与者日常生活实践当中对于参与行动的主观理解与意义建构。在西方的社会结构和文化背景下,公民性建立在对个人权利的认知基础上;但是中国有着独特的社会结构和文化传统,中国人的公私观念也有不同于西方之处。[②] 理解了这些制度条件、机会结构以及主观意义之后,我们或许可以对参与的效用获得更为深入的理解。

前述分析在测量上还存在着一些缺憾。例如对"社区参与"测量仅仅以参加活动与否来测量,这可能会忽略了"社区参与"中的其他维度,如对公共事务的积极献言等。这种忽略也可能使得本研究忽略了社区参与中更具积极性的因素。此外,除了"社区参与"和"社会组织参与",本书并未涉及对

---

① 李友梅:《中国社会管理新格局下遭遇的问题》,《学术月刊》2012年第7期。

② 杨宜音:《当代中国人公民意识的测量初探》,《社会学研究》2008年第2期。

公共政策的参与维度等。这些测量和数据方面的局限需要更多的数据支持，在这方面对"政府信任"的研究仍然有更多空间可为。

第七章

社会可持续性的指标建构

第一节 社会可持续性与社会的结构性张力

社会可持续性（Social Sustainability）是可持续发展概念的支柱之一。1987年，联合国世界环境与发展委员会发布了著名的专题报告《我们共同的未来》（也被称为《布伦兰特报告》）。[①] 报告对"可持续发展"概念提出了日后被广泛接受的定义——"可持续发展是既满足当代人的需求，又不对后代人满足其需求的能力构成危害的发展"——并对可持续发展进行了系统阐述。在报告中，可持续发展不仅有生态和经济的意蕴，也包括了社会方面的意蕴。在随后的讨论中，经济可持续性、生态可持续性、社会可持续性成为可持续发展的三大支柱。虽然有学者不断强调要兼顾环境与社会的可持续性，[②] 但是相对而言，社会可持续性受到的关注更少，其概念的内涵也更为模糊。不同学者在不同情境下对于社会可持续性有着不同的定义，甚至某些情况下，社会可持续性成为某些社会可欲目标的简单堆砌，因此我们首先需要在理论上对社会可持续性进行认真辨析，然后才能为其构建合适的指标。

[①] 世界环境与发展委员会：《我们共同的未来》，王之佳、柯金良译，吉林人民出版社1997年版。

[②] 洪大用：《理解中国社会的可持续性》，《江苏社会科学》2010年第5期。

可持续发展当中包括的定义仍然有许多争议，主要的争议在于要"持续"的对象是什么。一种理解是力图使得传统的发展目标不断地得到"持续"，即虽然要考虑到生态和社会因素，但归根到底，最终目标仍然是让经济增长能够不断持续。另一种理解是要"持续"的对象并不是不断增长的传统发展目标，而是生态和社会因素本身；生态和社会因素的平衡稳定，并非发展的手段，而是与经济增长并行的重要发展目标。有研究者认为，前者包括了不可解决的内在矛盾，后者才是可持续发展的主流含义。

生态环境的平衡稳定比较容易定义和测量，但社会可持续性却常常被混同于各种社会目标的线性提高。虽然社会可持续性与社会目标的线性提高有很大关系，但两者并不能完全等同。科兰托尼奥也指出："社会科学和政策研究推出了许多社会目标及测量工具，但是这些社会目标很少关注可持续性这个视角。"① 廖福挺在讨论了社会可持续性的多个定义以后指出："在理论层面，有关社会可持续性的重要问题是，要持续的而非提高的是什么。面对经济发展，有些事物变得比它的原初平衡状态更差。这些方面包括环境多样性和生态平衡，这些就构成了环境可持续性的核心。但另一些事物，如住房质量，……作为经济发展的结果，住房质量通常变得更好而不是更差。因此，它就不应该是社会可持续性的一个维度，而是经济发展的一个目标。"② 如果从上述观点来看，现有的许多社会可持续性的指标就失之过宽，成为社会可欲目标的综合。例如，联合国可持续发展委员会（UNDSD）制定的可持续性社会维度的框

---

① Colantonio, Andrea, 2007, "Social sustainability: An Exploratory Analysis of Its Definition, Assessment Methods" Working Paper. Oxford: Oxford Institute for Sustainable Development.

② Liao, T. F., 2010, "The Core Concept of Social Sustainability: Can We Cut the Gordian Knot?" *The International Journal of Environmental, Cultural, Economic and Social Sustainability* 6 (2).

架，就包括了平等、健康、教育、住房、安全、人口等多个子维度。然而，正如廖福挺所言："如果社会成员营养不良、死亡率高、饮用水不足、卫生状况不好，这些问题并不说明发展在社会维度上是不可持续的，而是根本没有发展起来。但是，如果营养状况和死亡率高是由于发展过程中不平等加剧造成的，这才是社会不可持续性的问题。"[①] 正如生态可持续性面对的是发展过程中的生态张力问题一样，社会可持续性必须能够揭示出发展过程中在社会层面上的结构张力和协调问题。它不是诸多社会目标的简单堆砌，而是发展目标与社会持续在多个层面上的协调。

第二节 社会可持续性的四个维度

发展是有向度的变迁过程。在通常理解中，发展意味着社会福利的不断增加。然而，发展过程也同时伴随着在生态层面和社会层面上的种种张力（tension）。如果这种张力加剧，失去原来的平衡稳定状态，就会引致发展过程的不可持续。社会可持续性的核心内容就是发展进程中的社会张力。如果说社会可持续性的核心是发展过程中的社会张力，那这种张力的具体维度和内容是什么？基于不同的理论观点和立场，学界对此有着不同看法。廖福挺认为，发展过程中带来的最重要社会后果就是结构不平等的加剧，因此理解和测量社会可持续性的核心也就是"结构不平等"，其余维度要么与社会可持续性无关，要么只是结构不平等的后果或发生作用的中介。[②] 也有学者认为，应当从多个层面来探讨社会可持续性问题，"社区中可以用来构建社会可持续性的资源，可以分为两种或两个层面：个

[①] Liao, T. F., 2010, "The Core Concept of Social Sustainability: Can We Cut the Gordian Knot?" *The International Journal of Environmental, Cultural, Economic and Social Sustainability* 6 (2).

[②] Ibid..

体能力和社会社区能力。个体能力指个体可以用以提升自身福利和社区福利的资源,包括教育、技能、健康、价值、领导力。社会或社区能力可定义为各种关系、网络和规范,以便于进行集体行动以提升生活质量,并使之可持续。"① 还有学者更偏重于从社区发展视角来看待社会可持续性问题。②

社会可持续性要关注的核心内容是发展进程中的社会张力,因此社会可持续性的维度也需要从发展进程中的社会张力出发进行分析。在这方面,社会学经典理论中有着丰富资源可以汲取,如社会团结理论、社会整合理论等。中国当代社会学者也基于经验现实,从"结构性紧张"的角度进行了诸多分析。③ 综合前述成果,我们认为,发展进程中的社会张力突出地表现在社会公平、社会秩序、社会归属、社会信任四个方面。

第一,社会公平。伴随着发展进程,增长的成果分配必然成为重要的问题。经济发展的各种成果在社会成员之间进行分配,需要符合社会成员认可的公平原则。不同的社会群体可能有着不同的利益诉求和分配伦理,如果现实中的分配格局与多数社会成员的分配伦理存在冲突,那么社会发展的持久能力也会受到威胁。因此,在发展进程中,我们必须关注经济增长的成果分配与社会认可的分配伦理之间的匹配程度,关注人们对发展成果的共享程度的认同程度。在这里,尤其要注意的是,在研究社会认可的分配伦理时,"要着眼于在经济和社会活动中互动的当事者,而不是如流行的一些做法那样,研究者预先给定一个自认为公平合理的标准,由此来裁定分配的状态"。④

---

① Gates, Rick, and Mario Lee, 2005, "Definition of Social Sustainability." *City of Vancouver: Policy Report*, May 10.

② Magee, L.; James, P. & Scerri, A., 2012, "Measuring Social Sustainability: A Community-Centred Approach". *Applied Research in the Quality of Life* 7 (3).

③ 李汉林、魏钦恭、张彦:《社会变迁过程中的结构紧张》,《中国社会科学》2010年第2期。

④ 刘世定:《论断与学理——陆学艺的社会与经济发展不协调性分析》,《社会学研究》2014年第3期。

如果经济增长的成果分配和社会认可的分配伦理之间存在差距，就有可能导致社会冲突进而增大发展成本。人们对于成果分配不认同，发展所必需的激励机制也会因此无法实现。此外，成果分配的状况和人们的认可伦理相背离，也可能增强人们违反社会规范的激励，对于社会秩序形成破坏，这对于可持续发展也是不利的。

第二，社会秩序。伴随着发展进程，各类经济主体和社会主体之间的活动也会产生社会外部性或社会负效应。"社会成本是在社会活动中社会成员承受的来自他人的负面影响，可以说体现着社会成员之间的不协调性。"① 这种社会外部性可以表现为社会冲突和权益矛盾的增加。此外，伴随着发展进程，人们交往互动程度前所未有地加深，与此同时对于自身权益也经历着一个逐渐自觉的过程。两者共同作用的结果，就是人们之间发生权益冲突的可能性大大增加。发展进程带来的快速变迁又使得原来处理权益冲突的规则可能失效落伍，而新的规则又不可能快速建立，因此权益冲突的解决方案能够得到双方一致认同的难度变得更大。上述所有因素，都可能导致发展进程中社会秩序的瓦解和失效。如果在发展进程中，发展的外部成本越来越高，那么发展进程就是不可持续的。

第三，社会归属。社会成员在社会发展中的激励不仅来自物质激励，如收入和福利的提升，而且也来自社会身份的尊重和认同。只有物质激励没有身份的认同，发展能力也是不可持续的；只有身份认同没有物质福利的提升，也谈不到持久的发展。因此必须要考虑两种激励的协同。然而，伴随着现代化的发展进程，传统的种种社会归属常常面临分崩离析的处境，很难适应新的社会环境和竞争需求。原本在社会中发挥重要功能的各种传统社会群体和社会要素常常被连根拔起，个体丧失了

---

① 刘世定：《论断与学理——陆学艺的社会与经济发展不协调性分析》，《社会学研究》2014年第3期。

社会共同体意义上的归属感，身份认同面临危机，社会疏离的潜在可能增强。如果不能建立起有效的新社会归属和社会认同，传统的社会归属和社会认同又已经被瓦解，这种发展进程中的"失范"现象就会使得社会秩序和公民道德逐步解体，进而也无法达致社会发展的可持续性。

第四，社会信任。社会信任对于发展来说至关重要，信任是社会资本必不可少的组成部分。社会信任既与某一社会内部的文化规范有关，也与具体的社会制度生活相关。社会信任可以增加人们之间的合作激励，同时促进社会交往和信息流通，培育人们在经济社会生活中的内在规范，培育了强大的互惠规范。然而，发展进程当中同样也存在社会信任培育方面的张力问题。特定的发展路径，可能会激励人们的功利主义取向和投机性行为，使得社会信任流失。而社会信任的流失会使得人们的合作难度加大，公共事务中的集体行为变得不可能，人们可能会更多地从公共领域当中退缩到私人生活中，而这又会抵制社会活力，削弱社会发展能力。

社会公平、社会秩序、社会归属、社会信任，上述四个方面构成了发展进程中社会张力的主要维度。在发展实践当中致力于发展的行动本身却造成了成果分配的公平程度不被多数社会成员认可、社会冲突和权益矛盾迅速增加、种种社会归属群体分崩离析、社会信任度被普遍瓦解了，此种情况并不鲜见。如同发展实践当中生态环境的恶化一样，上述因素在社会意义上构成了对发展实践的条件制约，构成了社会维度上的可持续性概念。

第三节　指标框架及操作化

对上述四个维度进行操作化，就构成了社会可持续性的指标框架。

公平问题不仅仅是一种客观现状的描述，而且也包含着对客观现状的主观社会性认知。在本研究中更为关注的是经济增长的成果分配是否能够得到社会民众的认可，因此需要测量人们对于公平的主观看法。研究者将公平评价分为两个方面：一方面是对社会整体的分配公平状况的评价；另一方面是自身个体收入的公平状况的评价。这两个方面是既有联系又有区别的。例如怀默霆的研究表明，虽然中国公众倾向于认为整个社会的收入差距很大，但是多数人认为自己身边的不平等是可以接受的，甚至是公平的。① 如果人们更倾向于参照那些处于他们周边环境中的人而不是整个国家的人来认知公平问题，那么这一结论无疑是令人欣慰的。马磊和刘欣的研究也表明，个人的微观分配公平感与宏观分配公平感之间是有区别的。② 基于上述考虑，本研究中采用两个题项来测量社会公平度：第一个题项是"您觉得当下社会的收入和财富分配是否公平"，用来测量人们对于社会整体的宏观分配公平感；第二个题项是"考虑到您的能力、教育背景和工作付出等因素，您认为自己目前的收入是否公平"，用来测量人们对自身收入的微观分配公平感。

　　社会秩序维度与人们感受到的社会冲突和权益矛盾有关。社会秩序感受有宏观感受和微观感受两个层面：前者是从社会整体出发进行的评价；后者则事关自身的具体经历。我们用两个题项来分别测量人们的宏观社会秩序感受和微观社会秩序感受。前一个题项为"您认为当前社会的总体状况是否和谐"，后一个题项为"过去一年间，您或您的家人是否有过权益受到侵害的经历"。后一个题项中涉及了来自政府行为的权益损害、工作单位中受到不公正对待、工资福利被克扣或拖欠、来自其他个人的权益损害等具体情况。要说明的是，这里测量的是被访者的主观感受，是被访者的"主诉"。什么是自己的权益，

---

① 怀默霆：《中国民众如何看待当前的社会不平等》，《社会学研究》2009年第1期。
② 马磊、刘欣：《中国城市居民的分配公平感研究》，《社会学研究》2010年第5期。

每个人有着不同的理解，统一的问卷对此不可能进行深入探究；什么样的行为就能叫作损害，被访者的理解也不可能完全相同。这里测量的更无关某一事实是否在法理上真的构成了一种损害，而仅仅是被访者的主观感受。但是这种主观感受并不因为其"主观"而丧失意义，相反，它也是一种社会事实，也在深刻地影响着人们对于社会秩序的感受。

社会归属力图反映的是社会成员在社会身份意义上的认同感。我们在此用收入层级认同与地位层级认同来测量社会归属。社会学的诸多研究都表明，主观的收入层级认同和地位层级认同与客观地位要素之间并不一致。[①] 从多数现代国家的经验来看，客观地位要素与主观层级认同之间的不一致反而是更为常见的经验事实。其原因就在于主观社会层级认同是基于客观地位要素的社会建构，它同时反映了社会成员的社会认同感与社会归属感。如果在发展进程中，社会归属感保持稳定，那么社会成员的主观层级认同也会随之稳定；反之，如果社会归属感不断被侵蚀，那么尽管经济收入可能增长，但主观层级认同却会出现下滑趋势。在本研究中，我们采用两个题项来测量社会归属："您认为您的收入属于第几层"；"您认为您的社会地位属于第几层"。前者用来测量收入的主观层级认同；后者用来测量社会地位的主观层级认同。

社会信任不同于政府信任或机构信任。帕特南指出："经验上来说，社会信任和政府信任可能相关也可能不相关，但是理论上必须进行清晰区分。政府信任可能是社会信任的原因或者结果，但是它不同于社会信任。"[②] 社会信任内部又可以区分为针对社会中一般性他人的"一般信任"（general trust）或者"弥散性信任"（thin trust）和依赖于具体社会关系、针对共同

[①] 范晓光、陈云松：《中国城乡居民的阶层地位认同偏差》，《社会学研究》2015年第4期。

[②] Putnam, Robert D., 2001, *Bowling alone: The Collapse and revival of American Community.* New York: Simon and Schuster.

体成员的"具体信任"(specific trust)或者"内聚性信任"(thick trust)。本次调查中,用两个题项来测量社会信任:"您是否认为大多数人是值得信任的";"生活中遇到困难,您是否总能及时得到帮助"。第一个题项是关于"一般信任"的,第二个题项是用来测量"具体信任"的,它们共同构成了关于社会信任的测量。

综上所述,社会可持续性的指标框架如表7-1所示:它分为社会公平、社会秩序、社会归属、社会信任四个维度;每个维度又都细分为两个题项,用以凸显发展过程中的结构张力。

表7-1　　　　　　　　社会可持续性的指标框架

维度	指标名称	题项	指标操作化定义
社会公平	宏观分配公平感	您觉得当下社会的收入和财富分配是否公平	认为社会收入与财富分配公平的比例
	微观分配公平感	考虑到您的能力、教育背景和工作付出等因素,您认为自己目前的收入是否公平	认为自身收入公平的比例
社会秩序	宏观秩序感受	您认为当前社会的总体状况是否和谐	认为社会总体状况和谐的比例
	微观秩序感受	过去一年间,您或您的家人是否有过权益受到侵害的经历	过去一年中没有权益受损经历的比例
社会归属	收入层级认同	您认为您的收入属于第几层	收入层级认同在第五层以上的比例
	地位层级认同	您认为您的社会地位属于第几层	地位层级认同在第五层以上的比例
社会信任	一般信任	您是否认为大多数人是值得信任的	赞同"大多数人是值得信任的"的比例
	具体信任	生活中遇到困难,您是否总能及时得到帮助	赞同"生活中遇到困难,我总能及时得到帮助"的比例

第四节　各维度内部的几个特点

"社会态度与社会发展"调查的抽样为多阶段不等概设计，以下数据均为数据进行抽样加权后的结果。

一　社会公平："微观公平感受"优于"宏观公平感受"

就宏观公平感受而言，数据中认为当下社会的收入和财富分配是公平的比例为38.9%（3.7%的人认为很公平，35.2%的人认为较公平）；认为分配不公平的比例为49.8%（33.4%的人认为较不公平，16.4%的人认为很不公平）；另有11.4%的人表示"不好说"。

人们对于自身收入公平状况的评价明显更高。认为自己目前收入公平的比例为56.1%（6.0%的人认为很公平，50.1%的人认为较公平）；认为自己目前收入不公平的比例为32.5%（24.1%的人认为较不公平，8.4%的人认为很不公平）；另有11.4%的人表示"不好说"。

上述数据表明，人们对于自身收入公平状况的评价明显优于对社会整体的公平状况的评价，这印证了之前部分研究者的结果。怀默霆通过数据分析认为，虽然"大部分中国人认为全国范围内的收入差距过大，但是，当被问到的是他们身边的人——那些实实在在地作为他们参考对象的人——的时候，只有大概1/3的受访者会说当前他们周边环境里的收入差距过大"。[①] 在本次数据中，认为自己目前收入不公平的比例也接近1/3（32.5%），非常接近怀默霆的调查结果。微观公平感受优于宏观公平感受，背后的制度和文化原因值得深究。

[①] 怀默霆：《中国民众如何看待当前的社会不平等》，《社会学研究》2009年第1期。

二 社会秩序:"宏观秩序感受"良好,"微观秩序感受"仍需提升

多数被访者认为当前社会是和谐的。认为当前社会总体状况和谐的比例为60.6%(47.0%认为较和谐;13.6%认为很和谐);认为不和谐的比例为8.5%(6.3%认为较不和谐;2.2%认为很不和谐);另有30.8%的被访者认为一般。

有5.7%的被访者自述过去一年中曾感到政府行为损害到自身及家人权益;有7.7%的被访者自述过去一年间自身或家人在工作单位受到不公正对待;有9.6%的被访者自述过去一年中自身或家人工资福利被克扣或拖欠;有7.8%的被访者自述过去一年中有其他个人侵害自身或家人权益的情况。如果只要经历过上述四种情况之一就可以认为其有过权益被侵害经历,那么被访者中有19%在过去一年中自身或家人有过权益被侵害的经历。

可以看出,当下民众的宏观秩序感受是良好的,但是仍然有部分民众在过去一年中有过权益被侵害的感受。公众对于社会秩序状况有正面感受和乐观预期,这是发展的社会可持续性的重要保障。但另外,必须直面民众权益保障问题,权益受损影响的绝对不仅仅是权益受益者及其家庭,而且会形成一种更为广泛的社会情绪,影响社会整体的发展可持续性。

三 社会归属:"社会地位层级认同"高于"收入层级认同"

在收入层级认同和社会地位层级认同中,我们的度量方法都是分为十层,其中第一层代表最低,第十层代表最高。收入层级认同和社会地位层级认同最多的层级都是第五层,因此我们可以将第五层看成一般人心目中的中层(见图7-1)。有多少人的收入层级认同和社会地位层级认同在中层以上呢?

在收入层级认同的分布中,有 39.5% 的被访者自认收入层级认同在第五层以上(第五层为 25.3%,六层及以上为 14.2%)。在社会地位层级认同的分布中,有 50.3% 的被访者自认收入层级认同在第五层以上(第五层为 33.5%,六层及以上为 16.8%)。可以看出,人们的社会地位层级认同高于收入层级认同。

客观地位层级认同与客观分层要素有着适度背离,社会地位层级认同高于收入层级认同,这恰恰是一个良性社会中的常态。在这样的社会当中,虽然客观分层要素存在着分布上的差异,但是不同收入水平和不同阶级的个体同样可以构建起坚实的社会归属感,有着强烈的社会身份认同,此时地位层级认同就会呈现出对客观分层要素的适度背离。

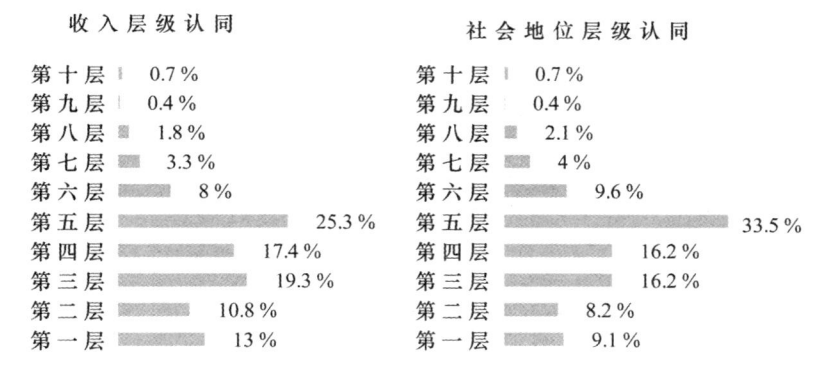

收入层级认同		社会地位层级认同	
第十层	0.7%	第十层	0.7%
第九层	0.4%	第九层	0.4%
第八层	1.8%	第八层	2.1%
第七层	3.3%	第七层	4%
第六层	8%	第六层	9.6%
第五层	25.3%	第五层	33.5%
第四层	17.4%	第四层	16.2%
第三层	19.3%	第三层	16.2%
第二层	10.8%	第二层	8.2%
第一层	13%	第一层	9.1%

图 7-1 收入层级认同与社会地位层级认同

四 社会信任:"一般信任度"优于"具体信任度"

在"一般信任"方面,55.2% 的被访者赞同"大多数人是值得信任的"这一说法(9.3% 表示非常赞同,45.9% 表示比较赞同);表示不赞同的比例仅为 13.5%(10.0% 表示比较不赞同;3.5% 表示完全不赞同);另有 31.3% 的被访者对此陈述持中立态度。这一结果与其他调查项目得到的结果是一致的。在"世界价值观调查"中,中国大陆的一般信任度也达到

53.6%，在国际上相对而言是处在较高水平的。①

在"具体信任"方面，有39.5%的被访者赞同"生活中遇到困难我总能及时得到帮助"这一说法（6.8%表示非常赞同，32.7%表示比较赞同）；表示不赞同的比例仅为17.0%（13.2%表示比较不赞同；3.8%表示完全不赞同）；另有43.5%的被访者对此陈述表示中立态度。

一般信任度优于具体信任度，这同样是研究者通过中国的经验数据发现的一般性规律。一般信任更多地反映了受访者对他所生活的社会环境中信任状况的一般性评价，与一个社会的文化背景密切相关；而具体信任则更多与社会的具体制度安排相关。

第五节 社会可持续性的年度比较

"社会态度与社会发展调查"已经持续进行了四年，这使得我们可以对前述指标进行纵向的比较。社会可持续性的各项指标在前述四年中的情况如表7-2所示。"社会公平"维度的两项指标在前三年调查中没有涉及，因此无法进行年度比较。"社会秩序"维度的两项指标中，宏观秩序感在近年来有显著提升。认为社会总体状况和谐的比例从2012年的50.1%上升到2015年的60.6%。但是微观秩序感受保持较为稳定的水平，过去一年中自身及家人均没有权益受损经历的比例保持在80%左右。"社会归属"的两项指标均有大幅度提升。收入层级认同在第五层以上的比例提升到了近40%；地位层级认同在第五层以上的比例首次超过了50%。如前所述，层级认同的提升原因不仅仅是客观地位要素的变动（如收入的增长），更为重要的是，它同时反映了社会成员的社会认同感与社会归属感的提升。"社会信任"的两项指标则基本保持稳定，在各年间略有

---

① 马得勇：《信任、信任的起源与信任的变迁》，《开放时代》2008年第4期。

一些波动。这也是符合预期的。社会信任程度往往受到文化因素的影响，在短期内是不会发生剧烈变化的。

表7-2　　　　　社会可持续性各项指标的年度比较

指标操作化定义	2012年	2013年	2014年	2015年	最近两年变化
认为社会收入与财富分配公平的比例（%）	—	—	—	38.9	—
认为自身收入公平的比例（%）	—	—	—	56.1	—
认为社会总体状况和谐的比例（%）	50.1	56.5	56.7	60.6	+3.9*
过去一年中没有权益受损经历的比例（%）	—	79.6	81.2	80.9	-0.3
收入层级认同在第五层以上的比例（%）	35.1	28.7	36.4	39.5	+3.1*
地位层级认同在第五层以上的比例（%）	41.8	37.1	44.6	50.3	+5.7*
赞同"大多数人是值得信任的"比例（%）	—	—	54.4	55.2	+0.8
赞同"遇到困难我总能及时得到帮助"的比例（%）	42.8	39.7	42.2	39.5	-2.7*
总指标得分	—	—	102.6	105.3	

注："*"表示两年间的变化在5%显著性水平下是统计显著的。

"—"表示该年度调查中未涉及此项指标。

第六节　社会可持续性的地区比较

基于上述指标框架，我们可以对于不同地区的社会可持续性进行测量。在"社会态度与社会发展调查（2015）"中，共涉及59个初级抽样单元（县级市或市辖区）。我们计算了每一个县级市或市辖区的上述 8 项指标,然后对这 8 项指标的标准化得分进行加总平均,由此得到了每一个县级市或市辖区的地区社会可持续性指数。

一 地区社会可持续性与地区经济发展水平

为了探讨社会持续性指数与经济发展水平之间的关系,我们进一步从各地统计年鉴与各地国民经济和社会发展统计公报中搜索了 2013 年各地的城镇居民人均可支配收入,作为其经济发展水平的衡量。① 各地区社会可持续性指数与经济发展水平之间的关系如图 7-2 所示。

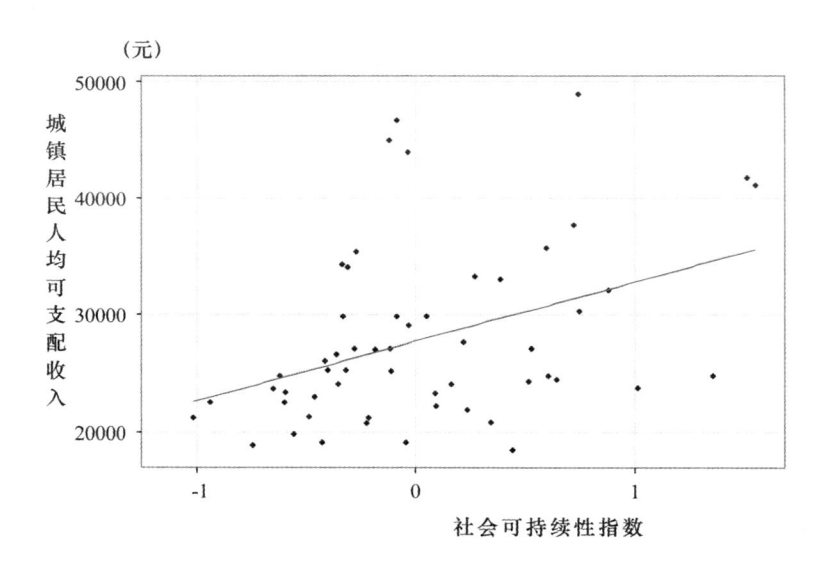

图 7-2 地区社会可持续性与经济发展水平 ($r = 0.39$)

一方面,大致而言,社会可持续性指数与经济发展水平之间具有正向的相关关系 ($r = 0.39$)。图中散点图的左下角

---

① 部分市辖区的城镇居民人均可支配收入无法确定,我们用其所在地级市的城镇居民人均可支配收入来进行近似估计。最终我们找到了调查所涉及的 55 个县级市或市辖区的城镇居民人均可支配收入资源,另有 4 个市辖区的资源缺失。

显示了那些社会可持续性低、同时经济发展水平也相对较低的地区；而右上角显示了社会可持续性高、经济发展水平也相对较高的地区。多数地区都沿着图中自左下角向右上角延伸的直线分布。这说明了社会可持续性是经济发展的一种重要支撑。

另一方面，两者之间的关系又不是完全线性的，还有少数地区位于图中的左上角和右下角，这些特殊的地区值得注意。在左上角的那些地区，虽然有着较高的经济发展水平，但是其社会可持续性却并不太高。另外有一些地区位于右下角，它们有着较高的社会可持续性，但是经济发展水平并不高。这表明社会可持续性与经济发展水平并不完全一致，两者虽然有着密切的关系，但仍然各自有着独立的内涵。要更为深刻地理解两者的关系，不仅需要上述静态的测量，更需要有着动态的观察和分析。

二 地区社会可持续性与政府信任度

地区社会可持续性指数与政府信任度之间具有密切的关系。我们在此只采用一个简单的题项来测量政府信任度：该地区中赞同"政府处理事情是公道的"被访者比例。从图7－3中可以看出，那样社会可持续性指数较低的地区，政府信任度也相对较低；而社会可持续性指数较高的地区，有更多的被访者赞同"政府处理事情是公道的"。两者之间具有非常明显的线性关系，相关系数达到0.75，超过了地区社会可持续性与人均可支配收入的相关系数。

为什么社会可持续性与政府信任水平之间具有如此显著的相关关系呢？其原因需要从两个方面来考虑。一方面，政府的成功运转必须以社会信任与社会合作为基础。帕特南就发现"政府绩效"和"公共精神"之间有着密切关系，公共精神强的地区，其政府绩效也更高。此外，政府信任甚至被认为社会信任在政治领域中的一个投射。另一方面，良好的政府工作也同样可能促进社会公平和社会秩序,从而增强发展进程的社会可持续性。因此,社会可持续性与政府信任水平之间存在上述双向的因果关系,既可能出现彼此促进的良性循环,也可能出现彼此侵蚀的恶性循环。两者之间的密切相关关系,也再次说明了社会可持续性在发展进程中的重要性。

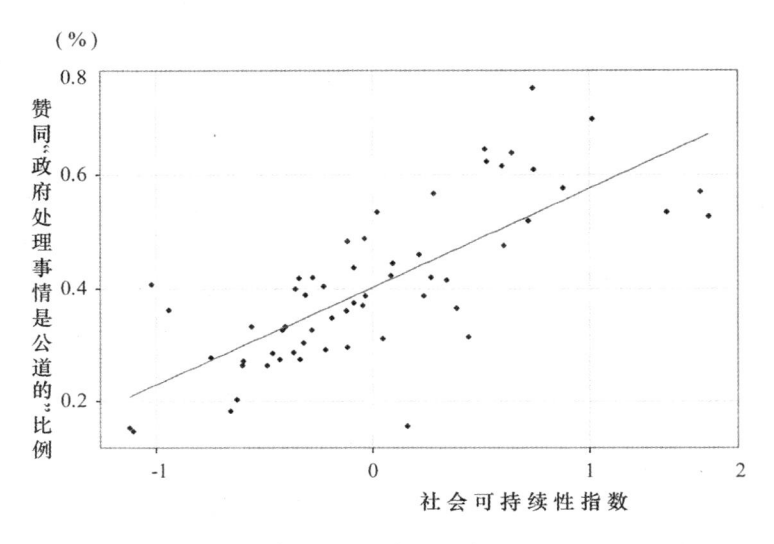

图7-3 地区社会可持续性与政府信任水平（r=0.75）

三 地区社会可持续性与社会发展水平满意度

在调查中,我们询问了被访者对当地社会整体发展水平的满意度。图7-4显示,社会可持续性与社会发展水平满意度之间同样有着明显的线性关系:社会可持续性高的地区,对社会发展水平的满意度也高;社会可持续性低的地区,对社会发展水平的满意度也相对更低。两者之间的相关系数达到0.79。这再次证明了社会可持续性在发展进程中的关键性作用。在某些情况下,它与发展水平满意度之间的相关性甚至可能会超过人均收入之类的传统指标。

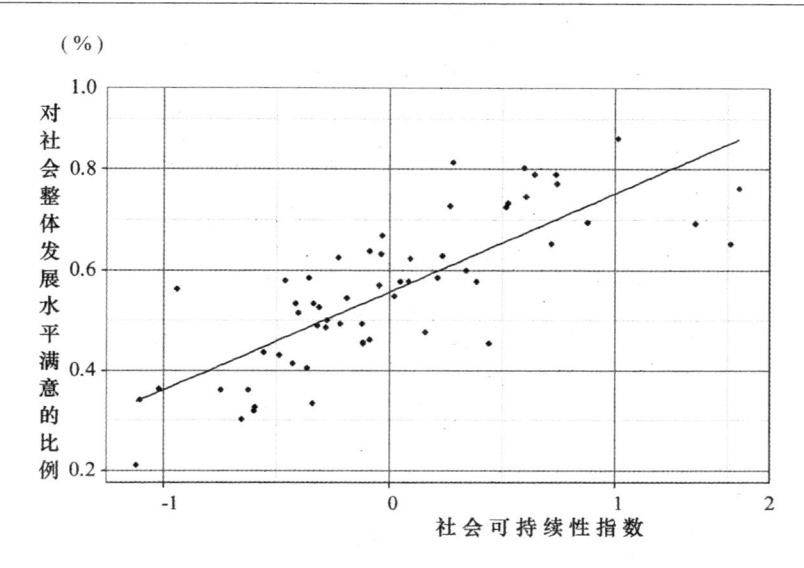

图7-4 地区社会可持续性与社会发展水平满意度（r=0.79）

第八章

结　语

第一节　反思:结构与行动

前述各章分别就社会樊篱格局、社会层级认同、教育获得、社会参与等领域进行了分析。转型过程中的结构动力贯穿上述所有的分析过程与研究问题之中,使之成为一个整体中彼此呼应、韵律暗合的组成部分。通过这些分析我们看到,如果不加反思地将西方社会中生成的中层理论应用于中国结构转型背景下的社会分析,就可能会忽略真正的结构推动力,而只是聚焦于某种局部或个体性的因素:在分析社会流动时,就可能会只关注社会樊篱疏密程度上量的变化,而忽略了社会樊篱整体格局的质的变化;在分析社会层级认同时,就可能会只关注个体或群体的参照点发生的变化,而忽略了社会层级认同参照系从单位类型和社会归属等属性到收入等市场机遇占有的整体性转变;在分析教育获得时,就可能会只关注不同阶层或群体在教育上的资源差异与偏好差异,而忽略了从"精英教育"到"大众教育"的扩展过程中教育体系本身的转变,以及不同教育决策阶段中户籍意蕴的转变;在关注社会参与时,就可能不假思索地将社会参与和系统信任之间的关系视为理所当然,而忽略了在转型过程中社会参与本身在形式和内容上的实质性转变,以及其与系统信任之间的关系模式转变。不对这两者社会生活中发生的变迁层次进行自觉的区分与辨析,就难以理解变迁的现实。例如，如果我们只从个体的地位要素出发进行解释，而看不到地位层级认知的参照系的整体性变动，看不到这种参照系在联结客观地位要素与主观地位认知之间发挥的重要作用，就可能完全不能理解地位层级认同向下偏移的这一转型事实。再如，如果我们只从个体的教育资源获得出发进行解释，而看不到导致教育获得差异的主导性机制随着教育的扩展和社会的转型而发生了根本改变，就可能完全不能理解教育在户籍差异及不同教育阶段呈现出来的不同变化趋势。

正如本书开篇所言，大可不必把结构论与个体论视为水火不容的对立范式，而可以将两者之间的张力作为社会科学研究的重要推动力，可以视结构论与个体论为具体研究中达到研究目的要借助的路标。因此，上述基于结构论的思想过程对于理解个体的社会行动特征也提供了启发，这具体地表现在如下三个方面。

首先，从社会结构变迁的角度来看，社会行动具有不同于经济理性行动的特点，在于它更多地受到了社会身份与认同意义上的约束。组织社会学家马奇指出，除了利益之外，即功利主义意义上的约束之外，人还有另一层行为约束，即社会身份或认同意义上的约束。① 他将这两种行为理性称为"现实理智"和"身份理智"。后者遵循的不是结果逻辑，而是适当性逻辑。"根据适当性逻辑，行动通过遵循与身份一致的规则而与情境相符合。"按照马奇的论述，适当性逻辑的决策过程包括以下三个问题：识别问题，即处于什么样的决策情境？身份问题，即我是什么样的人，或者组织是什么样的组织？规则问题，即像我或像这个组织一样的人或组织，在这样的情境中会如何行动。因此，结构论分析能够帮助我们理解个体在社会身份与认同意义上的约束条件。

其次，社会行动不仅仅是在既定目标下寻找达到此目标的

---

① 马奇：《马奇论管理：真理、美、正义和学问》，东方出版社2014年版。

手段的一种行为，而且是在实践当中不断地去重新理解目标、丰富目标、发展目标的过程。目标是在实践过程当中不断地被展现和挖掘的，目标与行动本身是并行的，目标本身的不断展现和变动是研究社会过程所必须要去了解的。一个人行动的目标是获取社会地位，这是将社会地位视为其行为的外在目标，但是获得社会地位的过程本身也可能反过来影响了这一社会地位本身的界定与意义。因此，这种行为就成为一种自足的实践（praxis）。社会行动的自足实践意义是非常重要的一个向度。这和通常的"结果逻辑"是不同的，在结果逻辑为主导的行为中，行动的外在目标本身是不会受到为结果而设计的手段的影响的，外在目标成为严格而客观地衡量行为有效性的标尺。社会行动必然涉及社会关系的转变和调整。这些关系的转变和调整并不是社会行动的原初目标，但是伴随着社会行动，社会关系必然经历调整。然而，一旦这些关系维度得以转变，它对于社会变迁的影响可能比这一社会过程的外显目标的意义更大。社会过程不仅仅是一个达成目标的过程，更是一个各种社会关系被改造与变化的过程。在这个意义上，结构分析启发我们去理解个体行动反过来形塑其目标、调整其外在关系的过程。

最后，社会行动既是具体的，又是整体性的。社会行动一般而言是具体的，个体在进行社会判断和社会行动时，未必会对社会有着清晰客观的认知和考虑，而只是根据自身的局部情境作出判断和行动。但是，至少有一部分社会判断和社会行动是整体性的。例如，对于自身在社会中的地位认知，就不仅仅取决于自身所占有的社会资源情况，而且还取决于对社会整体的结构认知，甚至还取决于对社会的理想结构的规范性判断。在此类社会判断和社会行动中，个体的具体行动不可避免地连接到了对社会整体性的认知问题上。正如陈嘉映所言："我们不能假装我只管我自己该怎样生活而对他人该怎样生活不抱态度。……我该怎样生活这样一个看似属于我自己的问题则必然联系于人该怎样生活这样的一般的问题。"① 因此，结构分析能够揭示出个体行动背后的整体性，以及种种个体行动之间的连带关系。

第二节 讨论：结构与民情

有研究者在对中国当代社会学中关于"社会生活与社会阶层"的相关评述中，特别强调上述研究议题必须与对民情基础的敏锐把握结合在一起，才能真正洞察和把握背后的成因与作用机制。② 他们指出："市场体制的逐步形成，计划生育政策的进一步执行，国有企业改制的推动，公有制福利的综合改革，及至政治体制改革的停滞，所有这些因素都开始促使社会各阶层逐渐演变成纯粹的利益性主体，并基于私领域内的利益原则相互发生联系。一方面，市场体制进一步解放了资本的潜能及各种民间社会的活力，另一方面，政治权力也加入市场分配的过程中，寻求最大的收益；一方面，娱乐文化获得了越来越大的自由空间，另一方面，独生子女则将纯粹的生存意识内化在坚硬的心理结构中；一方面，农村外移的流动人口成为经济发展的前提和动力，另一方面，内地广大农村的公共事业得不到有效保护和建设；一方面，国有企业转制突破了体制的瓶颈，甩掉包袱，轻装上阵，另一方面，广大国企职工深陷住房、医疗、教育等改革的浪潮中，为生计而打拼。所有这些，都构成了改革新时期社会民情的复调旋律，深刻地蕴涵在社会的飞速发展与矛盾之中，成为今天中国社会学研究的核心议题。"

在前述几章的分析中，我们看到，一方面，基于经济资本和知识资本的继承效应的社会流动保持稳定甚至略有下降，另

---

① 陈嘉映：《何为良好生活》，上海文艺出版社2015年版。
② 应星、周飞舟、渠敬东主编：《中国社会学文选》，中国人民大学出版社2011年版，第777—781页。

一方面，基于精英认同基础上的等级效应的社会流动樊篱在被编织与强化；一方面，人们的客观地位要素（如收入水平、教育程度、职业等级）都得到了普遍性提高，另一方面，由于其参照系的根本转变，地位层级认同却可能发生整体性的下移；一方面，伴随义务教育的普及和高等教育的大众化，人们坚信获取制度性教育机会是基本权利与平等前提，另一方面，教育的身份和地位筛选功能却更为凸显，教育与身份认定与发展期望更密切地捆绑在一起，甚至差异性的制度设置与权力关系也已经渗透到学校的制度设置与学生的日常生活当中；一方面，人们在理念上认同通过关切式参与来积极投身于公共生活当中，来提升公共治理绩效和制度信任程度，但另一方面，在社会生活中更多出现的却是以行政权威和人情网络作为基础的吸纳式参与。透过上述种种斑驳复杂的社会图景，我们不难体察出背后"社会民情的复调旋律"，更可以时时感受到这种旋律背后的张力。

在这些看似彼此抵牾的变迁方向的背后，我们很容易与西方经典社会学家在面临当时的巨大社会变革时的感受产生共鸣，特别是涂尔干有关社会变迁过程中"失范"的相关论述。在涂尔干的论述中，现代社会变迁过程中最大的挑战在于个体与社会的关系需要进行重新调适与建构。现代社会中，随着社会结构的不断分工和人口的不断集中，个体人格和自我意识也随之成长。个体对于公正的要求已经成为社会秩序中不可缺少的原则。社会必须尊重公正原则才会稳定。另外，如果社会共同的道德准则和集体意识削弱了，社会也会有分崩离析的危险。个人可以向社会提出各种要求，但社会却可能难以如其所愿，因此必须在分化的同时生成新的社会凝聚力来源。使得社会分工与社会凝聚两者得兼的可能性，就在于在具体的生活实践和职业群体活动中培育起新的行为准则和伦理规范来。在涂尔干关于"失范"和"职业法人团体"的分析中，我们看到了他对个体与社会关系建构的深刻理解。我们面临的转型过程，同样需要重新建构个体与社会的关系。在本研究中，这种个体与社会关系的建构就具体体现于个体流动期望与社会机会的关系、地位层级认同的参照系、教育获得与社会身份的勾连机制、个体对于公共事务的参与渠道等几个方面。这是现代社会中联结个体实践与社会整体之间的几个关键机制。我们看到，个体的社会流动受到社会樊篱格局的整体影响；个体地位层级认同并不完全是由个体所拥有的地位要素所决定的，而且还受到社会整体参照系的影响；个体的教育获得也与社会整体的身份结构和制度设置相关；个体参与的形式与实效更是与不同参与模式的整体转换相关。个体与社会关系的建构，会影响到个体的社会公平感、社会秩序感、社会归属感和社会信任程度，从而对社会的整体发展来说至关重要。

然而，我们所描述的图景毕竟是发生在社会转型进程中的中国，它与经典社会学家笔下的社会变迁图景相比仍然有着其显著的相异之处，它绝非这些变迁图景在中国场景下的具体再现。改革开放以来，伴随着高速的经济增长，中国社会同时也经历了市场经济体制和大众教育体系的扩展。但是，社会转型和社会发展绝不仅仅是种种技术性的制度移植过程，也不仅仅是种种抽象性观念（如促进社会流动、平等公正、公众参与等）从精英到民众的传播过程，更重要的是在种种具体实践中把这些抽象性观念和技术性制度融会贯通到人们的日常生活中，形成自洽的伦理实践与精神气质，形塑出立足于自身的认知逻辑与生活方式。技术性制度的移植和抽象性观念的传播渗透可能会是一个线性的推进过程，但是它们在实践中的立足与生长过程却注定会是一个存在内部张力和冲突的过程。因此，在前述分析中我们看到的不仅是外在的社会结构的改组与重建，同时也是个体身份认知与观念的建构和改造。个体意识基础上的公平观念、现代基础教育体系、公民参与制度，这些观念或制度体系在生根于具体的社会实践的过程中，必然也需要改造人的伦理实践和社会认知。从根本上讲，本书在各个领域的具体研究中所揭示出来的种种张力与悖论，都与上述观念或制度在具体实践中的立足与生长过程息息相关。

越是剧烈的变革进程，人们往往越会倾向于急躁地寻求灵丹妙药，倾向于对极为复杂的问题提出简单化的解释，而对于问题背后的结构背景与深刻张力置之不理甚至加以否认。然而，这种过分简单化的解释及解决方案却不仅无助于解决问题，而且本身就可能形成新的问题，使情况变得更为错综复杂。理解社会转型的结构动力及社会民情的复调旋律，有助于我们避免对社会问题进行过分简单化的判断，而能够深入问题的背后看到深层的结构问题与民情基础。

第三节　不足：能动与机制

最后，有必要从方法论角度反思本研究的不足之处，借此指出未来可能的发展方向。

所有以结构论为取向和旨趣的研究中，都难免要面对一个难题：如何处理结构限制与主体能动性的关系。结构与主体之间的关系是社会学理论史渊源最深远的一个二分对立。因此，早有学者对此种结构论倾向提出了批评："在这样的背景之下，社会学于是以探讨种种社会关系的结构形态为其最主要的职态，并且在为人类的未来思考前途出路时，也以社会结构的改组或重组为考虑重心，而不再强调个人本身的心理建构改造（如德行的培养）。"[①] 本研究也以结构论为旨趣，也自然会在主体能动性的思考深度上有所不足。但是，在具体问题的分析过程中，研究者却能时时感到结构转型与个体德性培育之间又绝对不是一个可以分立谈论的问题。社会流动如何促进人的社会发展？地位层级认同如何尊重人的社会归属？教育体系会不会背离其培育德性和发展潜能的宗旨？公民参与如何塑造公民德性？上述问题实际上都时时贯穿于我们对结构问题的观察和

---

① 叶启政：《社会理论的本土化建构》，北京大学出版社2006年版。

思考当中。在理论上可以分立的概念，在实际研究过程中却是密不可分、相互推动的。甚至于可以说，如果没有对于个体德性培育的探求，结构问题也是无法清晰和深入地进行分析的。一种新的社会结构要素的生成，往往就对应着微观层面上（至少某些）社会成员的德性的建构，从而对应着宏观层面上民情气质的改变。但是，本研究中对这两种之间的动态关系没有进行深入的分析与揭示，至多只是在某种分析中带有一些暗示而已。要想对这两者的动态关系建立起一个坚实的分析框架来，还需要更多的经验材料和更深入的理论思考。

此外，关于结构背后的具体运行机制也是本研究未能深入讨论的问题。如有研究者指出的："目前社会分层研究所呈现出的社会公平问题的确是社会的焦点问题，但是社会分层研究触及的还只是这种社会问题暴露出来的最后后果。要充分理解这种结果的成因及其作用机制，必须把对经济改革的逻辑及政治治理的逻辑甚至民情的分析结合起来。从这个角度来说，社会分层研究固然重要，但它却是不自足的，其意义必须在对社会运作核心机制的理解的前提下才能更好地体现出来。"[1] 对于机制本身，不同研究者又有不同的理解方式。有人认为是将覆盖性的一般法则分解为具体的因果链条（打开黑箱），也有人认为是指"引发条件未知或者后果，但未定频繁出现且易于识别的因果模式"，[2] 也有人认为是只有在非常有限和特殊条件下才能成立的、区别于广适性定理的因果关系[3]。对于机制在社会科学中的作用，多数研究者都认为单一机制是无法用来理解社会复杂现象的。必须采用多种机制的叠加与组合，甚至必须

---

[1] 应星、周飞舟、渠敬东主编：《中国社会学文选》，中国人民大学出版社2011年版。

[2] Elster, J., 2015, *Explaining Social Behavior: More Nuts and Bolts for the Social Sciences*. Cambridge: Cambridge University Press.

[3] 赵鼎新：《社会科学研究的困境：从与自然科学的区别谈起》，《社会学评论》2015年第4期。

采用个体、群体、地区等多个层面的机制共同组合，才可能理解社会复杂现象。无论如何定义和理解机制，有一点是明确的：本书中的分析还并不能够自足地解释这种结构变动本身，而仅仅是初步性探索了结构变动在几个不同领域中的作用方式。换言之，本书中是将结构变动当成了一个外生的自变量，而不是当成了一个内生的因变量。但是，探索结构变动，更为重要的是将其作为内生变量，考虑其变动的内在动力与成因，而非仅仅视之为外生变量，讨论其在诸领域中的影响。此外，结构变动的内生机制与其外生影响，两者应当是有着内在联系的；将两者割裂开来考虑，肯定是有所缺陷的。未来的研究中，应当进一步考察结构变动的内生机制与外生影响之间的关系问题。

埃尔斯特认为，只有基于事件（event）而非事实（fact）的解释方式才是内在优越的，基于事实的解释在许多情况下是不得已退而求其次的次优选择；解释事件本身与解释事实的变异程度是根本不同的，解释事件本身才是根本性的解释。[①] 从这个角度来看，本书分析集中考虑的皆是事实而非事件，例如在解释教育获得时，我们只是考虑不同户籍身份者升学概率的变迁，但并未将分析层面下沉到行动者的决策行为与事件上来。本书的研究策略是，基于调查数据对变量间关系变异的考虑来探索结构变动，这种研究策略自然会使分析中关注事实而非事件。然而，缺乏对结构变动的重大事件的分析，确实会使得结构变动的轨迹描述显得粗疏。更为理想的一种研究策略可能是，将事件分析与事实分析结合起来，彼此促进其进一步的深入。案例分析能够更好地剖析复杂事件背后的多种机制与动因，应当考虑案例分析与数据分析的结合使用。未来如果能够将对事实的解释与对事件的解释结合起来，则可能大大增强研究的说服力。

---

① Elster, J., 2015, *Explaining Social Behavior: More Nuts and Bolts for the Social Sciences*. Cambridge: Cambridge University Press.

参考文献

1. 阿克罗夫:《一位经济理论家讲述的故事》,胡怀国译,首都经济贸易大学出版社2006年版。
2. 阿克罗夫、克兰顿:《身份经济学》,颜超凡、汪潇潇译,中信出版社2010年版。
3. 鲍威斯、谢宇:《分类数据分析的统计方法》,任强等译,社会科学文献出版社2009年版。
4. 贝克尔:《人力资本》,梁小民译,北京大学出版社1987年版。
5. 边燕杰、卢汉龙:《改革与社会经济不平等:上海市民地位观》,载边燕杰主编《市场转型与社会分层:美国社会学者分析中国》,生活·读书·新知三联书店2002年版。
6. 布劳:《社会生活中的交换与权力》,孙非、张黎勤译,华夏出版社1987年版。
7. 布兰登、佩里·K.:《在21世纪建立政府信任——就相关文献及目前出现的问题进行讨论》,庞娟译,《经济社会体制比较》第2008期第2期。
8. 伯兰德、朱健刚:《公众参与与社区公共空间的生产——对绿色社区建设的个案研究》,《社会学研究》2007年第4期。
9. 陈嘉映:《何为良好生活》,上海文艺出版社2015年版。
10. 陈健民、丘海雄:《社团、社会资本与发展》,《社会学研究》1999年第4期。

11. 陈捷、卢春龙：《共通性社会资本与特定性社会资本——社会资本与中国的城市基层治理》，《社会学研究》2009年第6期。
12. 陈映芳：《行动力与制度限制：都市运动中的中产阶层》，《社会学研究》2006年第4期。
13. 迪尔凯姆：《社会学方法的准则》，狄玉明译，商务印书馆1995年版。
14. 迪尔凯姆：《自杀论》，冯韵文译，商务印书馆1996年版。
15. 范晓光、陈云松：《中国城乡居民的阶层地位认同偏差》，《社会学研究》2015年第4期。
16. 冯仕政：《中国社会转型期的阶级认同与社会稳定》，《黑龙江社会科学》2011年第3期。
17. 国家统计局：《中国区域经济统计年鉴2012》，中国统计出版社2012年版。
18. 郝大海：《中国城市教育分层研究（1949—2003）》，《中国社会科学》2007年第6期。
19. 亨廷顿：《变化社会中的政治秩序》，王冠华、刘为译，上海人民出版社2008年版。
20. 洪大用：《理解中国社会的可持续性》，《江苏社会科学》2010年第5期。
21. 胡荣：《社会资本与中国农村居民的地域性自主参与》，《社会学研究》2006年第2期。
22. 胡荣：《农民上访与政治信任的流失》，《社会学研究》2007年第3期。
23. 胡荣：《社会资本与城市居民的政治参与》，《社会学研究》2008年第5期。
24. 胡荣、胡康、温莹莹：《社会资本，政府绩效与城市居民对政府的信任》，《社会学研究》2011年第1期。
25. 怀默霆：《中国民众如何看待当前的社会不平等》，《社会学研究》2009年第1期。

26. 怀特:《机会链》,张文宏等译,格致出版社 2009 年版。
27. 贾西津:《中国公民参与:案例与模式》,社会科学文献出版社 2008 年版。
28. 利伯森:《量化的反思:重探社会研究的逻辑》,陈孟君译,台北巨流图书公司 1996 年版。
29. 李春玲:《中国城镇社会流动》,社会科学文献出版社 1997 年版。
30. 李春玲:《社会政治变迁与教育机会不平等——阶层地位与制度要素对学历达成的影响(1940—2001)》,《中国社会科学》2003 年第 3 期。
31. 李春玲:《断裂与碎片:当代中国社会阶层分化实证分析》,社会科学文献出版社 2005 年版。
32. 李春玲:《高等教育扩大与教育机会不平等——大学扩招的平等化效应的考察》,《社会学研究》2010 年第 3 期。
33. 李春玲:《教育不平等的年代变化趋势(1940—2010):对城乡教育机会不平等的再考察》,《社会学研究》2014 年第 2 期。
34. 李春玲:《"80 后"的教育经历与机会不平等——兼评〈无声的革命〉》,《中国社会科学》2014 年第 4 期。
35. 李汉林、魏钦恭、张彦:《社会变迁过程中的结构紧张》,《中国社会科学》2010 年第 2 期。
36. 李汉林主编:《中国社会发展年度报告(2013)》,中国社会科学出版社 2013 年版。
37. 李路路:《制度转型与分层结构的变迁:阶层相对关系模式的双重再生产》,《中国社会科学》2002 年第 6 期。
38. 李汉林主编:《再生产的延续:制度转型与城市社会分层结构》,人民大学出版社 2003 年版。
39. 李汉林主编:《再生产与统治——社会流动机制的再思考》,《社会学研究》2006 年第 2 期。
40. 李汉林主编:《社会结构阶层化 利益关系市场化——当代

中国社会管理面临的挑战》，《社会学研究》2012 年第 2 期。

41. 李培林：《社会冲突与阶级意识：当代中国社会矛盾研究》，《社会》2005 年第 1 期。
42. 李培林、陈光金、李炜：《2006 年全国社会和谐稳定状况调查报告》，载载汝信等编《2007 年：中国社会形势分析与预测》，社会科学文献出版社 2006 年版。
43. 李友梅：《中国社会管理新格局下遭遇的问题》，《学术月刊》2012 年第 7 期。
44. 李煜：《制度变迁与教育不平等的产生机制——中国城市子女的学历达成（1966—2003）》，《中国社会科学》2006 年第 6 期。
45. 李连江：《差序政府信任》，《二十一世纪》2012 年第 6 期。
46. 梁晨、张浩、李兰、阮丹青、康文林、李中清：《无声的革命：北京大学、苏州大学学生社会来源研究（1949—2002）》，生活·读书·新知三联书店 2013 年版。
47. 梁玉成：《渐进转型与激进转型在初职进入和代内流动上的不同模式》，《社会学研究》2006 年第 4 期。
48. 梁玉成：《现代性转型与市场转型混合效应的分解——市场转型研究的年龄、时期和世代效应模型》，《社会学研究》2007 年第 4 期。
49. 刘精明：《高等教育扩展与入学机会差异（1978—2003）》，《社会》2006 年第 3 期。
50. 刘精明：《中国义务教育领域中的机会不平等及其变化》，《中国社会科学》2008 年第 5 期。
51. 刘精明：《能力与出身：高等教育入学机会分配的机制分析》，《中国社会科学》2014 年第 8 期。
52. 刘精明、李路路：《阶层化：居住空间、生活方式、社会交往与阶层认同》，《社会学研究》2005 年第 3 期。
53. 刘世定：《论断与学理——陆学艺的社会与经济发展不协调

性分析》,《社会学研究》2014 年第 3 期。

54. 刘欣:《转型期中国大陆城市居民的阶层意识》,《社会学研究》2001 年第 3 期。

55. 刘欣:《相对剥夺地位与阶层认知》,《社会学研究》2002 年第 1 期。

56. 卢福营、张光曙:《客观地位分层与地位层级认同》,《中国人口科学》2006 年第 3 期。

57. 卢汉龙:《城市居民社会地位认同研究》,载中国社会科学院社会学研究所编《中国社会学年鉴:1992.7—1995.6》,中国大百科全书出版社 1996 年版。

58. 陆学艺主编:《当代中国社会流动》,社会科学文献出版社 2004 年版。

59. 伦斯基:《权力与特权:社会分层的理论》,关信平等译,浙江人民出版社 1988 年版。

60. 马得勇:《政治信任及其起源——对亚洲 8 个国家和地区的比较研究》,《经济社会体制比较》2007 年第 5 期。

61. 马得勇:《信任、信任的起源与信任的变迁》,《开放时代》2008 年第 4 期。

62. 马磊、刘欣:《中国城市居民的分配公平感研究》,《社会学研究》2010 年第 5 期。

63. 马奇:《马奇论管理:真理、美、正义和学问》,东方出版社 2014 年版。

64. 孟天广、杨明:《转型期中国县级政府的客观治理绩效与政治信任——从"经济增长合法性"到"公共产品合法性"》,《经济社会体制比较》2012 年第 4 期。

65. 米尔斯:《社会学的想像力》,陈强、张永强译,生活·读书·新知三联书店 2001 年版。

66. 闵维方、郭丛斌:《中国城镇居民教育与收入代际流动的关系研究》,《教育研究》2007 年第 5 期。

67. 闵学勤:《社区自治主体的二元区隔及其演化》,《社会学研究》2009 年第 1 期。
68. 默顿：《社会理论与社会结构》，唐少杰、齐心等译，译林出版社 2006 年版。
69. 帕特南：《使民主运转起来》，王列、赖海榕译，江西人民出版社 2001 年版。
70. 彭玉生：《现代英国阶级与职业的代际流动》，《国外社会学》2000 年第 5 期。
71. 应星、周飞舟、渠敬东主编：《中国社会学文选》，中国人民大学出版社。
72. 世界环境与发展委员会：《我们共同的未来》，王之佳、柯金良译，吉林人民出版社 1997 年版。
73. 孙立平：《转型与断裂：改革以来中国社会结构的变迁》，清华大学出版社 2004 年版。
74. 孙昕、徐志刚、陶然、苏福兵：《政治信任、社会资本与村民选举参与》，《社会学研究》2007 年第 4 期。
75. 唐世平：《社会流动、地位市场和经济增长》，《中国社会科学》2006 年第 3 期。
76. 涂尔干：《社会学与哲学》，梁栋译，上海人民出版社 2002 年版。
77. 托克维尔：《旧制度与大革命》，冯棠译，商务印书馆 1992 年版。
78. 瓦茨拉维克、威克兰德、菲什：《改变：问题形成和解决的原则》，夏林清、郑村棋译，教育科学出版社 2007 年版。
79. 王春光、李炜：《当代中国社会阶层的主观性建构和客观实在》，《江苏社会科学》2002 年第 4 期。
80. 王海港：《中国居民收入分配的代际流动》，《经济科学》2005 年第 2 期。
81. 王名编：《中国民间组织三十年》，社会科学文献出版社 2008 年版。
82. 王宁：《个体主义与整体主义对立的新思考——社会研究方

法论的基本问题之一》,《中山大学学报》(社会科学版) 2002 年第 2 期。

83. 王天夫、王丰:《中国城市收入分配中的集团因素: 1986—1995》,《社会学研究》2005 年第 3 期。

84. 王绍光:《大转型: 1980 年以来中国的双向运动》,《中国社会科学》2008 年第 1 期。

85. 马克斯·韦伯:《经济与社会》(第二卷上册), 阎克文译, 上海人民出版社 2010 年版。

86. 吴晓刚:《下海: 中国城乡劳动力市场转型中的自雇活动与社会分层 (1978—1996)》,《社会学研究》2006 年第 6 期。

87. 吴晓刚:《中国的户籍制度与代际职业流动》,《社会学研究》2007 年第 6 期。

88. 吴晓刚:《1990—2000 年中国的经济转型, 学校扩招和教育不平等》,《社会》2009 年第 5 期。

89. 吴愈晓:《中国城乡居民的教育机会不平等及其演变 (1978—2008)》,《中国社会科学》2013 年第 3 期。

90. 吴愈晓:《教育分流体制与中国的教育分层 (1978—2008)》,《社会学研究》2013 年第 4 期。

91. 西特林:《政府信任的政治重要性》, 周朗生译,《经济社会体制比较》2012 年第 10 期。

92. 谢宇、胡婧炜、张春泥:《中国家庭追踪调查: 理念与实践》,《社会》2014 年第 2 期。

93. 熊易寒:《社区选举: 在政治冷漠与高投票率之间》,《社会》2008 年第 3 期。

94. 杨东平:《"寒门贵子"研究被媒体断章取义了吗?》,《教育研究与评论》2012 年第 4 期。

95. 杨敏:《公民参与、群众参与与社区参与》,《社会》2005 年第 5 期。

96. 杨宜音:《当代中国人公民意识的测量初探》,《社会学研究》2008 年第 2 期。

97. 叶启政：《社会理论的本土化建构》，北京大学出版社 2006 年版。
98. 游宇、王正绪：《互动与修正的政治信任：关于当代中国政治信任来源的中观理论》，《经济社会体制比较》2014 年第 2 期。
99. 赵鼎新：《社会科学研究的困境：从与自然科学的区别谈起》，《社会学评论》2015 年第 4 期。
100. 赵延东：《"中间阶层认同"缺乏的成因及后果》，《浙江社会科学》2005 年第 2 期。
101. 赵延东、罗家德：《如何测量社会资本：一个经验研究综述》，《国外社会科学》2005 年第 2 期。
102. 郑晨：《阶层归属意识及其成因分析——中国广州市居民的一项调查》，《浙江学刊》2001 年第 3 期。
103. 郑辉、李路路：《中国城市的精英代际转化与阶层再生产》，《社会学研究》2009 年第 6 期。
104. 郑也夫编：《科场现形记》，中信出版社 2014 年版。
105. 中国人民大学中国调查与数据中心：《中国综合社会调查报告（2003—2008）》，中国社会出版社 2009 年版。
106. 中国社会科学院"当代中国人民内部矛盾研究"课题组：《城市人口的阶层认同现状及影响因素》，《中国人口科学》2004 年第 5 期。
107. 周黎安：《转型中的地方政府——官员激励与治理》，格致出版社 2008 年版。
108. 朱健刚：《社区组织化参与中的公民性养成》，《思想战线》2010 年第 2 期。
109. Abbott, Andrew, 2004, *Methods of Discovery: Heuristics for the Social Sciences*. New York: Norton.
110. Allison, Paul D., 1999, "Comparing Logit and Probit Coefficients across Groups." *Sociological Methods & Research* 28 (2).

111. Becker, G. S. & Tomes, N., 1986, "Human Capital and the Rise and Fall of Families." *Journal of Labor Economics* 4 (3).

112. Beverly Duncan, 1967, "Education and Social Background", *American Journal of Sociology* 72 (4).

113. Bian, Y. & Logan, J. 1996, "Market Transition and Persistence of Power: The Changing Stratification System in Urban China." *American Sociological Review* 61 (5).

114. Blau, P. M., 1977, *Inequality and Heterogeneity*, New York: Free Press.

115. Blau, P. M. & Duncan, D. O., 1967, *The American Occupational Structure*, New York: Free Press.

116. Boudon, Raymond, 1973, *Education, Opportunity, and Social Inequality: Changing Prospects in Western Society*. New York: John Wiley.

117. Breen, Richard, & John H. Goldthorpe, 1997, "Explaining Educational Differentials Towards a Formal Rational Action Theory". *Rationality and Society* 9 (3).

118. Bouckaert, Geert & Steven van de Walle, 2003, "Comparing Measures of Citizen Trust and User Satisfaction as Indicators of 'Good Governance': Difficulties in Linking Trust and Satisfaction Indicators." *International Review of Administrative Sciences* 69 (3).

119. Breen, R. & Goldthorpe, J. H., 1997, "Explaining Educational Differentials: Towards a Formal Rational Action Theory", *Rationality and Society* 9 (3).

120. Breen, R. & Jonsson, J. O., 2005, "Inequality of Opportunity In Comparative Perspective: Recent Research on Educational Attainment and Social Mobility", *Annual Review of Sociology* 31.

121. Carlsson, G., 1959, *Social Mobility and Class Structure*, Lurd: Gleerup.

122. Cameron, Stephen V., and James J. Heckman, 1998, "Life Cycle Schooling and Dynamic Selection Bias: Models and Evidence for Five Cohorts of American Males." *Journal of Political Economy* 106 (2).

123. Cheng, Y. & Dai, J., 1995, "Intergenerational Mobility in Modern China", *European Sociological Review* 11 (1).

124. Citrin, Jack, 1974, "Comment: The Political Relevance of Trust in Government." *American Political Science Review* 68 (3).

125. Colantonio, Andrea, 2007, "Social sustainability: An Exploratory Analysis of Its Definition, Assessment Methods" Working Paper. Oxford: Oxford Institute for Sustainable Development.

126. Coleman, James S., 1988, "Social Capital in the Creation of Human Capital." *American Journal of Sociology*: S95 – S120.

127. Coser, L. A., 1975, "Presidential Address: Two Methods In Search of A Substance", *American Sociological Review* 40 (6).

128. Davis, Nancy J. and Robert V. Robinson, 1988, "Class Identification of Men and Women in the 1970s and 1980s." *American Sociological Review* 53 (1).

129. Doeringer, P. B. & Piore, M. J., 1971, *Internal Labor Markets and Manpower Analysis*, Lexington: Heath.

130. Elster, J., 2015, *Explaining Social Behavior: More Nuts and Bolts for the Social Sciences*. Cambridge: Cambridge University Press.

131. Erikson, R. & Goldthorpe, J. H., 1992, *The Constant Flux*, London: Oxford University Press.

132. Erikson, R. & Goldthorpe, J. H., 2002, "Intergenerational Inequality A Sociological Perspective", *Journal of Economic Perspectives* 16 (3).

133. Erikson, R.; Goldthorpe, J. H. & Portocarero, L., 1979, "Intergenerational Class Mobility in Three Western European Societies: England, France and Sweden", *British Journal of Sociology* 30 (4).

134. Erikson, R. & Jonsson, J. O., 1996, *Can Education Be Equalized*, Boulder: West View.

135. Erikson, R. & Jonsson, J. O., 1998, "Social origin as an Interest – Bearing Asset: Family Background and Labour Market Rewards among Employees in Sweden", *Acta Sociology* 41 (1).

136. Featherman, D.; Jones, F. & Hauser, R., 1975, "Assumptions of Social Mobility Research in the U. S: The Case of Occupational Status", *Social Science Research* 4.

137. Fiorina, M. P., 1999, "Extreme Voices: A Dark Side of Civic Engagement", In T. Skocpol & M. P. Fiorina (eds.), *Civic Engagement in American Democracy*. Washington, DC: Brookings Institution Press.

138. Gates, Rick, and Mario Lee, 2005, "Definition of Social Sustainability." *City of Vancouver. Policy Report*, May 10.

139. Gerber, T., 2000, "Educational Stratification in Contemporary Russia: Stability and Change in the Face of Economic and Institutional Crisis", *Sociology of Education* 73 (3).

140. Glass, D. Glass, D., ed., 1954, *Social Mobility in Britain*, London: Routledge and Kegan Paul.

141. Goldthorpe, J. H., 1980, *Social Mobility and Class Structure in Modern Britain*, London: Oxford University Press.

142. Goodman, L. A. & Hout, M., 1998, "Statistical Methods

and Graphical Displays for Analyzing How the Association Between Two Qualitative Variables Differs Among Countries, Among Groups or Over Time: A Modified Regression – type Approach", *Sociological Methodology* 28 (1).

143. Hauser, Robert M., 1978, "Structural Model of the Mobility Table", *Social Forces* 56 (3).

144. Hauser, Robert M. and David L. Featherman, 1976, "Equality of Schooling: Trends and Prospects." *Sociology of Education*, 49 (2).

145. Hauser, Robert M., Megan Andrew, 2006, "Another Look at the Stratification of Educational Transitions: The Logistic Response Model with Partial Proportionality Constraints." *Sociological Methodology* 36 (1).

146. Hodge, Robert W. and Donald J. Treiman, 1968, "Class Identification in the United States." *American Journal of Sociology* 73 (1).

147. Jackson, M.; and Goldthorpe, J. H. & Mills, C., 2005, "Education, Employers and Class Mobility", *Research in Social Stratification and Mobility* 23 (1).

148. Keele, Luke J., 2007, "Social Capital and the Dynamics of Trust in Government." *American Journal of Political Science* 51 (2).

149. Li, Hongbin, Pak Wai Liu, and Junsen Zhang, 2012. "Estimating Returns to Education Using Twins in Urban China." *Journal of Development Economics* 97 (2).

150. Li, Lianjiang, 2008, "Political Trust and Petitioning in the Chinese Countryside." *Comparative Politics* 40 (2).

151. Li, Lianjiang, 2013, "The Magnitude and Resilience of Trust in the Center: Evidence from Interviews with Petitioners in Beijing and a Local Survey in Rural China." *Modern China*

39 (1).

152. Liao, T. F., 2010, "The Core Concept of Social Sustainability: Can We Cut the Gordian Knot?" *The International Journal of Environmental, Cultural, Economic and Social Sustainability* 6 (2).

153. Lieberson, S., 1985, *Making It Count: The Improvement of Social Research and Theory*, Berkeley: University of California Press.

154. Lieberson, S. and Horwich, J., 2008, "Implication Analysis: A Pragmatic Proposal for Linking Theory and Data in the Social Sciences". *Sociological Methodology*, 38 (1).

155. Lipset, S. M. & Zetterberg, H. L., 1959, "Social Mobility in Industrial Societies", in Seymour M. Lipset & Reinhard Bendix, ed., *Social Mobility in Industrial Society*, Berkeley: University of California Press.

156. Lorrain and White, 1971, "Structural Equivalence of Individuals in Social Networks", *Journal of Mathematical Sociology* 1 (1).

157. Magee, L.; James, P & Scerri, A, 2012, "Measuring Social Sustainability: A Community – Centred Approach". *Applied Research in the Quality of Life* 7 (3).

158. Mayhew, Bruce H., 1980, "Structuralism versus Individualism: Shadowboxing in the Dark.", *Social Forces*, 59 (2).

159. Mare, Robert D., 1980, "Social background and school continuation decisions". *Journal of the American Statistical Association* 75 (370).

160. Mare, Robert D., 1981. "Change and Stability in Educational Stratification", *American Sociological Review* 46 (1).

161. Mare, Robert D., 2011. "Introduction to Symposium on Unmeasured Heterogeneity in School Transition Models". *Re-*

search in *Social Stratification and Mobility* 29（3）.

162. Meyer, John W., 1977, "The Effects of Education as an Institution." *American Journal of Sociology* 83（1）.

163. Miller, Arthur H., 1974, "Political Issues and Trust in Government: 1964 – 1970." *American Political Science Review* 68（3）.

164. Mishler, William & Richard Rose, 2001, "What are the Origins of Political Trust? Testing Institutional and Cultural Theories in Post – Communist Societies." *Comparative Political Studies* 34（1）.

165. Norris, Pippa, 1999, "Introduction: The Growth of Critical Citizens." In Pippa Norris (ed.), *Critical Citizens: Global Support for Democratic Government*. Oxford: Oxford University Press.

166. Newton, Kenneth, 1999, "Social and Political Trust in Established Democracies." In Pippa Norris (ed.), *Critical Citizens: Global Support for Democratic Government*. Oxford: Oxford University Press.

167. Putnam, Robert D., 1993, *Making Democracy Work: Civic Traditions in Modern Italy*. Princeton, NJ: Princeton University Press.

168. Putnam, Robert D., 2001, *Bowling Alone: The Collapse and Revival of American Community*. New York: Simon and Schuster.

169. Raftery, Adrian E., Michael Hout., 1993, "Maximally maintained inequality: Expansion, Reform, and Opportunity in Irish Education, 1921 –75". *Sociology of Education* 66（1）.

170. Rona – Tas, 1994, "The First Shall Be Last ? Entrepreneurship and Communist Cadre in the Transition from Socialism", *American Journal of Sociology* 100（1）.

171. Sawye, K., 2002, "Durkheim's Dilemma: Toward a Sociology of Emergence", *Sociological Theory*, 20 (1).

172. Shavit, Yossi, Hans-Peter Blossfeld, 1993, *Persistent Inequality: Changing Educational Attainment in Thirteen Countries*. Boulder: West View Press.

173. Solon, G., 1992, "Intergenerational Income Mobility in the United States", *American Economic Review* 82 (3).

174. Sorensen, A. B., 2001, "Careers and Employment Relations", in Ivar Berg & Arne L. Kalleberg, ed., *Sourcebook of Labor Markets: Evolving Structures and Processes*, New York: Plenum Publishers.

175. Sorokin, P. A., 1959, *Social and Cultural Mobility*, New York: Free Press.

176. Stouffer, Samuel A., M. H. Lumsdaine, A. A. Lumsdaine, R. M. Williams, M. B. Smith, I. L. Janis, and L. S. Cottrell, 1949, *The American Soldier: Combat and Its Aftermath* (Vol. 2). Princeton, NJ: Princeton University Press.

177. Walder, A. G., 1995, "Career Mobility and the Communist Political Order", *American Sociological Review* 60 (3).

178. Walder, A. G.; Li, B. & Treiman, D. J., 2000, "Politics and Life Chances in a State Socialist Regime: Dual Career Paths into the Urban Chinese Elite, 1949 to 1996", *American Sociological Review* 65 (2).

179. Wang, Zhengxu, 2005, "Before the Emergence of Critical Citizens: Economic Development and Political Trust in China." *International Review of Sociology* 15 (1).

180. Willis, R. J. & Rosen, S., 1979, "Education and Self-Selection", *Journal of Political Economy* 87 (5).

181. Xie, Y., 1992, "The log-multiplicative Layer Effect Model for Comparing Mobility Tables", *American Sociological Review*

57（3）.

182. ——2011. "Values and Limitations of Statistical Models". *Research in Social Stratification and Mobility* 29（3）.

183. Zhou, X.; Moen, P. & Tuma, N. B., 1998, "Educational Stratification in Urban China: 1949 – 94", *Sociology of Education* 71（3）.

184. Zhou, X., 2000, "Economic Transformation and Income Inequality in Urban China", *American Journal of Sociology* 105（4）.

185. Zimmerman, D. J., 1992, "Regression Toward Mediocrity in Economic Stature", *American Economic Review* 82（3）.

后　　记

　　社会学对于社会过程的一个重要视角就是"意外后果"。本书的成书经历就是此视角的一个生动例子。

　　我硕士师从沈崇麟先生门下，学习社会学研究方法，调查方法与统计技术是我最早进入社会学的门径。工作数年之后，又深感理论思维之重要性，入刘世定先生门下学习经济社会学，然而数据调查方法与统计技术仍然是我的看家之技。这也充分反映于本书中，其资料都是来源于各类社会调查数据。然而，在利用数据进行统计分析和社会描述的过程中，我逐渐感觉到自己喜好的分析路数似乎有特定的偏好。利用数据对个体的行为逻辑进行刻画固然有趣，但我却总是力图在个体数据的背后看出整体社会潮流内部的冲突与张力。我逐渐对这种研究取向有了自觉，并对其进行不断扩展与反思。

　　本书诚实地记录了我对于这种研究路数的体悟和反思，以及当前我的思考局限。如本书最后的反思所述，本书在研究深度上是有局限的，尤其体现在理论思考的散漫和资料使用的单一上。科学的本质，是要求提出一个具有说服力的、高度简化的理论模型，及具有洞察力的分析性概念来，而并不是就事论事，提出一些事后诸葛亮式的事本主义解释来。本书还仅是对一种路数的探索，在理论构建方面还有缺陷。本书涉及的研究不够集中，这反映了我本身兴趣的游移，以及因这种游移而对于分析深度的损害。分析深度是每个研究者终其一生都要面临的拷问，本书中存在的不足需要今后在进一步的研究工作中进行弥补。

所有的研究都不可避免地会带有研究者个性的一些色彩。然而，带有这些色彩的研究成果必须经受学术共同体的批判和审核，这是确保研究成果客观性的最终社会机制。社会学是无法摆脱规范性取向的，它总是在具体的实践环境中去考察人们的伦理实践。因此，它的独特魅力正在于其情理兼具，既需要情之所钟，也需要理之入胜。两者能够自然交融，那是最理想的一种状态。本书希望借这些数据分析来捕捉当下这个纷繁社会的魂魄，但是在许多方面可能还是只触及了一些外在的皮毛，唯愿一则能够诚实地记录下自己的思考过程，二则或许这个过程中的某些技艺还值得琢磨和发展，能够给同好一些启发。

本书的部分章节脱胎于我以往发表的一些论文，但是在成书过程中都进行了大幅度的修改和扩充。第三章的部分内容曾以《社会樊篱的流动》为名发表于《社会学研究》2009年第6期；第四章的部分内容曾以《地位层级认同为何下移：兼论地位层级认同基础的转变》为名发表于《社会》2013年第4期；第五章的部分内容曾以《教育获得、户籍差异与户籍的意蕴》发表于《社会发展研究》2015年第4期；第六章的部分内容曾以《参与行为与政府信任的关系模式研究》为名发表于《社会学研究》2014年第5期。

写作过程中我得到过许多师友的批评与指点。首要需要感谢的是我的两位授业恩师，沈崇麟老师和刘世定老师。沈崇麟老师对于数据质量孜孜以求，对于分析程序一丝不苟，本书中的许多数据分析技术，都来源于沈老师的教授。刘世定老师对于理论预设与理论边界的思考，是本书中许多分析思路的来源。与李汉林、戴建中、冯晓英、张宛丽、渠敬东等诸位老师的讨论，帮助我清晰了分析思路，改进了论述方式。我还要感谢中国社会科学出版社的王茵主任和孙萍编辑，她们的认真工作为本书增色不少。

  对于书中涉及的诸多问题，我的思考仍然存在着不够周详之处，还恳请读者能够不吝赐教。

高 勇

2015 年 12 月